健康保险系列丛书

健康保险
制度与规制

主　编　王国军　高立飞

中国财经出版传媒集团
中国财政经济出版社

图书在版编目（CIP）数据

健康保险制度与规制/王国军，高立飞主编.—北京：中国财政经济出版社，2018.4

（健康保险系列丛书）

ISBN 978-7-5095-8180-3

Ⅰ.①健⋯ Ⅱ.①王⋯ ②高⋯ Ⅲ.①健康保险-研究-世界 Ⅳ.①F840.625

中国版本图书馆 CIP 数据核字（2018）第 064139 号

责任编辑：贾延平　　　　　　　　责任校对：刘　靖
封面设计：李运平

中国财政经济出版社 出版

URL：http：//www.cfeph.cn

E-mail：cfeph @ cfeph.cn

（版权所有　翻印必究）

社址：北京市海淀区阜成路甲 28 号　邮政编码：100142

营销中心电话：010-88191537　北京财经书店电话：64033436　84041336

中煤（北京）印务有限公司印刷　各地新华书店经销

787×1092 毫米　16 开　15.75 印张　303 000 字

2018 年 4 月第 1 版　2018 年 4 月北京第 1 次印刷

定价：48.00 元

ISBN 978-7-5095-8180-3

（图书出现印装问题，本社负责调换）

本社质量投诉电话：010-88190744

打击盗版举报热线：010-88191661　QQ：2242791300

《健康保险系列丛书》编委会

主　　任：宋福兴

副 主 任：董清秀　冯祥英　高兴华　伍立平　胡占民
　　　　　黄本尧　李晓峰　徐伟成　陈龙清

学术顾问：（按姓氏笔画为序）
　　　　　于保荣　马海涛　王　欢　王国军　王绪瑾
　　　　　王　稳　朱恒鹏　朱铭来　朱俊生　孙祁祥
　　　　　孙　洁　李　玲　李保仁　李晓林　杨燕绥
　　　　　余　晖　张　晓　卓　志　郑　伟　赵尚梅
　　　　　郝演苏　庹国柱　董朝晖　魏华林

编务统筹：蔡皖伶　范娟娟

总　序

健康是人类永恒的追求，是人民幸福的起点，党中央、国务院高度重视人民健康事业。习近平总书记在党的十九大报告中指出："人民健康是民族昌盛和国家富强的重要标志。"没有全民健康，就没有完美意义上的全面小康。发达国家的成功经验表明，没有成熟的健康保险，全民的健康权就难以得到根本保障。

目前，健康保险在中国的实践与发展中尚处于重要的探索阶段，理论体系的构建和指引尤为迫切和重要。编著《健康保险系列丛书》的初衷就是要梳理近年来我国专家学者的理论探索，系统总结行业的实践经验，提炼健康保险的经营规律，从立足本土实际、借鉴国际经验、揭示运营规律、展望发展趋势等维度，努力构建健康保险行业的知识理论体系框架，更好地为我国健康保险业的有序发展提供坚实的理论支持。这套丛书可谓是皇皇巨著，由中国人民健康保险股份有限公司组织编著，凝聚了来自保险、财政税收、公共管理、社会保障、医疗卫生等领域近40位知名专家学者的心血与智慧。

改革开放以来，特别是近十余年来，健康保险业发展迅猛，众多跨领域的专家学者进行了一系列理论研究，流派纷呈，有力地推动了行业的快速发展。但应该看到，这些研究还不成体系，还相对分散，研究的广度和深度与当前行业发展的实际需求还不相适应。历史证明，科学系统的理论指引是保险事业健康发展的根本保证。从保险业的实践来看，什么时候有正确的保险理论指导，什么时候保险业发展的形势就比较好，对经济社会发展的贡献就比较大。

当前，中国特色社会主义已进入新时代，社会主要矛盾已经转化为人民日益增长的美好生活需要和不平衡不充分的发展之间的矛盾。人民群众对美好生活的需要呈现多样化、多层次、多方面的特点，其中，健康服务正在成为人民过上美好生活的一个基本要求。习近平总书记在党的十九大报告中指出:"要完善国民健康政策,为人民群众提供全方位全周期健康服务。"按照党的十九大报告新的部署,完善国民健康政策,将促进健康与经济社会建设相互协调,促进"人口红利"转向"健康红利",全社会对健康投资和消费需求将日趋旺盛,消费结构升级将为健康服务创造广阔的发展空间,包括商业健康保险在内的健康产业进入了重要战略机遇期。专业健康保险公司要在把握重大战略机遇中实现持续快速协调发展,完成"服务国家治理体系和治理能力现代化"这一历史角色的转变,不仅需要从国内外行业自身发展实践的优势与不足中总结经验教训,更需要探究并构建科学、系统的理论体系来指引改革发展的进程。

近几年,商业健康保险发展势头强劲,专业健康保险公司在多层次医疗保障体系建设中发挥了积极的市场机制优势,在满足人民群众日益增长的健康保障需求中的作用也日渐凸显。特别是近些年,健康保险人只争朝夕,真抓实干,成绩卓著。然而在有速度、有效度发展的同时,尚未及时把积累的发展经验总结出来,更没有形成相对完善的以学术研究为先导的理论体系构建。未来,随着新医改的加速推进,商业健康保险的服务链条将逐渐延伸到社会保障、医疗卫生、保健养生等多个领域,跨行业特性使风险控制更加复杂,经营管理难度更大,市场竞争更趋激烈。如果拥有了原创性的理论研究成果,就可以获取行业的理论话语主导权,就能引领未来发展的战略制高点,就能及时应对行业中出现的新变化和新挑战,就能在激烈的市场竞争中获取其他企业难以比拟的发展优势。

习近平总书记在党的十九大报告中强调:"创新是引领发展的第一动力,是建设现代化经济体系的战略支撑。"企业应该成为创新的主体,而推动创新的根本力量是人才。专业健康保险公司的快速发展,关键是要建设一支规模宏大、结构合理、素质优良的创新人才队伍,要培养一大批熟悉市场运作、具备研究能力的专业技术人才。理论知识体系的研究和构建就可以培养和集结这样一批专门人才,使他们成为健康保险事业发展中的中坚力量。

《健康保险系列丛书》就是在这样的时代与文化需求的大背景下应运而生的。全套丛书分为理论基石类、实践操作类、探索提升类三类共计十六册。其中,理论基石类五册,意在建立统一规范的工作语言环境,普及专业基础知识,分别有:《健康保险学》(西南财经大学卓志教授主编)、

《健康保险医学基础》（东南大学张晓教授主编）、《健康保险辞典》（中央财经大学郝演苏教授主编）、《健康保险与健康管理》（辛丹博士主编）、《健康保险制度与规制》（对外经济贸易大学王国军教授主编）。

实践操作类八册，重在梳理总结相对成熟的经验规律，解决目前实践中的困惑，为行业提供现实借鉴和趋势分析，分别有：《健康保险公司风险管理》和《健康保险经营管理》（对外经济贸易大学王稳教授主编）、《健康保险营销管理》（西南财经大学卓志教授主编）、《健康保险产品创新》（北京工商大学王绪瑾教授主编）、《健康保险精算》（中央财经大学李晓林教授主编）、《健康保险财务管理》（中央财经大学马海涛教授主编）、《健康保险信息技术与管理》（北京邮电大学王欢教授主编）、《健康保险客户服务》（北京大学孙祁祥教授主编）。

探索提升类三册，旨在探索未来健康保险业发展之道，分别有：《健康保险与医疗体制改革》（清华大学杨燕绥教授主编）、《健康保险与大数据应用》（北京航空航天大学赵尚梅教授主编）、《护理保险在中国的探索》（南开大学朱铭来教授主编）。

为确保丛书编著的专业性和权威性，这些专家学者搜集整理了大量资料，梳理研究了国内外最新的理论知识和实践经验，进行了多次学术研讨，反复斟酌、精益求精，在编著工作中倾注了大量心力。我们希望本丛书能为健康保险行业的从业人员、健康保险相关专业领域的研究人员提供实际操作的范本和理论参考，为健康中国战略和国家多层次医疗保障体系建设提供必要的理论建构、学术前瞻与路径导向。

前　言

作为个体而言，健康是生存的基础，没有健康这个"1"，后面代表财富、地位、荣耀等的多少个"0"都将黯然失色，没有任何意义。作为群体而言，健康代表着群体素质和文明进步，代表着竞争力和蓬勃的希望。从当年的"东亚病夫"到今天的"健康中国"，健康昭显着中华民族的伟大复兴和强大自信。

经过多年的发展，健康保险已成为世界诸多国家和地区金融保险体系、医疗保障体系以及健康产业的重要组成部分。伴随着经济的飞速发展，人们受教育水平的不断提高、医疗技术的进步、疾病谱的明显变化，人们对健康保障的需求无论在质与量上均不断提高。可以预见，未来健康保险将在各国的经济发展、社会保障等诸多方面扮演愈加重要的角色。为了保障健康保险市场上各方主体的利益，促进健康保险健康快速发展，科学的健康保险规制十分重要。信息不对称条件下的道德风险、逆向选择和交易成本使健康保险市场的规制面临着巨大的挑战，保险人、被保险人、医疗机构、医疗卫生从业人员等市场参与者之间的交易夹杂着纷繁的矛盾，健康保险规制因之而困难重重，复杂而又扑朔迷离。

从世界范围来看，至今尚未有一个理想的健康保险规制模式，各国的规制实践曲折而茫然，健康保险规制无疑也是一个在经济发展、社会保障等诸多领域的困扰着人类的世界性难题。要不要规制、怎样规制等问题俨然已成为产证学研各界难以解开的心结。

共识是有的。本书求同存异，尝试在梳理相关经济理论的基础上，沿着典型国家健康保险规制的演变路径，立足中国本土健康保险的发展实践，基于医疗卫生体制改革的时代背景，条分缕析地将健康保险规制与否、如何规制、力度如何、如何解决规制失灵等问题进行剖解，阐述了健康保险规制中存在的深层矛盾与问题、理想的健康保险规制的目标与标准，以及健康保险规制的优化路径，同时展望了健康保险规制的未来，在整体上为读者提供了一个一般意义上的关于健康保险规制的知识背景和思维框架。具体而言，本书结构和内容概述如下：

第一章，健康保险规制概述。本章对健康保险规制进行了概括性的介绍。首先，对规制进行了概述，包括规制的概念、分类、特征、工具、形成过程，规制的经济导因分析，规制的成本与局限，规制的有效性分析，规制经济学的产生与发展、主要内容与研究思路。其次，界定了健康保险规制的内涵，总结了健康保险规制的特征。最后，介绍了健康保险规制中政府的部门、目标、职责，划分了健康保险规制中的企业类型，分析了政府与企业在健康保险规制中的关系，还重点介绍了健康保险规制中保险人与被保险人之间的道德风险与逆向选择等问题。

第二章，规制与健康保险规制的理论基础。本章通过介绍与健康保险规制联系紧密的理论，构建了健康规制的理论基础，主要包括：让·梯若尔的新规制经济理论，其中的服务成本规制、价格上限规制、激励性规制为健康保险规制提供了规制方案，而激励与抽租、质量规制、动态规制等理论为健康保险规制提供了实践指导；奥利弗·哈特的不完全合约理论为分析和解决政府提供健康保险规制中存在的不完全合约问题提供了理论支撑和思路；让—雅克·拉丰的新产业组织理论为分析健康保险规制中存在的组织合谋问题，提供了很好的理论分析框架；行为经济学理论，如丹尼尔·卡尼曼和阿莫斯·特沃斯基的框架效应理论、确定效应理论、锚定效应理论、损失规避理论、前景理论，理查德·塞勒的禀赋效应理论、心理账户理论、助推思想，对于解决健康保险规制存在的问题、优化规制方案大有裨益；张五常的佃农理论则较好地解释了健康保险规制中的合约选择（"湛江模式""江阴模式"等），还能为健康保险规制的创新提供更广阔的分析思路。

第三章，典型国家和地区健康保险规制的实践。本章从健康保险的发展地位、健康保险规制组织体系、健康保险规制实践三个方面介绍了世界范围内典型国家和地区的健康保险规制的实践，包括美国、英国、德国、日本以及中国台湾地区在健康保险的发展与规制实践。这些国家和地区的健康保险规制实践能够为我们分析健康保险规制问题提供宝贵的素材和经验。

第四章，中国健康保险的规制。本章主要介绍了中国健康保险的规制。在梳理中国健康保险的发展历程中，摸清了中国健康保险规制的演进脉络，中国健康保险规制大体经历了萌芽期、初步发展期的发展，目前正处于专业化发展期。通过分析中国健康保险的规制现状，包括健康保险规制的组织体系、主要的规制工具、具体的规制实践，并与典型国家健康保险规制实践进行对照，总结了中国健康保险规制的特征、优势与不足。

第五章，中国健康保险规制与卫生体制改革。本章主要介绍了中国的医疗卫生体制改革，以及医改中的健康保险规制。医疗卫生体制改革是健康保险发展的大环境，对商业健康保险的发展起着决定性的影响。同时，医改通过确定社会医疗保险和商业健康保险的地位、发展方向、税收政策等方式对健康保险的发展进行规制。因此，必须将中国医疗卫生体制改革纳入健康保险规制的分析。通过梳理中国"推行市场化"阶段和"回归公益性"阶段的医疗卫生体制改革及医改中的健康保险规制，有助于发现健康保险规制的演绎路径和规律，而且在医疗卫生体制层面和高度上为分析健康保险规制问题提供了新的视野。通过推测中国医疗卫生体制改革的可能趋向，结合健康保险及健康保险规制的现状和存在的问题，进一步预判中国健康保险规制发展的可能趋向。

第六章，健康保险规制的理想与未来。本章介绍了健康保险规制的现实矛盾，描绘了理想的健康保险规制，探讨了优化健康保险规制的路径，展望了健康保险规制的未来。本章描绘的理想的健康保险规制包括理想健康保险规制的目标、标准和基本特征，而现实中健康保险规制中存在三个深层次矛盾和三个基本问题。为了缓解健康保险规制中的深层矛盾、化解健康保险规制中的基本问题，本章探讨了健康保险规制的优化路径，包括持续推进健康保险业信息化建设，建立并完善健康保险评价体系，逐步优化健康保险规制规则。最后从动态化、科技化、国际化三个视角下展望了健康保险规制的未来。

感谢人保健康党委书记、总裁宋福兴，副总裁董清秀、首席健康管理运营官陈龙清、教育培训部总经理蔡皖伶等各位领导的大力支持；感谢中央财经大学原党委书记李保仁教授的指导和鼓励；特别感谢人保健康教育培训部处长范娟娟博士及其助手们的辛勤工作和敬业精神；感谢中国财政经济出版社编辑细致入微的工作。

限于作者的时间和学识，本书不当和谬误之处恳请读者批评指正。

王国军

2018 年 3 月 21 日

目 录

第一章 健康保险规制概述 1

第一节 规制与规制经济学 2
一、规制概述 2
二、规制的经济导因分析 14
三、规制的成本和局限 16
四、规制的有效性分析 18
五、规制经济学的产生与发展 20
六、规制经济学的主要研究内容与研究思路 21

第二节 健康保险规制的内涵与外延 21
一、健康保险规制的内涵 21
二、健康保险规制的特征 23

第三节 健康保险规制中的政府与企业 24
一、健康保险规制中的政府 24
二、健康保险规制中的企业 27
三、健康保险规制中政府与企业的委托代理关系 30

第四节 健康保险规制中的保险人与被保险人 31
一、健康保险中保险人与被保险人的内涵 31
二、健康保险中的逆向选择问题 32
三、健康保险中的道德风险问题 33
四、健康保险中逆向选择与道德风险的信息经济学基础 35
五、健康保险规制中逆向选择、道德风险、信息不对称问题的化解 37

第二章
规制与健康保险规制的理论基础　　48

- 第一节　让·梯若尔的新规制经济理论　　49
  - 一、传统规制经济理论受到的挑战　　49
  - 二、让·梯若尔的新规制经济理论　　49
- 第二节　奥利弗·哈特的不完全合约理论　　56
  - 一、不完全合约存在的原因　　56
  - 二、不完全合约理论　　57
  - 三、不完全合约理论与规制及健康保险规制　　58
- 第三节　让—雅克·拉丰的新产业组织理论　　60
  - 一、让—雅克·拉丰的组织合谋理论　　60
  - 二、健康保险规制中的组织合谋　　60
- 第四节　行为经济学理论　　63
  - 一、丹尼尔·卡尼曼和阿莫斯·特沃斯基的行为经济学理论　　63
  - 二、理查德·塞勒的行为经济学理论　　68
- 第五节　张五常的佃农理论　　73
  - 一、佃农理论的研究前提　　73
  - 二、零交易成本下佃农理论的诠释　　74
  - 三、交易费用为正的条件下佃农理论的诠释　　75
  - 四、健康保险规制中的合约选择　　75

第三章
典型国家和地区健康保险规制的实践　　82

- 第一节　美国健康保险的规制　　82
  - 一、美国健康保险的地位　　82
  - 二、美国健康保险规制组织体系　　84
  - 三、美国健康保险规制的举措　　87
- 第二节　英国健康保险的规制　　93
  - 一、英国健康保险的地位　　93
  - 二、英国健康保险规制组织体系　　94
  - 三、英国健康保险的规制举措　　95
- 第三节　德国健康保险的规制　　101
  - 一、德国健康保险的地位　　101
  - 二、德国健康保险的规制组织体系　　102

　　　　　　　　　　　目　录

　　　三、德国健康保险规制举措　　　　　　　　　　　　　　　　104
　第四节　日本健康保险的规制　　　　　　　　　　　　　　　　106
　　　一、日本健康保险的地位　　　　　　　　　　　　　　　　106
　　　二、日本健康保险的规制组织体系　　　　　　　　　　　　107
　　　三、日本健康保险规制举措　　　　　　　　　　　　　　　　109
　第五节　中国台湾健康保险的规制　　　　　　　　　　　　　　111
　　　一、中国台湾健康保险的地位　　　　　　　　　　　　　　111
　　　二、中国台湾健康保险的规制组织体系　　　　　　　　　　112
　　　三、中国台湾健康保险规制举措　　　　　　　　　　　　　113

第四章
中国健康保险的规制　　　　　　　　　　　　　　　　　　　　118

　第一节　中国健康保险规制的历史演变　　　　　　　　　　　　118
　　　一、萌芽期（1994 年以前）　　　　　　　　　　　　　　　119
　　　二、初步发展期（1994～2002 年）　　　　　　　　　　　　121
　　　三、专业化发展期（2002 年至今）　　　　　　　　　　　　123
　第二节　中国健康保险规制的现状　　　　　　　　　　　　　　132
　　　一、中国健康保险规制组织体系　　　　　　　　　　　　　132
　　　二、中国健康保险的主要规制工具　　　　　　　　　　　　135
　　　三、中国健康保险规制的举措　　　　　　　　　　　　　　136
　第三节　中国健康保险规制的特征　　　　　　　　　　　　　　163
　　　一、规制高度统一　　　　　　　　　　　　　　　　　　　163
　　　二、规制全面且严格　　　　　　　　　　　　　　　　　　163
　　　三、规制的层次结构较完整　　　　　　　　　　　　　　　163
　　　四、行业协会规制力量较弱　　　　　　　　　　　　　　　164
　　　五、规制逐渐专业化　　　　　　　　　　　　　　　　　　164
　第四节　中国健康保险规制的优势与不足　　　　　　　　　　　165
　　　一、中国健康保险规制的优势　　　　　　　　　　　　　　165
　　　二、中国健康保险规制的不足　　　　　　　　　　　　　　166

第五章
中国健康保险规制与卫生体制改革　　　　　　　　　　　　　　170

　第一节　中国的医疗卫生体制改革　　　　　　　　　　　　　　170
　　　一、"推行市场化"阶段的中国医疗卫生体制改革　　　　　171

二、"回归公益性"阶段的中国医疗卫生体制改革　　177

　第二节　中国医疗卫生体制改革中的健康保险规制　　183

　　一、"推行市场化"阶段的医改中的健康保险规制　　183

　　二、"回归公益性"阶段的医改中的健康保险规制　　186

　第三节　中国卫生体制改革与健康保险规制的可能趋向　　192

　　一、中国卫生体制改革的可能趋向　　192

　　二、中国健康保险规制的可能趋向　　195

第六章
健康保险规制的理想与未来　　199

　第一节　健康保险规制中的深层矛盾　　200

　　一、健康保险规制中的三个深层次矛盾　　200

　　二、健康保险规制中的三个基本问题　　202

　第二节　理想的健康保险规制　　210

　　一、理想健康保险规制的目标　　210

　　二、理想健康保险规制的标准　　211

　　三、理想健康保险规制的基本特征　　212

　第三节　健康保险规制的优化路径　　214

　　一、持续推进健康保险业信息化建设　　215

　　二、建立并完善健康保险评价体系　　217

　　三、逐步优化健康保险规制规则　　218

　第四节　健康保险规制的未来　　220

　　一、动态化　　220

　　二、科技化　　220

　　三、国际化　　221

参考文献　　225

后记　　233

跋　　235

第一章

健康保险规制概述

新古典经济学认为,信息不对称(Asymmetric Information)、外部性(Externality)和市场势力(Market Power)等因素的存在导致了市场失灵问题,而解决市场失灵(Market Failure)的主要办法是引入政府规制(Governmental Regulation)。尽管政府对经济的规制(Regulation)古来有之,但在经济学理论指导之下的现代政府规制政策则出现在19世纪末期,比如美国国会成立州际商业委员会来管理铁路运输价格就是比较典型的案例。经过一个多世纪的发展,政府规制手段日益成熟,规制理论也在经济学家们的不懈努力下发展为经济学的一个重要领域。

商业健康保险(Commercial Health Insurance)具有自身特性,在经营过程中存在信息不对称、外部性、市场势力以及由此衍生的道德风险(Moral Hazard)及逆向选择(Adverse Selection)和交易成本(Transaction Costs)等问题。政府及相关部门对其进行规制,在一定程度上解决了商业健康保险的市场失灵问题。

本章主要概括地介绍了健康保险规制。第一节对规制进行了概述,包括规制的概念、分类、特征、工具、形成过程,规制的经济导因分析,规制的成本与局限,规制的有效性分析,规制经济学的产生与发展、主要内容与研究思路。第二节对健康保险规制的内涵、特征进行了概述。第三节对健康保险规制中政府部门、目标、职责,以及政府与企业的关系进行了概述。第四节重点介绍了健康保险中保险人(Assurer)与被保险人(Insurant)之间的道德风险与逆向选择问题。

第一节 规制与规制经济学

一、规制概述

"规制"一词源于英文"Regulation"或者"Regulatory Constraint",是日本经济学家苦心创造的译名,其含义是"有规定的管理,或者有法规条例的制约"[1],强调政府通过实施法律和规章来约束和规范经济主体的行为[2]。

(一) 规制的概念

在西方,政府规制的文字记载至少可以追溯到公元前 700 多年的古罗马时代。Ekelund (1998) 认为,在古罗马时代的王政时期,政府官员通过制定法令允许受规制的工商业者提供基本的产品和服务。[3] 为了促进社会公平,政府还为当时的产品和服务制定了相对公平的价格。这说明当时政府拥有强大的强制权力,并对微观经济主体的活动进行了实质上的干预。

在中国古代,政府规制对经济生活也有着重要影响。早在春秋时期,齐国宰相管仲就提出了"官山海""山泽各致其时""相地而衰征"等政策。在工业生产经营方面,"官山海"政策提倡由国家来统一管理盐业和铁业,私人完成盐和铁的生产,政府则控制盐和铁的销售,实行政府专卖制度。在价格制定方面,政府还将相应的人头税加到盐价和铁价中,"寓税于价",对盐和铁产品实行加价销售。在农业生产经营方面,"山泽各致其时"政策禁止人们为了眼前利益而滥伐滥捕,伐木和捕猎只准在适当的季节进行。在农业税收方面,"相地而衰征"政策提倡按照土质好坏以及产量高低来确定赋税征收额。由此可见,当时的政府对工业及农业中的生产、流通、税收等诸多方面有着较强的规制。

而对于具有现代意义的政府规制,不同文献和学者对其有不同的界定。《新帕尔格雷福经济学大词典》对政府规制做出了两种解释:一种解释是指国家以经济管理的名义进行干预,在经济政策 (Economic Policy) 领域,按照凯恩斯主义的概念,规

---

[1] Kahn, A. E., The Economics of Regulation: Principles and Institutions. New York: Wiley, 1970; Bailey, E. E., Economic Theory of Regulation Constraint. Lexington, Mass.: Lexington books. 1973.

[2] 中国学者在这一词汇上的使用是不统一的,有"规制""管制""监管"等多种提法,笔者更倾向于"规制"这个提法,它更加接近于英文原来的词义。

[3] Ekelund, Jr. R. B. The foundations of regulatory economics. Vol. Ⅰ. Edward Elgar Publishing Limited, Cheltenham, UK – Northampton, MA, USA. 1998.

制是指经过一些反周期的财政或者货币干预手段对宏观经济进行调节[①]。另一种解释是指政府为控制企业的价格、销售和生产决策而采取的各种行动，政府公开宣布这些行动是为了制止对"社会利益"重视不足的私人决策，而规制的法律基础由允许政府授予或者规定公司服务权力的各种法规组成[②]。

在经济学界，人们对规制的内涵和外延的边界有着不同的理解。日本学者金泽良雄把政府规制等同于政府干预，这种干预既包括对经济宏观上的干预，也包括微观上的干预[③]。而更多的西方学者则把政府规制仅限定为政府对微观经济的干预。如卡恩（1970）认为，规制作为一种基本的制度安排，是为了维护良好的经济绩效对某一产业的结构及其经济绩效的主要方面的直接的政府规定，如进入控制、价格决定、服务条件及质量的规定以及在合理条件下服务所有客户时应尽的义务的规定[④]。施蒂格勒（1971）认为，"规制是对国家强制权的运用，是应利益集团的要求为实现其利益而设计和实施的"[⑤]。显然，这些对规制的理解存在较强的局限性。

随着市场经济的发展，西方经济学家对政府和市场关系研究的逐步深入，特别是自由经济学派和国家干预学派的广泛争论，以及各国政府规制实践的创新，学者们开始提出了更加科学的规制概念。有的学者强调规制是一种规则或者行为，比如植草益（1992）提出规制是社会公共机构按照一定规则对企业的活动进行限制的行为[⑥]，史普博（1999）认为规制是由行政机构制定并执行的直接干预市场配置（Market Distribution）的机制或间接改变企业和消费者供需决策的一般规则或特殊行为[⑦]。有的学者更加强调规制的强制性，如维斯卡西（1995）等认为政府规制是政府以制裁手段，对个人或组织的自由决策的一种强制性限制，政府拥有的主要资源是强制力，政府规制就是以限制经济主体的决策为目的而运用这种强制力[⑧]。有的学者更加强调规制的目的性，伯吉斯（2003）认为规制就是政府采取干预行动，通过修正或控制生产者或消费者的行为来达到某个特定的目的[⑨]。

改革开放以后，中国走上了从计划经济向市场经济的转轨之路，政府与市场配置资源的关系成为长期的研究焦点。学界对规制的概念进行了界定。大部分中国学者将

[①]《新帕尔格雷福经济学大词典》（第四卷），中译本，经济科学出版社1996年版，134页。
[②]《新帕尔格雷福经济学大词典》（第四卷），中译本，经济科学出版社1996年版，137、141页。
[③] 植草益：《微观规制经济学》，中国发展出版社1992年版，19页。
[④] Kahn, A. E. The economics of regulation: Principles and institutions [M]. New York: Wiley, 1970.
[⑤] Stigler, G. J. The theory of economics regulation [J]. Journal of Economics and Management Science, 1971: 3-4.
[⑥] 植草益：《微观规制经济学》，中国发展出版社1992年版，2~27页。
[⑦] 丹尼尔·F. 史普博.《管制与市场》，中译本，上海三联书店1999年版，2、45、47页。
[⑧] W. K. Viscusi, J. N. Vernon, J. E. Harrington Jr.. Economics of Regulation and Antitrust. The MIT Press, 1995: 295.
[⑨]〔美〕小贾尔斯·伯吉斯：《管制和反垄断经济学》，上海财经大学出版社2003年版，4页。

规制理解为政府对微观经济的干预,比如王俊豪(2001)①、于立(2002)②认为规制是政府对私人经济的干预。从规制目的的角度,余晖(1997)指出规制是以治理市场失灵为己任,对微观经济主体的不完全公正的市场交易行为进行直接的控制或干预③。从规制内容角度,陈富良(2000)认为规制是政府对企业的进入和退出、价格、服务的数量和质量、投资财务会计等有关活动施加直接影响的行为④。

综上所述,经过长期研究,国内外学者对规制的内涵已经基本达成共识,规制就是政府为了达到一定目的,依据相应的规则对微观经济主体实行的一种干预。本书认为,规制即规制者(政府或规制机构)为了达到某种目的而利用国家强制力依照特定规则对被规制者实施的直接或间接的控制或干预。

(二) 规制的分类

按照不同的标准,规制可以划分为不同的类型,从规制主体、目的、性质、手段等方面可将规制分为四个类型⑤。

1. 按照规制主体划分

按照规制主体,规制可以划分为立法规制(Legislative Regulation)、司法规制(Judicial Regulation)、行政规制(Administrative Regulation)。立法规制指的是国家立法机关(如资本主义国家的议会、中国的全国人民代表大会及其常务委员会等)按照一定的程序,制定或认可反映国家意志并以国家强制力保证实施的具体规定权利义务和法律后果的行为规则,进而规范被规制者的行为活动。如2017年第十二届全国人大常委会第三十一次会议审议了《中华人民共和国基本医疗卫生与健康促进法(草案)》,该草案第九十五条规定:医疗卫生人员泄露公民健康有关的个人隐私,情节严重或造成严重后果的,由县级以上人民政府卫生主管部门依法给予行政处罚,对他人健康权造成损害的,依法承担民事责任,构成犯罪的,依法追究刑事责任。

司法规制指的是国家司法机关(如法院、检察院等)根据法定职权和法定程序,应用法律办理案件,做出裁定。如法院受理保险欺诈案件,判定涉案人员违法行为,对涉案人员做出处罚决定等。

行政规制指的是国家行政机关(如中国的国务院及其组成部门和直属机构等)依靠行政权力通过行政命令、指示、规定等行政手段规范被规制者的行为活动进行。如国务院在2014年发布了《关于加快发展商业健康保险的若干意见》,提出要大力

---

① 王俊豪:《政府管制经济学导论:基本理论及其在政府管制实践中的应用》,商务印书馆2001年版,1页。
② 于立、肖兴志:《产业经济学的学科定位与理论应用》,东北财经大学出版社2002年版,133页。
③ 余晖:《政府与企业:从宏观管理到微观管制》,福建人民出版社1997年版,1页。
④ 陈富良:《我国经济转轨时期的政府规制》,中国财政经济出版社2000年版,10页。
⑤ 徐晓慧、王云霞:《规制经济学》,知识产权出版社2009年版,5~7页。

发展与基本医疗保险（Basic Medical Insurance）有机衔接的商业健康保险，全面推进并规范商业保险机构承办城乡居民大病保险，稳步推进商业保险机构参与各类医疗保险经办服务，完善商业保险机构和医疗卫生机构合作机制等。

2. 按照规制目的划分

按照规制目的可以将规制划分为竞争性规制（Competitive Regulation）和保护性规制（Protective Regulation）。竞争性规制指的是政府通过分配特许权或者服务权来规制经济行为主体，例如专利特许经营权的分配可以使专利发明者的利益免受他人侵犯。保护性规制是通过设立一系列条件控制私人行为，来维护公共利益，例如交通指示灯制度的实施，维护了公共交通秩序。

3. 按照规制的性质划分

按照性质可以将规制划分为经济规制（Economic Regulation）和社会规制（Social Regulation）。经济规制指的是为了防止发生资源配置低效率和确保利用者的公平利用，通过许可和认可等手段对企业的进入和退出、价格、数量和质量、投资、财务会计等有关行为进行规制。经济规制主要针对自然垄断和存在信息不对称问题的领域，例如电信、电力、铁路运输、自来水、煤气供应和金融业、航空运输业、旅游业等产业。

社会规制指的是以保障劳动者和消费者的安全、健康、卫生、环境保护、防止灾害为目的，对产品和服务的质量和伴随着提供它们而产生的各种活动制定一定标准，并禁止、限制特定行为的规制。

专栏 1.1

河北省的环保军令状

改革开放以后，中国工业得以快速发展，为经济增长贡献了巨大力量，但同时也引致了环境污染问题，给人体健康造成严重威胁。以雾霾为例，自 2013 年以来，以可吸入颗粒物 PM10 和细颗粒物 PM2.5 为主要成分的雾霾污染在中国肆意频发，雾霾直接对人体的呼吸系统产生危害，常常造成呼吸道疾病、脑血管疾病、鼻腔炎症等疾病，而大量研究资料表明，工业发展产生的包含颗粒的废气排放增多是雾霾污染形成的主要原因之一。这引起了中国政府的高度关注，环境污染规制措施便随之而出。

河北省是中国环境污染的重灾区，也是雾霾极为严重的地区。2013 年 9 月，中国十大污染城市排行榜中河北省占据了 7 个席位。

在京津冀"治霾"的巨大环保压力下，河北省相关领导立下"三年让大气质量有所好转，五年有所改善"的军令状：钢铁、水泥、玻璃行业新增一吨产能，党政同责，就地免职，必须执行。

> 作为京津"护城河"的河北,在治霾措施方面,相关领导表示,2014年要坚决化解过剩产能,按照国家下达的任务,到2017年压减6 000万吨钢铁、6 000万吨水泥、4 000万吨煤、3 000万标准重量箱平板玻璃。
>
> 实际上,早在2013年年底,河北省就提出,计划在未来5年减少6 000万吨钢产量。河北省相关领导曾向媒体表示,这一措施将减少4 000万吨标准煤的消耗,减少35%的二氧化硫排放量,减少17%的烟粉尘排放量。此外,到2020年,河北省钢产量将减少8 600万吨。
>
> 钢铁、水泥、玻璃等产业属于高耗能、高排放、高污染行业,产业政策打压势必会导致工业电力需求量的下降,火电行业将会受到冲击,加之脱硫脱硝设备的采购和使用,火电企业的成本支出约增加两成,盈利能力会再度下调。不过,工业污染是雾霾的主要元凶之一,传统工业受到遏制后,空气质量必然会随之好转。
>
> 如上对工业生产负外部性行为的规制就是典型的社会规制,它能够有效保障人们的健康和赖以生存的环境。如若不采取规制措施,任凭企业排放污染物质,那么雾霾就会肆意蔓延,各种疾病便会肆虐,美好的生活也便真的会成为梦想。
>
> 资料来源:《证券日报》,中国经济网,2014年1月21日。

4. 按照规制手段划分

按照规制手段不同可以将规制划分为直接规制(Direct Regulation)和间接规制(Indirect Regulation)。直接规制指的是政府通过认可或许可的法律手段直接介入经济主体决策的规制,例如保险监管部门或行业协会规定重大疾病保险必须包含25种大病;保险监管部门对违反中国保监会规定的保险公司采取罚款、下发监管函,乃至停业整顿等惩罚措施等。间接规制指的是以维持公平市场竞争秩序为目的,不直接介入经济主体的决策而仅仅规范其市场行为,比如民法、商法、刑法等法律中虽未明确规制保险市场的行为,但保险市场上的违规行为一样都要受到这些法律的制裁。

(三) 规制的特征

1. 规制主体的公共性

规制政策的制定、实施等一般都是由政府部门或者其附属机构来进行,规制主体的公共特性十分明显。例如,规制中涉及的立法、司法、执法等活动都是由政府公共部门来执行。

2. 规制的强制性

政府依据国家强制力以法律为根据,以颁布的法律、法规、规章、命令、裁决等为手段,对经济主体的行为进行干预,政府规制表现出明显的强制性。

3. 规制的动态性

社会的发展受到多方因素的影响，政治、经济、文化、科技、人口等因素的不断变化使得社会发展处于动态之中，市场失灵的种类、程度等随时处于变化之中，作为对市场失灵的回应，规制政策也要随时做出适应性变化，以有效解决问题。

专栏 1.2

2006 年，中国保险监督管理委员会制定了《健康保险管理办法》，其中，第八条规定，保险公司经营健康保险，应当持续具备下列条件：

（1）建立健康保险业务单独核算制度；

（2）建立健康保险精算制度和风险管理制度；

（3）建立健康保险核保制度和理赔制度；

（4）建立健康保险数据管理制度；

（5）建立功能完整、相对独立的健康保险信息管理系统；

（6）配备具有相关专业知识的精算人员、核保人员和核赔人员；

（7）中国保监会规定的其他条件。

2017 年，中国保险监督管理委员会对《健康保险管理办法》进行了修订，《健康保险管理办法（征求意见稿)》的第九条规定，除专业健康保险公司外，保险公司经营健康保险业务需成立专门健康保险事业部，并应当持续具备下列条件：

（1）建立健康保险业务单独核算制度；

（2）建立健康保险精算制度和风险管理制度；

（3）建立健康保险核保制度和理赔制度；

（4）建立健康保险数据管理制度；

（5）建立功能完整、相对独立的健康保险信息管理系统；

（6）配备具有健康保险专业知识的精算人员、核保人员、核赔人员和医学教育背景的专业人员；

（7）中国保监会规定的其他条件。

（四）规制工具

政府实施规制需要借助一定的工具，从世界范围来看，主要的规制工具包括：禁止（Ban）与损失赔偿（Compensation for Damage）、特许（Special Permission）、价格与数量限制、标准（Norm）、税赋（Tax）与补贴（Subsidy）、信息提供（Information Provision）、产权界定（Delimitation of Property Rights）等[①]。政府依据具体需要选择

---

① 徐晓慧、王云霞：《规制经济学》，知识产权出版社 2009 年版，10~14 页。

合适的规制工具。

1. 禁止与损失赔偿

禁止指的是通过立法的形式不准许或者不许可一定行为。例如中国在法律中明确规定禁止用任何手段侵占或者破坏自然资源、禁止非法搜查或者非法侵入公民的住宅、禁止拐卖妇女儿童等。禁止属于事前规制，能够非常清晰、简单地向被规制主体传达他们不能做什么的信息，可以有效地阻止被规制主体将来可能产生的违法违规行为。另外，禁止具有极强的权威，违反禁止的行为会构成对法律权威的冒犯，违反者要为此付出代价，后果会非常严重。但是一旦违反禁止的行为发生，我们无法获知该行为造成的损害，也不能对受害方进行应有的补偿。

损失赔偿指的是法律法规等规定的侵权者向被侵权者支付的一笔钱，如刑法附加刑中的罚金、行政处罚中的罚款。损失赔偿作为规制的一种工具，一方面能够使得被侵权者受到的损害得以弥补，一方面又能够让侵权者对自己的侵权行为付出金钱代价，使之不会肆意的实施侵权行为，一举两得。但是，实施损失赔偿要求正确地衡量损害的大小，错误地衡量损害的大小会导致损失赔偿被定得过高或者过低，这将扭曲受害者的激励①。现实中确实也很难精确地计算损害大小。

禁止与损失赔偿在规制功能上各有侧重，禁止更偏重于对未来行为的规制，损失赔偿则更偏重于对已发生行为的处理，在实际中两者经常被结合起来使用，在不同的情形下两者表现出不同的规制效率。考特等认为大多数法律争端通过双方谈判的形式解决，而不用进行审理。当交易成本为零时，双方可以进行很好的谈判，损失赔偿和禁止的都是有效的救济方法；当交易成本很高，阻碍谈判时，损失赔偿更具有优越性；当交易成本较低，允许谈判时，禁止较损失赔偿更加有优越性②。

若进一步引入信息，禁止和损失赔偿表现出的规制效率又会有所变化。当交易成本较高，阻碍谈判时，如果知道哪一方对产权的评价较高（即使不知道各方的绝对评价值），则禁止更加有优越性；若知道其中一方的绝对评价值（即使不知道哪一方的评价较高），损失赔偿更有优越性③。

2. 特许

特许指的是通过建立制度和标准来限制微观经济主体进入产业或者市场。通常特许包括④：

（1）一套申请流程，政府据此选择由谁进入相应的市场。

（2）一项行为授权，在获得了包含一定条件的许可证之后，被许可人需要接受相应的监管，确保其以符合许可证要求的方式行为。

---

①②③ 〔美〕考特（Cooter, R.），〔美〕尤伦（Ulen, T.）著，史晋川等译：《法和经济学》，格致出版社2012年版，90~92页。

④ Colin Scott、石肖雪："作为规制与治理工具的行政许可"，《法学研究》，2014年版，35~45页。

(3) 许可实施的监管，政府对获得许可证者的生产经营行为进行监管，及时发现不合规的之处，并加以纠正。另外，许可证本身就可能规定了相应的监管权（例如定期向政府、机构报告的义务）。

(4) 许可违反的制裁，与一般的监管性法律相比，违反许可的制裁措施更为特殊、明确、具体，其中包括最为严重的吊销许可证，将被许可人逐出市场。

相应的准入规制主要包括许可制、注册制、申报制等。许可制是指厂商得到规制机构批准后方可进入法律禁止的领域或采取的行为；注册制是指由规制机构制定获得资格的必要条件，通过资格检验并达到必要条件后厂商才能登记注册，开展经营活动。申报指的是厂商按照一定程序向规制机构提交申请，并按照规定提供申请材料，通过审查并达标的厂商方可进入市场开展经营活动。

特许作为规制工具有着自身特有的优势。首先，特许制度能降低信息不对称程度，有效提高规制效果。例如，在申请审批过程中，规制者可以获取被规制者的信息，增进对被规制者的了解，在许可实施后的监管中，规制者通过开展必要的检查、审阅被规制者提供的报告等途径及时获取被规制者的生产经营活动信息。更加对称的信息使得规制者能够及时、有效地发现和纠正被规制者的不合规行为，达到规制目的。其次，控制准入，能有效提高市场经营主体的整体合规水平。特许制度明确地规定了资格要求，能进入市场的经营者都达到了要求的标准，与准入门槛较低（甚至没有准入门槛）、经营主体资质水平参差不齐的市场相比，实施特许制度的市场自然从整体上有着更高的合规水平。最后，监管、制裁双管齐下，对被规制者产生的约束力极强。特许制度要求获得特许证者接受监管以及对不合规行为的制裁，制裁规则十分明确、具体，为了在监管环境下免受制裁、有效占有特许证这一珍贵资源，被规制者往往选择合规经营。

特许自身也存在弊端。一是特许限制竞争。政府干预市场，设定规则控制准入，只有少数通过审批获得特许证者进入市场，造成市场缺乏竞争，缺乏竞争的市场往往弊病百出。二是特许引致大量成本。成本主要来自：许可管理机构的设立与运营、特许制度与方案的制定、许可证的申请操作、监管的实施、寻租（Rent Seeking）行为等。三是特许引致低效率。政府制订特许制度与方案、被许可人进行特许申请、政府组织审批等，涉及多层机构、大量人员、复杂的审批流程，审批时间往往很长，效率较低。四是，特许引致寻租与腐败。特许证一定程度上意味着市场份额、政策利好，人们为了获取利益，往往采取寻租，向掌握审批大权的政府官员行贿。另外，特许审批中存在大量的自由量裁权（Right of Discretion），因此在特许证数量有限而符合特许要求的申请者较多情境下，在特许后监管和违规后制裁等环节中，寻租与腐败行为时有发生，实际上相关的例证非常多。

3. 价格与数量限制

价格控制（Price Ceiling）与数量控制（Quantitative Restrictions）是政府在规制中的重要工具。最常见的价格控制是最高限价与最低限价，例如，对垄断（Monopoly）产业（如电信业、石油业）的产品或服务制定最高限价，对农产品制定最低限价等。最高限价可以有效地防止产品价格过高地向上浮动、厂商制定过高的垄断价格等，能稳定物价，保护消费者利益。但最高限价会造成产品供不应求，进一步引致排队购买、黑市交易（Black Market Operation）等问题，造成效率和福利损失。最低限价能够保护生产者收入、避免产品短缺、保护或者扶植某些行业的发展，但最低限价又会造成产品供过于求，打破市场均衡（Market Equilibrium）。

专栏 1.3

最低工资法对劳动力市场均衡的影响

在许多国家中都存在着法定的最低工资，下面我们来分析一下最低工资的存在对劳动力市场均衡的影响。如果法定最低工资低于市场均衡工资，那么这个最低工资实际上与没有是一样的。因此，最低工资要起作用，就必须高于均衡工资。如果法定工资高于均衡工资，那么将导致劳动力市场供大于求，进而导致失业，也就是说，较高的法定工资是以牺牲就业为代价的。具体而言，最低工资的实施带来的后果有以下三个方面：第一，高于均衡水平的法定最低工资使得劳动的供给大于需求；第二，如果政府强制企业雇佣劳动，将导致企业亏损，长期看将进一步减少就业机会；第三，如果企业有雇工自由，最可能找不到工作的是那些素质相对较低的劳动者。由此可见，最低工资法看似保护了雇员的利益，实际则损害了他们的利益。

资料来源：张维迎著：《经济学原理》，西北大学出版社2015年版，207-208页。

数量限制常常被用于国际贸易壁垒（Trade Barriers）以及有害产品生产和经营的规制中。国际贸易中常用的数量限制方式有配额（Quota）、进口许可证、自动出口限制、数量性外汇管制（Foreign Exchange Control）。政府还往往对烟、酒、毒品、药品的生产和流通的数量进行限制。数量控制既能够满足一定需求，又能防止毫无规制引致的危害。例如适当控制贸易数量能够到保护民族产业；又如政府控制医药机构向消费者出售具有安眠性质药物的数量，满足消费者因疾病对药物的需要，又防止消费者因过度服用安眠药物造成危险局面的出现。但数量控制会影响市场机制的正常运行，操作不当，会引致供需不平衡，继而衍生出诸多问题，如哄抬价格、黑市交易、贸易纠纷等。

4. 标准

规制中的标准主要包括产品标准、服务标准、技术标准等。产品标准指的是对产品结构、规格、质量和检验方法所做的技术规定。现实中有大量的产品标准，例如建筑用钢材标准、汽车零部件产品国家标准等。

服务标准是指规定服务应满足的需求以确保其适用性的标准，包括服务基础标准、服务质量标准、服务资质标准、服务设施标准、服务信息标准、服务安全和卫生标准、服务环境保护标准、保护消费者权益标准。

技术标准指的是重复性的技术事项在一定范围内的统一规定，它对特定产品或服务的生产程序或过程提出要求。例如，钢铁产业的废水、废气、废渣排放标准，玻璃产业的能耗标准等。

标准可以对被规制者进行事前规制，在产品、服务交易完成之前被规制者就要遵守标准，这能够有效克服信息不对称以及外部性造成的市场失灵甚至相应的规制失灵（Failure of Regulation）。另外，标准往往被用来规范全行业甚至更大范围的行为主体，具有普适性的约束力，能够从较大范围内有效提高行为主体的合规水平。标准还可以向消费者传递"好的"信号（如产品质量是高的、产品技术水平是先进的等信号），增进信息对称的程度，降低交易成本。

尽管标准存在诸多作为规制工具的优点，其弊端也很明显。即便被规制者严格遵守标准来从事生产经营活动，因为技术有限、偶然因素存在等也会导致产出的产品或者服务不能达到标准的要求，而消费者往往仅能通过厂商是否遵循标准来判断产品或者服务水平，很难完全掌握所购买的产品或者服务的全部信息，所以厂商的产出是否达标在一定程度上是不可知的，尤其当这一不达标的问题需要较长时期才能反映出来的时候，规制失灵就会出现。另外，过高的标准会大大增加企业成本甚至使之难以有效遵守，过低的标准又难以满足公众的需要，标准的选择需要适当，这对政府来说具有挑战性。另外，厂商往往会在寻租的过程中向某些政府官员行贿，为了自身利益接受贿赂的政府官员就会受到影响选择有利于厂商的标准（如较低水平的标准），影响了标准制定的客观与公正性。

5. 税收与补贴

税收对国民经济生产、分配、交换和消费各个环节都有重要影响，它是政府对经济活动进行调节的重要手段，可以将社会财富从一些人手中转到国家手中，然后通过国家财政支出转移到另一些人手中。在规制中政府通常采用税收来解决市场失灵问题，例如排污费制度的实施可以降低企业生产的外部性。补贴可以看作是税收的另一方面，它能够很好地引导市场行为，例如购买新能源汽车补贴政策对于新能源汽车产业发展有着巨大的带动力。

税种、税率、减税、免税的运用可以增加一些人的税负或者减少一些人的税负①，对支持、鼓励的市场活动从低收税，对于限制、不鼓励的市场活动从高收税，能引导和调节生产、消费行为，税收—补贴的模式可以抑制具有外部负效应的经济行为、补偿具有外部正效应的外溢收益②，如此不断改善资源配置的效率和社会福利（Social Welfare）水平，缓解市场失灵问题。另外，税收是以国家法律的形式规定的，具有强制性，这一规制工具可得以充分有效的实施。

然而，只要需求和供给都存在一定的弹性（Elasticity），税收就会造成生产效率下降③，税收不公还会引发社会不满。税收和补贴又与贸易壁垒、贸易保护联系密切，操作不当容易引致贸易纠纷。另外，税收与补贴政策往往难以完全按照规制者的意愿执行，偷税漏税、骗取税收优惠和补贴等问题会影响规制的效果。

6. 信息提供

信息提供指的是政府依法要求经济主体披露必要的生产经营信息。例如，保险规制机构要求保险公司披露财务信息，上市公司根据有关法规要求公布反映公司业绩的报告。

信息提供能够有效降低市场信息不对称程度，有利于规制机构对被规制者的了解，发现问题行为并及时采加以制止，进而保护投资者、消费者的合法权益。信息提供还能够促进被规制者的自我约束，在信息比较透明的情况下为了不触碰法律法规的底线而遭受制裁、获得其他行为主体的认可、建立正面形象等，被规制者就不会肆意弄虚作假、违法乱纪，而会主动加强自我约束和自我管理。

信息提供作为规制工具，也存在一定的弊端。首先，信息提供会产生大量的成本。被规制者制作、报送规范的信息需要成本，规制机构审阅、保存被规制者的提交的信息需要成本。例如中国保监会要求保险公司销售保险录音录像以保证销售行为可追溯，这涉及录音录像设备购买与维护、音频视频信息的存储等，需要耗费大量的人力、物力、财力。其次，信息质量难以控制。被规制者是信息的创造者和持有者，而信息会产生租金，为了利益，他们往往不会欣然如实地提供完备的信息，而会采取措施应付规制机构，导致信息披露不准确、不及时、不充分，不利于规制的实施。例如，信息提供中常见的虚假披露、避重就轻、粉饰报表、"好消息提前，坏消息滞后"等。

7. 产权界定

产权指的是占有权、使用权、出借权、转让权、用尽权、消费权和其他与财产有关的权利④。一般来讲，产权具有激励、约束、内化外部性、配置资源的功能。科斯

---

① 王政、姜凌：《税收学概论》，对外经济贸易大学出版社2009年版，23页。
② 汪孝德：《税收调控论》，西南财经大学出版社1997年版，14页。
③ 张维迎著：《经济学原理》，西北大学出版社2015年版，183页。
④ 〔英〕沃克：《牛津法律大辞典》，光明日报出版社1988年版，729页。

定理指出当交易成本为零时，不管产权如何界定，社会总会达到帕累托最优（Pareto Optimality）状态，当交易成本为正时，清晰的界定产权有利于降低交易成本，改进效率。现实中交易成本很难为零，清晰的界定产权很有必要，有利于明确市场行为主体的责任与权利、解决外部性造成市场失灵问题。

界定产权方式主要包括企业界定产权、市场界定产权、政府界定产权，规制中涉及的产权界定由政府来实施。政府界定产权会产生成本，成本也许会很高，可能超过通过市场或者企业界定产权的成本，所以政府干预并不一定比市场调节更好①。

（五）规制的形成过程

1. 产生规制需求

规制中涉及的行为主体包括政府、团体、个人，他们都是"经济人"，追求财富或者效用最大化。当若干行为主体发现了某些潜在利益但在现存市场机制和政府规制环境下又无法实现时，就会激发出他们对能有效获得该潜在利益的规制需求，形成规制的行动团体便会出现。当然，出于理性，只有预期收益（Expected Revenue）大于预期成本（Expected Cost）的规制才会被真正需要。

2. 确定规制目标

行动团体推动规制的形成，就必须确定规制目标，以明确行动方向。确定规制目标的过程中，行动团体成员为了达成共识会展开博弈，还需要搜集、处理各类相关信息。

3. 制订和选择规制方案

规制目标需要可行的规制方案加以实现，制订并选择规制方案是推动规制形成过程中不可或缺的环节。规制方案可能来源于已有的科学研究成果，可能是对现存的具有相关或类似性质与功能的规制方案的改进，可能是在局部实践与探索中总结的经验，也可能是行动团体共同探讨、研究确立的全新设计等。需要明确的是所有的规制方案都必须建立在现存制度与法律基础之上，不能与之相抵触，否则就要需要对相应的法律、制度等做必要修订，以使规制方案合乎法理。

行动团体还需要对已经制订的规制方案进行比较和分析，选出最优规制方案。判定最优规制方案的标准受行动团体的影响，但基本上应该满足高效、高收益、低成本，也就是快速实现最大化效用或净收益。

4. 实施规制

实施规制包括两个步骤，一是政府批准规制方案，二是政府或政府委托规制机构按照规制方案对被规制者的行为进行监督和管理。政府是规制主体，行动团体推动制

---

① 张维迎著：《经济学原理》：西北大学出版社2015年版，308页。

订的规制方案需由政府按照法定程序审批,审批通过的规制方案会被公之于众。如中国的全国人民代表大会及其常务委员会立法的基本程序包括:法律草案的提出、法律草案的审议、法律草案的表决与通过、法律的公布等。

  一般来讲,立法机关负责立法规制方案的审批工作,在已经颁布的法律基础上国家行政机关负责法规、规章、规范性文件等规制方案的审批工作,法规、规章、规范性文件等通常是相应立法规制的补充和细化,使立法规制具有可操作性。例如1995年第八届全国人民代表大会常务委员会第十四次会议通过了《中华人民共和国保险法》,以此为基础,中国保险监督管理委员会制定并实施了《健康保险管理办法》。

  在规制方案生效后,政府或政府委托规制机构按照规制方案对被规制者进行监督和管理,以规范市场行为。例如,一些国家对保险公司的投资行为实施规制,规制机构一旦发现保险公司的投资行为违反了相关规定,便会及时采取措施进行制止,甚至做出处罚处理。如中国某健康保险公司因欺骗投保人,被中国保监会罚款20万元,相关直接责任人亦受到相应处罚。

  5. 放松与解除规制

  随着规制政策的实施,影响行动团体获取潜在利益的问题有所缓解或者已经解决,又或者随着市场经济形势、科学技术水平、社会道德水平等因素的变化使得以前的问题不复存在了,相应的规制就应该被放松或者解除。因为,规制的实施需要成本,尤其是不合适的规制还会给经济、社会带来新的问题,要依据具体情况放松或者解除规制。例如,为了控制人口过快增长,1966年中国开始实施计划生育政策。但计划生育一味地控制人口数量,忽略了世代更替,造成国家严重的老龄化、未富先老的格局。于是,中国对人口生育政策做出调整,逐步实施了"二孩"政策。

二、规制的经济导因分析

  根据西方古典经济学理论,在严格的市场完全竞争假设条件下,市场这只"看不见的手"能够使资源配置效率最大化,同时社会福利达到最大化,即达到所谓的"帕累托最优状态"。但在市场经济比较成熟的西方国家,大企业的垄断和过度的市场竞争同时并存,使社会资源的配置失去了效率,社会消费的公正原则也遭到破坏,即微观经济学中通常所说的"市场失灵"。

  市场失灵是相对于古典经济学中市场成功而言的。市场成功的最初描述是1776年亚当·斯密关于"一只看不见的手"的市场机制提出的。20世纪50年代由阿罗(KArow)和德布勒(G. Deren)用严格的数学方法证明了完全竞争市场的高效率。该理论有一个基本假定:市场均衡与帕累托最优,即市场是完全竞争的市场,在该市场中,每个生产者和消费者的个别行为都不会对市场价格造成影响,并且由于信息具有对称性,每个厂商都实现了利润的最大化,每个消费者都实现了效用的最大化,同时,市场上的各种资源都得到了最佳配置,从而市场处于一种均衡的高效率状态。市场失灵论则是指所有未达到市场成功中最优状态的情况。市场失灵的原因及相应的矫正方法有三个:

(一) 信息不对称

市场成功是建立在信息完全对称的基础上的,由于信息的充分、完全,生产者可以及时调整生产计划和产品价格,消费者可以及时寻找到低价商品,从而使市场达到新的均衡。但现代经济生活中由于信息不对称的存在导致市场的低效率,人们为了搜寻信息而付出了交易成本。如保险市场的信息不对称,问题非常严重,既包括隐藏信息问题(Hidden Information Problem),如投保人隐瞒信息以获得保险保障,保险人隐瞒保险单中规定的除外责任,保险事故发生后,寻找各种借口拒赔,也包括隐藏行为问题(Hidden Action Problem),如投保人投保后疏于对保险标的的保护甚至故意毁坏保险标的以期获得保险赔付。

不对称信息和不存在的信息往往会导致道德风险、逆向选择等问题,而政府规制可以以明确的规则使信息通畅,进而降低道德风险和逆向选择等问题的发生概率,因此政府规制十分必要。

(二) 外部性

外部性是指个人和厂商的一种行为直接影响到他人,却没有给予支付或得到补偿。其中,支付实质上就是指外部成本内部化,得到补偿实质上就是指外部收益内部化。外部性有正的外部性和负的外部性之分。比如,企业的生产活动造成了居民的空气污染,但企业不会对受污染的居民给以补偿,这就是企业生产带来的负的外部性。在市场条件下,外部性引起个体收益和社会收益的不相等,即某些个体行为对个人有益而对社会无益,从而造成外部的不经济。"公共物品"是外部效果的极端情况,一些公共物品(Public Good),比如路灯,它往往对提供者没有太大的利益,而对社会公众有益,因此,这些公共物品很难由私人提供,也不能通过市场机制得到充分的供给。

外部性导致的外部不经济以及公共物品的市场供给问题,需要政府力量的介入才能更好地加以解决。政府规制能够将外部性的成本内部化,并有效减少外部不经济问题的产生。政府插手提供公共物品(如进行国防建设、修建公路、支持纯科学研究和维护公众健康等)则能打破公共物品必不可少又无人提供的困局。

(三) 市场势力

完全竞争的意义是个别人的行为(包括企业)不能影响市场价格,但现代经济生活中垄断的存在使得市场价格受到垄断者（如大企业、行政垄断企业）的操纵，从而使需求和生产结构扭曲并且产生了超过正常水平的利润，而这些利润可能转而用于不真实的广告宣传。这样，就会带来市场资源配置效率方面的损失。如保险业的垄断行为会对保险消费者利益造成损害，带来资源配置无效率和生产无效损失。通过政府规制减少垄断行为的出现，有利于市场的健康运行。

公共利益理论认为放任市场会出现市场失灵所导致的低效率和不公平。政府代表的是公共利益。因此，理应由政府采取规制行动来弥补市场低效率和不公平的缺陷。

除了经济分析之外，还有学者从政治和社会角度分析政府规制的必要性，如保护地方市场、避免破坏性竞争、发展当地或民族产业、贯彻政府理念、维护国家安全、尊重宗教文化信仰、保证利益集团的既得利益等。

三、规制的成本和局限

政府规制需要承担规制成本，并存在一定的局限性。规制成本最终会转嫁到消费者身上，造成一定的福利损失。此外，政府规制过严会影响经济主体的创新活力，最终不利于市场机制的运作。因此，一些经济学家认为，市场失灵未必一定需要政府规制来矫正。

政府规制的成本包括人力资本的投入、国家税收的支出、管理机构的投入、规制规定与实施、政府规制中的设租与寻租[1]、规制和制度的路径依赖（Path Dependence）[2]等。

除了要支付规制成本，政府还应意识到规制失灵，即与市场失灵相对应的所谓政府失灵。分析规制失败原因的理论主要有俘获理论和新经济自由主义论。俘获理论的基本思想是：某产业中的企业希望政府对该行业实施规制，原因在于它们可以通过俘获规制者而使其按照自己的利益行事[3]。该理论认为所有的规制者最终都会被一些被规制者以各种方式俘获。规制的结果实际上是规制者利用规制机制在为某些特别的利益集团提供服务。

---

[1] 寻租理论最早由塔洛克（Tullock）和安妮·克鲁格（Anne C. Kruger）提出。早期寻租理论的基本结论是当利用贿金购买权力时，管制更有可能使生产者受益而非消费者得益。理论的随后发展则更多地考虑了消费者群体在寻租活动中的力量。但无论如何，寻租行为本身不会创造任何社会财富，只会消耗社会资源，造成社会福利的损失。

[2] 路径依赖是指制度开始实施后形成的制度惯性，对现存制度进行改革也需要付出成本。

[3] 斯蒂格勒在其《经济管制理论》一文（Stigler, G. J., The Theory of Economic Regulation, Bell Journal of Economics, 1971, No.2）中指出，管制或许正是一个产业所积极寻求的东西，它通常是该产业自己争取来的，它的设计和实施主要是为受管制产业利益服务的，管制只不过是财富在不同利益集团之间的转移而已，但他也指出管制也可能是强加于一个产业的，并且会给受管制的产业带来很多麻烦。

俘获理论认为，进入规制要求越严，国家收入和产业竞争性越低，腐败也越严重；规制越多的国家，其产品质量越低，环境越差。

一些从计划经济向市场经济转轨的国家对保险业的规制为俘获理论提供了很好的例证：规制部门官员出于对自身利益的考虑，利用规制部门与公众之间的信息不对称，与被规制者利益团体形成利益共同体，使保护投保人利益和维护市场公平竞争成为得不到执行的口号。比如，首先，市场上最主要的保险公司都是国有或国家控股的企业，规制部门不但是市场的规制者，还受国有资产管理部门的委托，代理着这些国有和国家控股企业的管理职能，拥有公司管理人员的任免权。因此，他们既是市场的管理者，也是市场的直接参与者，双重职能极容易导致不公平的规制倾向。其次，规制部门成立之时，保险规制官员主要来自市场上的保险公司。而更主要的是，如果一直以来，保险规制的主要官员可以被委派到国有或国家控股的保险公司担任要职，或从规制部门离职后担任保险公司的顾问、独立董事等职，那么出于对自己未来的考虑，在履行规制职责时，不能不有所倾向甚至官商勾结。何况一些人去规制部门工作的目的主要就是积累人际关系，然后带着这些资源到保险企业求职，而这些人对于企业来说是有利用价值的，即所谓的"权力期权"。

最后，由于规制部门的财务受到其他部门的限制，缺乏可自由支配的资源，往往依赖财力雄厚的受规制保险企业提供财务支持，作为交换，保险公司可以借助于有利于自己的规制政策获得回报等。

新经济自由主义论从另一个侧面对政府规制的效率提出了质疑，认为支持政府规制的三个基础假设都不存在，因此，政府规制是没有必要的。

首先，对规制者会追求社会福利最大化的假设。新经济自由主义论认为，假定规制者的目标是社会利益最大化，并认为他们有能力实施各种规制工具是错误的。第一，在政治制度不完善的情况下，人们无法确定什么是社会利益，因为社会群体的利益往往是相互冲突的，对一个群体有利的事，可能恰恰是对另一个群体利益的损害。第二，政府和政治家并非像人们想象的那样，是社会利益的代表，他们有自己的利益和自己的效用函数，并且与社会利益有着很大的差异。规制者实施规制的直接目标不是要控制各种市场失灵，而是首先要保证自身的收益，包括政治收益和经济收益的最大化。

其次，关于规制者拥有完全信息（Omniscient）的假设。新经济自由主义论认为，实践证明规制者所拥有的信息远远少于市场这只看不见的手所掌握的信息，否则中央计划经济就不用改革了。特别是在一个官僚体制下，整日坐在办公室里自以为是地发号施令的规制人员可能是最无知、对市场最具破坏力的人。

最后，关于规制者具有公信力的假设。新经济自由主义论者列举了世界各国规制者缺乏公信力的大量例证。这些例证不论是在发达国家还是在发展中国家，也不论是在市场经济国家,还是在计划经济国家都是普遍存在的。既然支持政府规制的三个假设条件都被新经济自由主义论者否定,那么在新经济自由主义论者看来,政府规制也就失去了意义。

关于政府规制的争论还远没有结束,但政府规制的成本和局限性却不能被人们忽视。

四、规制的有效性分析

(一)规制应有的有效性

正如前文所分析的那样:一方面,一些市场失灵问题客观存在,影响市场资源配置的效率和社会公正性,需要政府规制加以解决;另一方面,规制成本和规制失灵的存在,又造成了社会福利损失。市场失灵与政府规制似乎成了一个两难的选择,解决这个问题,就需要我们厘清市场失灵与政府规制之间的关系并界定有效的政府规制。

倘若市场是成功的,资源配置的效率和社会福利均会达到最大化水平,政府规制将不被需要。倘若市场是不成功的,市场失灵的存在使得资源配置效率低下、帕累托最优状态不复存在。为解决此问题,有效的政府规制十分必要。一项有效的政府规制应该可以解决市场失灵问题并提高资源的配置效率和社会福利水平,否则规制是无效的,而无效规制就没有存在的必要性(即便存在市场失灵)。因此,从经济学的角度来讲,市场失灵不一定需要政府规制(只有规制有效时,才被需要),政府规制也不必然解决市场失灵(例如存在规制失灵),但没有市场失灵,政府便不必干预市场,因此,市场失灵是政府规制存在的必要但不充分条件。

政府应该遵循市场的基本规律,发挥市场在资源配置方面的基础作用,对于市场失灵,既不能听任任之,也不能过度规制,应该施以有效的规制措施,而有效的规制则会使得规制收益大于规制成本。

专栏1.4

药品限价:消费者与企业之痛

为了降低消费者医药费支出负担,中国自1997年以来开始实施药品的最高零售价限价政策,这成为我国政府调整药品价格、控制药品费用的主要手段之一。但这一规制政策却产生了较大的负面效果:企业利润降低甚至无利可图;消费者"一药难求"。

我国罹患甲亢疾病的患者有上百万人,他们主要依靠他巴唑和丙硫氧嘧啶片这两种药物来治疗甲亢疾病,但后者的效果不如他巴唑,对肝脏有一定的副

> 作用,因此他巴唑成为甲亢患者的主要用药,其零售价格在2元左右,性价比比较高。但是由于政府限价,厂商利润较低,国内生产他巴唑的18家企业大部分停止了该种药物的生产,他巴唑严重断货,患者被迫购买价格昂贵的进口药"赛治"(由于是进口药,不在政府限价之列)来替代他巴唑。本来企业可以通过他巴唑的生产经营赚取利润,患者也可以借助他巴唑以较低的成本治疗疾病,但政府的限价却打破了这种共赢的局面,给企业和消费者造成了严重的损失。
>
> 　　药品限价政策给中国药品流通市场造成了长期的负面干扰,其弊端也逐渐被政府认识到。2015年5月5日,经国务院同意,国家发改委会同国家卫生计生委等部门联合发出《关于印发推进药品价格改革意见的通知》,决定从2015年6月1日起,除少量麻醉和第一类精神药品外,取消绝大部分药品政府定价,药品实际交易价格主要由市场竞争形成。
>
> 　　资料来源:《中国经济周刊》,2013年7月23日。

(二) 规制有效性的分析工具:成本—收益分析

衡量政府规制方案的有效性对于政府规制的决策和实施都十分重要,成本—收益分析无疑为此提供了较好的技术支持。成本—收益分析,指的是以货币单位为基础对投入与产出进行估算和衡量的方法,此技术最早被美国引入政府规制评价,并一度成为美国政府规制绩效评价的主流方法。

美国信息与规制事务办公室和白宫的管理与预算办公室负责审核规制机构的规章草案、评估规制的成本与收益。按照美国里根总统12291号行政命令的规定,只有规制对社会的潜在收益大于潜在成本的情况时,规制方案才可以实施,否则将不能实施。另外,在规制实施后的一定时间内,还要对规制的实施效果进行事中或事后的评价,来确定是否需要对该项规制进行调整。

1. 成本收益分析(Cost Benefit Analysis)的操作步骤

成本收益分析法在美国的政府规制上的应用已经十分广泛和成熟,其操作步骤主要包括以下七个[①]:

(1) 目的确立阶段,政府首先确立拟达到的目的;(2) 调查阶段,调查确定各种可替代性手段,包括不采取任何措施的方案;(3) 识别阶段,政府要识别不同规制措施可能会影响到的主体,分析哪些主体会受损,哪些主体会受益;(4) 赋值计算阶段,对不同主体的损害、收益依据特定标准,进行赋值计算;(5) 汇总阶段,

---

① 刘权:"作为规制工具的成本收益分析——以美国的理论与实践为例",《行政法学研究》,2015年,135~144页。

确定各种可替代性方案所产生的各自的总成本和总收益;(6)敏感性分析阶段,采用敏感性分析方法对成本、收益的判定中存在不确定性问题加以处理,选取不确定性因素,计算不确定性因素变动对成本和收益的影响程度;(7)确定具有最大净收益的手段。

2. 规制成本与收益的估算方法①

规制成本的计算方法主要包括五种:一是经济计量分析,直接估算产出市场或用生产函数去测度规制变化的影响;二是支出测算研究,依靠对企业或公司的调查来判定规制的成本;三是工程成本分析,直接计算安装设备的新增成本并随设备质量的改变而调整;四是生产率研究,用图表方式说明一段时间内实际的生产率变化与没有其中一项或更多的政府规制时可能发生的生产率变化之间的差异;五是一般均衡分析,用一般均衡模型考察完全竞争的市场对一项新政策的反应。

规制收益主要包括经济收益、安全收益、健康收益、环境等②,其计算方法主要包括两种:一是通过询问了解人们愿意为规制、制度、政策或标准的改变所付出的金额;二是通过观察人们的行为来判断人们实际上为这种规制政策所付出的数额,研究者可通过规避行为、影子价格、影子工资来判断人们的支付意愿。

成本—收益分析解决了部门利益集团理论难题以及福利经济学的难题,将市场资源配置的方式引入政府公共政策领域,成本最小化和利益最大化成为政府公共政策的约束条件③。因此,成本—收益分析为政府供给有效的规制提供了有效保障。但成本—收益分析也存在一定的不足之处,比如规制的部分成本和收益是难以精确量化的,污染引致的成本、健康带来的收益等都是难以精确量化的。

五、规制经济学的产生与发展

西方市场经济的发展受到经济自由主义(Economic Liberalism)④和国家干预主义(State Interventionism)⑤两大思潮的影响。在西方经济史中,这两种经济理论交替主导了经济发展,经验表明,任何一种理论都不是完美的,单独的使用一种理论都会给经济带来巨大问题。随着经济的发展,两种理论日渐融合,互相弥补彼此的不足,推动了经济的健康发展。

随着经济国家干预主义的发展,规制理论诞生并逐渐发展起来,主要研究了市场

---

① Guasch, J. L., and R. W. Hahn, The Costs and Benefits of Regulation: Implications for Developing Countries, The World Bank Research Observer, 1999:137 – 158.
② 肖兴志:《现代规制经济学分析》,中国社会科学出版社2011年版,69页。
③ 席涛:"美国的成本—收益分析管制体制及对中国的启示",《经济理论与经济管理》,2004年,60~63页。
④ 调市场机制的有效作用、反对国家干预经济生活的理论和政策。
⑤ 主张通过国家干预经济生活,以弥补市场不足的理论和政策。

经济体制中政府如何依据一定的规则对微观市场经济行为进行干预,这一理论就是规制经济学。规制经济学不断发展,逐渐形成了规制公共利益理论、规制俘获理论、部门利益理论、可竞争市场理论、激励规制理论等基本理论。规制经济学的经典作品有卡恩的《规制经济学》(1970年)、施蒂格勒的《经济规制论》(1971年)、植草益的《公共规制经济学》(1990年)等。

六、规制经济学的主要研究内容与研究思路

(一)规制经济学的主要研究内容

规制经济学是以微观经济学和产业组织理论为基础,吸收法经济学相关研究成果而发展起来的一门新兴应用学科[①]。规制经济学主要研究政府针对市场失灵问题应该采取哪些措施来约束和规范经济主体行为,以弥补市场效率损失和社会福利损失,促进经济和社会健康发展。另外,规制经济学还研究政府规制的效率问题,考察政府规制的效果。

(二)规制经济学的研究思路

一般来讲,规制经济的研究思路主要遵循了出现市场失灵问题,产生规制需求,提供规制服务,出现规制过度问题,产生优化规制需求,开展规制优化实践[②]。

信息不对称、外部性、市场势力所导致的市场失灵及其衍生的道德风险、逆向选择和交易成本问题使得市场经济天然地存在缺陷,在经济运行过程中难免出现市场失灵问题,影响市场经济效率,造成社会福利损失。为了解决这一问题,政府便采取措施干预微观市场经济。随着市场失灵问题得以缓解,原本的规制政策出现过度规制,干预行为给市场经济带来新的问题,优化规制以适应市场经济成为必要。

第二节 健康保险规制的内涵与外延

一、健康保险规制的内涵

目前,学术界对于健康保险规制(Health Insurance Regulation)概念的界定还不

[①] 曲振涛、杨恺钧:《规制经济学》,复旦大学出版社2006年版,7页。
[②] 马云泽:《规制经济学》,经济管理出版社2008年版,58页。

够明确。何佳馨（2011）对健康保险法的概念做了界定，认为健康保险法包括了所有关于调整健康保险关系和健康保险业务活动的法律、法规、规章、办法等的规则体系[①]。对于商业健康保险的规制的概念，史梦秋（2009）认为，它指的是一个国家的金融主管机关或保险规制执行机关，依据现行法律对经营健康保险业务的保险人和健康保险市场实行监督和管理，以确保保险人经营的安全和取得盈利，维护被保险人的合法权益[②]。任泽华（2007）更为概括地指出，商业健康保险的规制指的是政府部门通过行政手段和市场手段对商业健康保险市场的运行进行监督和管理[③]。

显然，这些对健康保险规制概念的界定还不够明确、准确、系统。健康保险主要包括医疗保险（Medical Insurance）、疾病保险（Disease Insurance）、失能保险（Disability Income Insurance）、长期护理保险（Long-term Care Insurance）以及相关的医疗意外保险（Medical Accident Insurance）、医疗责任保险（Medical Liability Insurance）等医疗执业保险，它涉及的市场主体不仅包括社会医疗保险管理机构和商业保险公司等保险人和被保险人，医疗机构如医院、医生和医疗卫生管理部门，对于健康保险的经营活动也有十分重要的影响。这些市场主体相互影响，共同导致了健康保险市场失灵问题。实施健康保险规制不是单一地保证某一方的利益，而是从总体上提高保险经济资源配置的效率和社会总福利。另外，健康保险规制不等同于健康保险监管，健康保险规制主体不仅包括健康保险规制机构，还包括政府、行业协会等多方力量。

综上分析，本书认为健康保险规制指的是政府及相关部门利用国家强制力依据健康保险相关的法律、法规、规章、办法等规则体系对健康保险经营活动所涉及的保险人、被保险人、医疗机构、药品生产与流通环节涉及的厂商、医疗卫生领域的从业者的行为活动进行控制或干预，旨在克服市场失灵，确保健康保险市场的规范运作和保险人的稳健经营，保护各方市场主体利益，促进健康保险业健康、有序发展。理解健康保险规制的内涵，我们要把握如下六个方面：

第一，健康保险规制的主体主要包括政府及规制机构。这里的政府及规制机构主要包括国家立法机关、国家司法机关、行政机关、涉及医疗卫生和保险领域的监管机构与行业自律组织等。

第二，保险规制的客体包括保险人、被保险人、医疗机构、药品生产与流通领域的厂商、医生等医疗卫生领域的从业者等。一直以来，健康保险市场上存在涉及保险人、被保险人、医疗机构等多方主体的博弈，他们共同造成健康保险市场失灵，都是健康保险规制的客体。

第三，健康保险规制的目的在于克服健康保险市场失灵。健康保险市场上存在信

---

① 何佳馨：《健康保险法研究》，复旦大学，2011年，26页。
② 史梦秋："我国商业健康保险监管及规范发展研究"，西南财经大学，2009年，26页。
③ 任泽华："论商业健康保险的专业化监管"，《保险职业学院学报》，2007年，57页。

息不对称、外部性、市场势力所导致的市场失灵及其衍生的道德风险、逆向选择和交易成本问题使得市场机制失灵，无法实现资源配置的最优化，造成了社会总福利的损失。为了解决这一问题，健康保险规制应运而生。

第四，健康保险规制的工具包括禁止与损失赔偿、特许、价格与数量限制、标准、税赋与补贴、信息提供、产权界定等。这些规制工具集中体现在相关法律、行政法规、部门规章、规范性文件等规制实践中。

第五，健康保险规制内容主要包括，对保险人的经营资格、产品①、销售、从业人员、精算（Actuary）②、保险资金运用、税收优惠、信息公开等方面的规制；被保险人的投保行为、健康管理、就医行为、保险欺诈（Insurance Fraud）等方面的规制；对医疗机构医疗服务质量与数量、医疗费用等方面的规制；对涉及药品生产与流通中产品数量、产品质量、产品价格、市场进入、流通方式等方面的规制；对医疗卫生领域从业者的规制。

第六，健康保险规制的制定和实施要遵循一定的程序。按照一定的步骤、方式、时限和顺序制定和实施健康保险规制，能够规范行政行为，防止政府及规制机构专断和滥用权力，保证规制的公开性、公平性、公正性。另外，按照程序制定和执行规制还能增进公众的信服力，让公众凭借自己的眼睛看到政府规制权力运行的路径和方式，凭借自身的理性来判断行政规制的科学性，相信政府的规制权力是在理性的轨道内运行而不存在恣意和武断的决策③。《中国保险监督管理委员会行政处罚程序规定（2015 年修订）》明确地规定了中国保监会及其派出机构的行政处罚的程序，包括立案、调查取证、移交、审理、权利告知、听证、处罚决定、执行。

二、健康保险规制的特征

与人寿、财产等保险的规制相比，健康保险规制有着自身的特点。

（一）复杂性

健康保险与财产、人寿等保险相比，在费率制定、核保（Underwriting）、理赔、风险控制等方面有着很大不同，业务更加复杂，信息不对称、道德风险等问题在健康保险市场更加突出。这就使得健康保险规制在制定、实施、优化等各个环节中涉及的因素十分复杂，规制工作面临较大挑战。

---

① 对健康保险产品的规制主要包括条款和费率要求。
② 对健康保险精算的规制主要包括准备金和偿付能力要求。
③ 王柱国："论行政规制的正当程序控制"，《法商研究》，2014：23~31 页。

(二) 特殊性

财产、人寿等保险规制的市场主体，主要包括保险人和被保险人，但健康保险规制的市场主体比较特殊，还涉及医疗机构、药品生产与流通领域的厂商、医生等医疗卫生领域的从业者等。多年以来，保险人在一定程度上担当了医疗费用的第三方付费角色，承受了较大的医疗费用压力，保险人与医疗机构之间存在的深层矛盾难以解决，药品流通过程中的回扣与贿赂、医生对患者的过度医疗等行为更是加深了这一矛盾。缓解市场失灵，健康保险规制承担着更多特殊的任务。

专栏 1.5

《健康保险管理办法（征求意见稿）》第五十七条规定："保险公司经营医疗保险，应当加强与医疗服务机构和健康管理服务机构的合作，积极介入医疗服务行为，监督医疗行为的真实性和合法性，并可对医疗费用支出的合理性和必要性提出建议。"

《健康保险管理办法（征求意见稿）》第五十九条规定："保险公司应积极发挥商业健康保险费率调节机制对医疗费用和风险管控的机制，降低不合理的医疗费用支出。"

(三) 专业性

健康保险业的复杂性愈加要求保险机构不断提高专业化经营水平，专业的健康保险机构快速发展起来，部分国家（如德国）还通过法律的形式明确要求健康保险与财产保险、人寿保险等业务分开经营。逐渐专业化的健康保险业务对专业化规制的需求不断增多，专门针对健康保险业务的规制政策不断被颁布。无论从规制需求还是从规制供给角度来看，健康保险规制的专业性都比较明显。

第三节 健康保险规制中的政府与企业

一、健康保险规制中的政府

(一) 政府规制部门

健康保险的政府规制部门主要包括立法机关、司法机关、行政机关。立法机关通过颁布保险法建立保险法律基础和法律体系,明确健康保险合法的经营活动的范围,以及健康保险规制机构的及其职责范围,为执行健康保险规制提供法律依据。

司法机关主要负责解决保险人、被保险人、保险中介(Insurance Intermediary)等市场主体之间争议,判定健康保险中的违法行为的民事或者刑事责任等。健康保险的具体监管职责一般由国家行政机构来履行。

(二)政府规制的目标

保险规制的目标因国家不同而有所差异,比如加拿大保险规制政策的设计主要针对以下目标:

(1) 保证保险人的偿付能力(Solvency Ability to Pay);
(2) 保护保险人的产权、促进保险人对保险业的投资;
(3) 创税;
(4) 保证诚信营销,提高合同质量;
(5) 提高保险中介的诚信度和能力。

而美国保险规制政策的设计主要针对以下目标:

(1) 保险公司应该保证充足的偿付能力;
(2) 保险公司不应对风险状况相同的投保人在价格上和可及性上有所歧视;
(3) 保险关系必须是公平、平衡且无欺骗的;
(4) 必须保证保险的营销和理赔过程诚信、公平、及时;
(5) 对需要并想要得到保险保障的人,保险应具备可及性;
(6) 维持保险和其他经济活动的边界;
(7) 保费不应超过投保人的支付能力;
(8) 可以尽可能地降低风险。

中国保险规制的目标主要包括四个方面:维护被保险人的合法权益、维护公平的市场秩序、维护保险体系的安全与稳定、促进保险的健康发展[①]。

1. 维护被保险人的合法权益

被保险人对于保险机构、保险中介机构以及保险产品的了解程度较低,在进行交易的过程中,存在较为严重的"信息不对称"现象。

在交易过程中,被保险人显然处于弱势地位,为了解决这个问题,保障被保险人的合法利益,政府在相关方面对保险进行规制。

2. 维护公平的市场秩序

世界各国的经济越来越趋向市场化,在市场化经济中,企业竞争不可避免,也正

---

① 魏华林、林宝清:《保险学》(第二版),高等教育出版社2006年版,443页。

是竞争使得经济更具有活力。然而，无规矩不成方圆，保险的竞争要有序，否则，恶意竞争等情况的出现会恶化保险市场的发展，因此，维护保险的市场秩序的公平，至关重要。

3. 维护保险体系的安全与稳定

保险体系的安全与稳定，是商业保险企业、消费者等诸多利益相关方的客观要求，是健康保险市场有序发展和保障利益相关者合法权益的重要基础。

4. 促进保险的健康发展

进行商业保险规制的主体主要就是政府部门，在其规制的重要目的就是促进保险的健康发展。这里的健康发展包括保险市场有序并充满活力，保险市场覆盖面广，保险产品市场渗透强等。

（三）政府规制职责

健康保险规制中政府的主要职责包括：制定健康保险法律规范；制定健康保险规制政策；承担健康保险规制任务。

1. 制定保险法律规范

法律法规是保障保险规制有效执行的基础，它不仅能够为政府实施规制工作提供强制力，还能明确政府规制的责任与权力。科学地建立保险规制的法律法规是政府规制的一项非常重要的职责。

2. 制定保险规制政策

保险市场失灵是由诸多因素共同引致的，但不是所有的问题都必须用法律武器来解决，法律法规也并不能对所有的问题做出明确的规定。合理地利用政策引导或限制，不仅能够较好地解决问题，还能降低规制成本。例如，明确健康保险在保险产业中的地位，恰当地实施税收优惠政策等都能很好地促进健康保险的发展。

3. 承担保险监管任务

通过保险监管落实相关政策法规，对违法违规行为进行有效约束，是实现保险规制过程中的重要一环，其中对保险市场行为、偿付能力、公司治理（Corporate Governance）等方面的监管尤为重要。保险市场行为监管主要包括保险条款与费率、销售行为、中介行为、保险理赔、同业竞争、保险欺诈等方面的监管。偿付能力监管主要包括对保险公司成立时以及经营过程中应具备的资本金、保证金、责任准备金（Liabiliey Reserves）、最低偿付能力、资金运用等方面的监管。公司治理监管主要包括对董事会、监事会、管理层、关联交易（Connected Transaction）、信息披露、治理结构等方面的监管。

二、健康保险规制中的企业

(一) 健康保险公司

1. 专业型健康保险公司

专业型健康保险公司,指的是专门从事健康保险经营活动且具有独立法人资格的保险公司。他们不断创新健康保险管理技术,延长健康保险产业链,加强与医疗机构的合作,并积极参与政府医疗保障项目,为消费者提供综合质优的健康管理服务的保险[①]。例如,DKV 德国健康保险股份公司创立于 1927 年,是欧洲最大的专业型商业健康保险公司。在中国,目前也已经有一批专业型健康保险公司发展起来,如中国人民健康保险股份有限公司、平安健康保险股份有限公司、和谐健康保险股份有限公司、瑞福德健康保险股份有限公司、昆仑健康保险股份有限公司、太保安联健康保险股份有限公司、泰康健康管理(北京)有限公司、复星联合健康保险股份有限公司等。

专栏 1.6

人保健康之健康风险管理

中国人民健康保险股份有限公司(以下简称"人保健康")致力于优化健康管理,延长医疗产业链。一方面,人保健康按照"N×7"的模式(1个员工+6个家属或客户),经由健康体检、医学影像、基因检测、电子病历、移动健康数据、健康问卷等,为 32 万余名客户建立了健康档案。另一方面,人保健康加深与医疗机构的合作交流,以"人民医院+N 个定点医院"为依托,打造客户可信赖的"健康管家",拥有 367 家定点医院和 1 579 人的庞大医疗团队,设立定点医院 VIP 室,依托医疗资源,提供疾病预防、绿色通道、预约诊疗、陪诊就医、社区大夫、跨国医生等服务,造福 165 万个客户。医、养、药紧密结合的大健康生态圈为广大客户群体提供多层次、多元化、精细化、个性化的健康管理产品和服务。

平安健康之健康风险管理

平安健康保险股份公司(以下简称"平安健康")与中华预防医学会合作,为客户制定专业化、个性化、精细化的健康管理计划,保险公司检测和评估被

[①] 罗维、宗文红、田国栋:"部分国家商业健康保险发展的特点及对我国的启示",《中国卫生政策研究》,2012:46~50 页。

保险人的健康状况,通过健康指导、健康教育、体检、疾病管理、就医诊疗、生活方式管理等干预手段控制风险,从而预防疾病的发生、蔓延,改善不良的生活习惯、嗜好等,促进被保险人保持健康状态,进而降低医疗费用。

在平安的健康生态圈中,客户拥有电子健康档案。通过"平安好医生"搭建药网,客户两小时内可拿到药品,争取实现医、药与信息紧密联系、三网合一,通过"平安好医生"APP分别引入不同层级的医疗资源与服务。

平安健康通过健行天下计划和"一账通"加强对被保险人的健康管理和疾病预防。激励客户采用有益健康的生活方式,例如增加运动量、合理饮食、减轻压力,奖励客户的健康行为,降低客户的健康医疗成本。

昆仑健康之健康风险管理

昆仑健康保险股份有限公司(以下简称"昆仑健康")创新推介了昆仑—炎黄"治未病"健康保障模式(KY3H模式),坚持预防为主,"防患于未然",积极稳步拓展健康管理业务,延长产业链,集健康保险、健康管理、健康文化于一身。公司始终将"治未病,保健康"的核心理念通过"知己(KY3H)服务"等各种渠道向广大客户传播,同时利用多种形式为客户提供健康保险服务。

基于健康风险管理理论,"治未病"是站在被保险人的角度,全流程监测健康风险演变过程并及早加强对健康风险的控制,这与健康保险运作有着异曲同工之妙,如将"治未病"的先进技术运用到健康险中,督促被保险人自觉预防健康风险,可以有效地保障客户的健康,并降低医疗费用的支出。

和谐健康之健康风险管理

和谐健康股份有限公司(以下简称"和谐健康")致力于加强对健康体检管理APP的开发利用,实现体检流程明晰化、体检过程详细化、体检结果即时化、体检指标标准化、体检费用公开透明化,为每一位客户建立完整完善的体检电子档案,永久保存客户体检结果,保证可即时获取查看。与合作医疗机构签约的医生或专家通过对历年体检结果进行研究,观察疾病的产生、演变情况,为患病人群提供综合、全面、有效的健康管理方案,帮助他们了解病情,并指导他们自主保健、自觉管理健康、抑制病情蔓延。

和谐健康有专门的健康管理团队,为客户提供全面的健康评估,并制订差异化、人性化的健康管理服务方案,包括饮食、运动、生活习惯、心理健康、中医等全方位的服务内容。和谐健康积极推进健康管理服务方案的实施,不断改善客户健康状况。

资料来源:潘露:《人保健康公司健康风险管理研究报告》,2016年3月,有删改。

2. 经营健康保险业务的人寿与财产保险公司

除专业型健康保险公司外，市场上还存在一些保险公司在经营健康保险业务的同时还经营其他保险业务，主要包括经营健康保险业务的人寿保险公司以及经营健康保险的财产保险公司，前者将人寿保险（如生存保险、死亡保险、生死合险等）与健康保险一起经营，后者则将财产保险（如火灾险、汽车保险、航空保险等）与健康保险一起经营。在中国，财产保险公司经批准仅可以经营短期健康保险，即保险期间在一年及一年以下且不含有保证续保条款的健康保险。

3. 健康风险管理（Health Risk Management）公司

健康风险管理公司，指的是为不同健康状态的个人或群体提供健康管理、健康保险[1]等综合性服务和产品，旨在为客户降低疾病及并发症发生率和恶化率、控制医疗费用支出、提高健康水平和健康风险保障水平的一类公司。健康管理服务包括事前健康指导、事中诊疗咨询、事后诊疗保障[2]。

健康指导包括健康咨询和健康维护。健康咨询指的是通过家庭咨询医师或健康咨询热线实现的个性化健康咨询，并为客户建立健康档案，采集客户健康和诊疗信息，为风险分析、采取控制措施奠定基础。健康维护指的是通过为客户提供主动健康管理[3]、健康体检、健康评估、已患疾病（如慢性病）管理等健康促进项目，实现疾病预防保健和护理服务。

诊疗咨询，指的是为客户选择医疗服务项目、服务方式与服务过程提供建议，帮助顾客提高就医质量，降低医疗费用支出。

诊疗保障，指的是依托合作医院网络、第三方平台等为顾客提供就诊指引、门诊或住院预约等就诊服务，提高其就医的便捷性与及时性。

（二）健康保险中介类公司

健康保险中介类公司主要包括四种，分别是健康保险专业代理人、健康保险兼业代理人、健康保险经纪人、健康保险公估人[4]。

健康保险专业代理人是从事健康保险业务代理活动的机构，具体指的是根据保险人委托，向保险人收取佣金，并在保险人授权范围内代为办理健康保险业务的机构，如大童保险销售服务有限公司。

健康保险兼业代理人指的是受健康保险人委托，代为办理健康保险业务，同时从

---

[1] 与专业型健康保险公司不同，健康风险管理公司仅将健康保险产品作为其管理健康风险的一个工具，并独立于保险公司向顾客提供健康保险产品。作为第三方健康保险销售平台，健康风险管理公司往往能从消费者的利益出发，以其专业的保险知识和技能帮助顾客科学合理地选择健康保险产品。
[2] 宋福兴：《供给侧改革下的健康保险盈利模式研究》，中国金融出版社2016年版，192~193页。
[3] 如戒烟戒酒管理、运动管理、睡眠管理、体重管理等。
[4] 本书主要从机构层面陈述健康保险代理人、经纪人、公估人的相关内容。

事自身业务的机构。与健康保险专业代理人相比,健康保险兼业代理人有着鲜明的特点,其健康保险代理业务只是"副业",它们有着自己的主营业务,如某商业银行股份有限公司保险兼业代理业务范围包括机动车辆保险、企业财产保险、家庭财产保险、人寿保险、健康保险、意外伤害保险,但主要从事银行业务的经营。

健康保险经纪人是代表投保人或者被保险人的利益参与健康保险活动的机构,具体指的是基于投保人的利益,为投保人或者保险人保险人订立健康保险合同提供服务,并依法收取佣金的机构,如长安保险经纪有限公司。

健康保险公估人指的是接受委托,从事涉及健康保险的保险标的或者保险事故进行评估、勘验、鉴定、估损理算以及相关的风险评估业务的机构,如深圳民太安医疗健康保险公估有限公司。

三、健康保险规制中政府与企业的委托代理关系

(一) 委托代理理论 (Principal Agent Theory)[①]

经济学上的委托代理关系泛指任何一种涉及非对称信息的交易,交易中有信息优势的一方称为代理人,另一方称为委托人。简单地说,知情者是代理人,不知情者是委托人。知情者的私人信息(行动或知识)影响不知情者的利益,或者说,不知情者不得不为知情者的行为承担风险。

委托人想使代理人按照其利益选择行动,但委托人不能直接观测到代理人选择了什么行动,能观测到的只是另一些变量,这些变量由代理人的行动和其他外生的随机因素共同决定,因而充其量只是代理人行动的不完全信息。委托人的问题是如何根据这些观测到的信息来奖惩代理人,以激励其选择对委托人最有利的行动。

(二) 健康保险规制中政府与企业的委托代理关系

在健康保险规制中,政府与企业之间保持着委托代理关系。政府制定规制,委托企业执行规制要求,在这一过程中,委托代理关系就形成了,其中政府是委托人,企业是代理人。政府的目的是通过规范企业行为达到规制目标,企业的目的则是在生产经营中最大化盈利,两者的行为目标不一致。另外,在规制过程中,政府无法观测也不能控制企业执行规制的努力程度。若企业能够严格按照规制要求开展生产经营活动,政府的规制目标就会较好地实现,否则规制的效果就会大打折扣,甚至出现规制失灵,这就是健康保险规制中政府与企业之间的委托代理问题。例如,保险公司常常

---

① 张维迎著:《博弈论与信息经济学》,上海三联书店、上海人民出版社1996年版,238~239页。

违反《健康保险管理办法》规定,在销售健康保险时夸大保险保障范围,隐瞒责任免除(Exemption from Liability),误导投保人和被保险人。因此,采取措施化解这一委托代理问题,对于政府有效实施健康保险规制尤为重要。

第四节 健康保险规制中的保险人与被保险人

保险人与被保险人在健康保险经营活动中扮演着关键角色,由于保险标的比较特殊、承保范围比较广泛、社会涉及面大等情形,逆向选择、道德风险、信息不对称问题一直困扰着健康保险业的发展。而政府规制作为市场供求之外的力量,可以有效地缓解健康保险业发展中出现的问题。

一、健康保险中保险人与被保险人的内涵

(一)健康保险中的保险人

保险人,是指向投保人收取保险费,在保险合同规定的保险事件发生时,对被保险人承担赔偿损失给付责任的人[1]。健康保险中的保险人,指的是在保险市场上向被保险人或投保人提供健康保险产品及服务的保险人,例如德国健康保险股份公司(DKV)、中国人民健康保险股份有限公司等。

(二)健康保险中的被保险人

被保险人,是指其财产、利益或生命、身体和健康受到保险合同保障的人。在健康保险中,被保险人,是指从保险合同中取得对其生命、身体和健康保障的人,同时也是保险事故发生的本体[2]。随着社会的发展,人们对健康问题愈加重视,为了降低健康风险发生带来的损失和压力,纷纷投保健康保险,成为健康保险中的被保险人。

---

[1] 魏华林、林宝清:《保险学》(第二版),高等教育出版社2006年版,58页。
[2] 魏华林、林宝清:《保险学》(第二版),高等教育出版社2006年版,59页。

二、健康保险中的逆向选择问题①

竞争性市场模型的一个基本假设是市场上交易各方具备完全信息,但在保险市场上,被保险人和保险人所拥有的信息是不对称的,投保人对保险标的的风险状况有更多的了解,因此投保人往往试图利用自己所占有的更多的信息,以低于精算公平保费的价格获得保险。在健康保险中,投保人更确切地知道被保险人当前的身体状况、不良病史、家族病史和未来的健康风险状况等,而这些并不能完全被保险公司了解。在选择保险的过程中,与健康风险低的人相比,在同样的价格条件和保障水平下,健康风险高的人更倾向于购买保险;而在保险合同中与投保人相对的另一方——保险人,却力图鉴别并阻止高风险的投保人加入保险。这就是健康保险中的逆向选择问题。

针对如上过程,不同的经济学家却给"逆向选择"下了不同的定义:

有学者[②]认为,逆向选择就是"投保人所做的不利于保险人的选择"[③],这是从投保人选择的角度定义的"逆向选择"。

也有学者认为,"从保险公司的角度看,由于投保人私有信息的存在,保险人得到一大堆的'逆向选择'得来的投保人。平常人们说选择,都是往好的方面选。保险公司的上述市场活动带来的选择,'选'出来的是比较不那么好的一群,所以这种选择叫作逆向选择。逆向选择会导致保险公司因风险过高而破产[④]。"这是从保险人的角度定义的"逆向选择"。

鲁宾博士[⑤](Harvey W. Rubin)编写的《保险术语词典》[⑥]中逆向选择的定义是:"在投保寿险的过程中,处于不可保风险之下的或者高于平均风险的投保人却试图从保险公司获得标准保险费率的保单;而寿险公司也因此甄别并剔除高风险的投保人,原因是其保险费是按照处于平均健康状态和从事非危险行业的被保险人的风险水平而厘定的。这是从投保人和保险人双向选择的角度定义的"逆向选择"。

比较而言,从投保人和保险人双向选择的角度定义"逆向选择"比仅从投保人的角度或仅从保险人的角度定义"逆向选择"更全面一些。因为在投保的过程中,

---

① 逆向选择在健康保险中是一个非常重要的问题,学者以往主要是从投保人与保险人的相互关系中对其加以研究。而健康保险中的投保人又常常与被保险人是同一个人,此时投保人的选择就是被保险人的选择。因此,尽管本部分主要研究保险人与被保险人之间的关系,但为了更加全面地审视问题,本书也将逆向选择问题引入进来。但本部分所涉及的逆向选择中的投保人偏于指在健康保险中具有投保人和被保险人双重身份的人,并在行文的相关部分统称为投保人。

② Richard D. Phillips, Risk and Insurance Economics, Journal of Economic Theory, 26, 1996: 101 – 124.

③ 中国保险报社、加拿大永明人寿保险公司联合编印:《英汉保险词典》,商务印书馆1999年版,25页。

④ 王晓刚、王则柯:《信息经济学》,湖北人民出版社2002年版,98页。

⑤ Harvey W. Rubin,美国路易斯安那州立大学教授。

⑥ Dictionary of Insurance Terms 4th ed. Barron's Educational Series, Inc. 2000: 17.

投保人和保险的选择是相互的,投保人根据自己的风险状况选择是否参加保险。高风险的投保人具有更强烈的参加保险的倾向。与此同时,保险人甄别投保人的风险状况并选择是否给予保险,力图对高风险的投保人进行剔除,两方的目标是相反、互逆的,故称此为"逆向选择"。

三、健康保险中的道德风险问题

道德风险,指的是为追求自己利益的最大化而违反既定的道德规范,并将成本转化给他人且造成他人损失的风险。健康保险中存在道德风险,在被保险人和保险人行为上均有体现,其中,被保险人的道德风险尤为突出,下文着重对其进行介绍[1]。

被保险人的道德风险,即被保险人故意隐藏重要信息以获取合约,或签约后通过被保险人的行为(故意或疏忽)影响保险事故发生概率,从而获取保险金的风险。

为方便经济分析,经济学家一般将投保人的道德风险分为事前道德风险(Ex-ante Moral Hazard)和事后道德风险(Ex-post Moral Hazard)两种。二者的区别在于被保险人采取的与损失发生有关的行为的时间。但不同的经济学家对事前和事后的分界的理解并不相同。有的学者以保险合同签订的时间为界区分被保险人的事前和事后的道德风险,而有的学者则以保险事故发生的时间为界区分被保险人的事前和事后的道德风险[2]。

以保险合同签订的时间为界区分被保险人一方事前和事后的道德风险时,事前道德风险是指被保险人在签订保险合同之前隐瞒信息,比如,不如实告知、陈述(如隐瞒病情),欺骗保险人以获得保险,或者试图以较低的保险费得到保险;而事后道德风险则是指被保险人在保险合同签订后,疏于对保险标的的管理,使保险标的处在更大的风险之中,甚至故意制造保险事故,骗取保险金。事前道德风险的主要目的是骗取保险或以更低的保费获得相同的保险保障,而事后道德风险的主要目的则是骗赔或疏于对保险标的的管理(见表 1.1)。

表 1.1   以保险合同签订时间为界的事前和事后道德风险

	道德风险
事前	骗保
事后	骗赔、疏忽与放任

---

[1] 尽管保险人也存在诸如不守信等问题,但还不构成健康保险的主要矛盾,限于篇幅原因,暂且不进行介绍。

[2] Skipper, Harold. Jr, International Risk and Insurance: An Environmental Management Approach. McGraw-Hill, 1998.

以保险事故发生的时间为界区分被保险人事前和事后的道德风险时,事前道德风险是指保险对保险人的防损动机产生的负面影响。比如,健康保险的被保险人可能比未投保健康保险时更容易放松保持健康的警惕,增多不良的生活行为(如增加熬夜次数),忽视日常体检,忽视对小病的治疗等,因为他们知道由健康风险发生所引起的损失可以从保险人那里获得赔偿。此外,被保险人故意造成保险事故的发生也在事前道德风险之列。事后道德风险,是指保险对被保险人在发生保险事故之后的减损动机产生的负面影响,在健康保险中表现为被保险人过度医疗、隐瞒治疗费用骗赔等(见表1.2)。健康风险发生后,与没有健康保险的患者相比,健康保险人往往会选择增加不必要的医疗服务数量和医疗服务的等级。如做不必要的检查,增加住院时间,要求较高等级的药品、医疗器械、护理服务等。过度医疗最终会引致严重的医疗资源浪费和高昂的医疗费用的支出,侵害保险人的利益。隐瞒治疗费用的行为则花样百出,如购置假发票、伪造假病历、改动慢性病鉴定时间等。

表1.2　　　　　　　以保险事故发生时间为界的事前和事后道德风险

	道德风险
事前	防损
事后	减损

专栏1.7

朱某某诉新华人寿保险股份有限公司白山中心支公司健康保险合同纠纷案
吉林省白山市浑江区人民法院民事判决书
(2017)吉0602民初1359号

原告朱某某向本院提出诉讼请求:一、判决被告给付原告保险金5万元;二、诉讼费由被告负担。事实与理由:2015年8月1日,原告与被告签订了人身保险合同,投保的险种是"健康长青防癌疾病保险",保险期间是2015年8月2日至2030年8月1日。保险合同约定:如果在保险期间内原告患癌症,被告就给付原告保险金5万元。2017年3月28日,原告被某医院诊断为"肝左叶占位性病变(原发性肝癌)",被告拒绝给付保险金,为此,原告诉至法院。

被告辩称:被答辩人朱某某、投保人信志梅(化名,朱某某女儿)在投保时故意隐瞒朱某某病史,违反如实告知义务。答辩人已经行使法定解除权,涉案保险合同已经解除。

本院认为:由于投保人信志梅作为被保险人朱某某女儿,在投保时未能如实告知朱某某存在高血压、丙型肝炎、阑尾炎手术等足以影响保险人决定是否

> 同意承保或者提高保险费率的事实。另外,朱某某三份病历中均未体现其所患癌症经病理学检查结果明确诊断为肝癌,现其以罹患肝癌为由要求保险公司履行保险责任,缺乏事实和法律依据,对其诉讼请求,不予支持。判决如下:
>
> 驳回朱某某的诉讼请求。
>
> 案件受理费1 050元,减半收取,由朱某某负担525元。
>
> 如不服本判决,可在判决书送达之日起15日内,向本院递交上诉状,并按对方当事人的人数提出副本,上诉于吉林省白山市中级人民法院。
>
> 资料来源:北大法律信息网,www.chinalawinfo.com,有删改。

四、健康保险中逆向选择与道德风险的信息经济学基础

(一) 健康保险市场上的一阶信息和二阶信息

在信息经济学里,信息被分成两个层次:如果一些信息是由另一些信息综合或加工起来得到的,那么综合或加工得到的信息被称为二阶信息,未被综合或加工的原始信息被称为一阶信息。信息的两个层次是相对的概念,当一个信息集里的二阶信息被综合或加工起来得到另一些信息时,原来的二阶信息就变成新信息集里的一阶信息,而再综合或加工后得到的信息则是二阶信息。一阶信息和二阶信息之间有如下的关系:

(1) 一阶信息明确,二阶信息一定明确;

(2) 一阶信息不明确,二阶信息可能明确;

(3) 二阶信息明确,一阶信息未必明确。

在健康保险市场上,一阶信息和二阶信息如上的关系特性有时利于整个市场的运行,但更多的时候却是导致健康保险市场失灵的关键因素。

在健康保险市场上,每一个投保险人的风险是不可准确预测的(可准确预测的风险是不可保风险),也就是说,个体保险事故是否发生或何时发生以及发生后的损失程度是不确定的。个人风险信息在这里作为一阶信息是不明确的,但对于一个达到一定数目、满足大数法则(Law of Large Numbers)要求的群体,群体风险信息作为二阶信息却是可以预测的。保险人利用过去的风险和损失数据,采用精算技术,可以相对准确地预测整个群体发生风险事故的概率和损失程度的分布,并按这样的概率计算健康保险费率,从而保证保险人的收支平衡。就是因为这个原理,健康保险公司才能把个体风险集合在一起,然后在群体的层面上分散开来,健康保险制度才能得以持续下来,并在各个国家保持持续繁荣。

但健康保险的保险人和被保险人作为保险合同的双方,在保险人不知道投保人一

阶信息的情况下,却会导致"逆向选择",从而引致健康保险市场失灵。因为保险人不能准确得知投保人个体的风险信息,也就无从甄别出高风险的个体,保险人只能按照平均风险水平向每个投保人收取相同的保险费,这样会导致高于平均风险的投保人参加到保险中来,而低于平均风险的投保人退出保险。接下来,健康保险公司按照剩下的高风险的投保人的平均风险水平确定保险费率,这样把风险水平相对低的投保人排挤出去,保险人向剩下的投保人收取更高的保费。显然,若如此循环下去,且不能被打破,最终的结果将是健康保险制度的崩溃。

(二) 健康保险市场上的信息不对称

健康保险市场上的信息不对称与其他市场上的信息不对称一样,也可以按不对称信息发生在签约的前后分为事前不对称信息和事后不对称信息;或按不对称信息的内容分为隐藏信息和隐藏行为。

1. 事前的隐藏行为和隐藏信息

由于投保人与保险人之间的信息不对称,投保人在保险合同签订之前根据自己的风险状况选择保险产品和保险人,保险人也同样要根据投保人的风险状况选择投保人。在此过程中,投保人按法律、合同或其他规定向保险人传递自己风险状况的信号,保险人根据这些信号对投保人进行甄别,剔除风险过高的投保人,向其认为可以接受的投保人提供保险(见表1.3)。但如果投保人违反信号传递的规定,比如违反保险法关于最大诚信原则(the Principle of Utmost Good Faith)的相关条款不履行如实陈述、告知(Acquaint)的义务,甚至恶意传递虚假信号骗保,则属于道德风险的范畴。

表1.3　　　　　　　　健康保险市场上的信息不对称[①]

	隐藏行为	隐藏信息
事前	道德风险	逆向选择 信号传递模型 信号甄别模型
事后	道德风险	信号传递模型 道德风险

保险市场的信号传递模型主要包括陈述、告知和保证。

陈述,是指投保人在投保时向保险人做出的口头的或书面的通知或说明。陈述的主要内容包括重要事实、事实、想法与期望。

---

① 不对称信息矩阵及信号传递模型、信息甄别模型的相关概念参见 Rasmusen, Eric, Game and Information: An introduction to Game Theory, Chapter7, Black well Publisher1994。张维迎:《博弈论与信息经济学》,上海三联书店与上海人民出版社1996年版,399~403页。

陈述发生在保险合同签订之前保险人以投保人不实陈述为由解除保险合同，必须是保险合同签订之前的陈述与保险合同签订之前的实际情况不符，而非与保险合同签订之后的情况不符。

告知，是指投保人必须将与该保险有关的一切重要事实告诉保险人，不论何种原因，否则就构成了不告知或隐瞒。投保人的告知义务既包括保险合同签订之前，也包括保险合同履行期间投保人将重要事实向保险人告知。

保证，是指投保人以书面文字或通过法律规定的形式确保某一事实状态存在或不存在、某种行为履行或不履行。

重要事实是有关影响保险人据以确定保险费率或是否同意承保的重要情况。

2. 事后的隐藏行为和隐藏信息

投保人和保险人签订保险合同之后，当保险标的风险状况发生变化，并足以影响到保险人调整费率水平和决定是否继续承保时，投保人有向保险人告知此类重要信息的义务，信号传递在保险合同履行过程中仍继续进行。投保人未能及时传递这样的隐藏信息就构成了道德风险。而事后的道德风险更主要体现在投保人的隐藏行为上，投保人因具备了保险保障而疏于对保险标的的管理，甚至故意破坏保险标的以骗取保险赔款，保险欺诈是保险市场上最为典型的道德风险。

五、健康保险规制中逆向选择、道德风险、信息不对称问题的化解

逆向选择、道德风险、信息不对称问题会给健康保险造成严重的市场失灵，如果仅靠市场力量自发地配置健康保险资源，健康保险资源将因为市场失灵而无法达到资源配置的最优状态。健康保险市场的可能失效将导致健康保险公司破产或丧失偿付能力，从而有损于广大被保险人的利益。因此，为了纠正上述健康保险市场失灵问题，必须对健康保险业加以规制，信息披露、规范双方权利与义务等规制措施对缓解保险人和被保险人的逆向选择、道德风险、信息不对称问题，对市场的公平交易，促进健康保险健康发展有着至关重要的作用。

专栏1.8

保险销售行为可回溯管理暂行办法

第一条 为进一步规范保险销售行为，维护保险消费者合法权益，促进保险业持续健康发展，依据《保险法》和中国保监会有关规定，制定本办法。

第二条 本办法所称保险销售行为可回溯，是指保险公司、保险中介机构通过录音录像等技术手段采集视听资料、电子数据的方式，记录和保存保险销

售过程关键环节，实现销售行为可回放、重要信息可查询、问题责任可确认。

第三条 本办法所称保险公司为经营人身保险业务和财产保险业务的保险公司，专业自保公司除外。

本办法所称保险中介机构是指保险专业中介机构和保险兼业代理机构，其中保险专业中介机构包括保险专业代理机构和保险经纪人，保险兼业代理机构包括银行类保险兼业代理机构和非银行类保险兼业代理机构。

第四条 保险公司、保险中介机构销售本办法规定的投保人为自然人的保险产品时，必须实施保险销售行为可回溯管理。团体保险产品除外。

第五条 保险公司、保险中介机构开展电话销售业务，应将电话通话过程全程录音并备份存档，不得规避电话销售系统向投保人销售保险产品。

保险公司、保险中介机构开展互联网保险业务，依照中国保监会互联网保险业务监管的有关规定开展可回溯管理。

第六条 除电话销售业务和互联网保险业务之外，人身保险公司销售保险产品符合下列情形之一的，应在取得投保人同意后，对销售过程关键环节以现场同步录音录像的方式予以记录：

（一）通过保险兼业代理机构销售保险期间超过一年的人身保险产品，包括利用保险兼业代理机构营业场所内自助终端等设备进行销售。国务院金融监督管理机构另有规定的，从其规定。

（二）通过保险兼业代理机构以外的其他销售渠道，销售投资联结保险产品，或向60周岁（含）以上年龄的投保人销售保险期间超过一年的人身保险产品。

第七条 在实施现场同步录音录像过程中，录制内容至少包含以下销售过程关键环节：

（一）保险销售从业人员出示有效身份证明。

（二）保险销售从业人员出示投保提示书、产品条款和免除保险人责任条款的书面说明。

（三）保险销售从业人员向投保人履行明确说明义务，告知投保人所购买产品为保险产品，以及承保保险机构名称、保险责任、缴费方式、缴费金额、缴费期间、保险期间和犹豫期后退保损失风险等。

保险销售从业人员销售人身保险新型产品，应说明保单利益的不确定性；销售健康保险产品，应说明保险合同观察期的起算时间及对投保人权益的影响、合同指定医疗机构、续保条件和医疗费用补偿原则等。

（四）投保人对保险销售从业人员的说明告知内容做出明确肯定答复。

（五）投保人签署投保单、投保提示书、免除保险人责任条款的书面说明等相关文件。

保险销售从业人员销售以死亡为给付条件保险产品的，录制内容应包括被保险人同意投保人为其订立保险合同并认可合同内容；销售人身保险新型产品的，还应包括保险销售从业人员出示产品说明书、投保人抄录投保单风险提示语句等。

第八条　保险销售行为现场同步录音录像应符合相关业务规范要求，视听资料应真实、完整、连续，能清晰辨识人员面部特征、交谈内容以及相关证件、文件和签名，录制后不得进行任何形式的剪辑。

第九条　保险专业中介机构、非银行类保险兼业代理机构应在录音录像完成后将录制的视听资料和其他业务档案一并反馈至承保保险公司。

银行类保险兼业代理机构应在录音录像完成后将新单业务录制成功的信息和其他业务档案一并反馈至承保保险公司。

第十条　保险公司应建立视听资料质检体系，制定质检制度，建立质检信息系统，配备与销售人员岗位分离的质检人员，对成交件视听资料按不低于30%的比例在犹豫期内全程质检。其中，对符合本办法第六条第二项规定的保险业务视听资料应实现100%质检。

保险公司在质检中发现视听资料不符合本办法要求的，应当自发现问题之日起15个工作日内整改。

银行类保险兼业代理机构自存视听资料，且未向保险公司提供视听资料的，应依照上述要求建立视听资料质检体系，自行开展质检，并将质检结果及时反馈至承保保险公司。

中国保监会对保险电话销售业务质检另有规定的，从其规定。

第十一条　保险公司对符合本办法第六条规定的保险业务开展回访时，回访用语应包括"投保时是否接受了录音录像、录音录像中陈述是否为其真实意思表示"等内容。

第十二条　保险公司省级以上机构、银行类保险兼业代理机构负责视听资料的保存，保险公司其他分支机构、保险专业中介机构、非银行类保险兼业代理机构以及保险销售从业人员不得擅自保存视听资料。

保险公司委托保险中介机构开展电话销售业务，保险中介机构可保存电话销售业务的录音资料，但应向保险公司提供成交保单的完整录音资料。

第十三条　保险公司、银行类保险兼业代理机构应制定视听资料管理办法，明确管理责任，规范调阅程序。视听资料保管期限自保险合同终止之日起计算，保险期间在一年以下的不得少于五年，保险期间超过一年的不得少于十年。如遇消费者投诉、法律诉讼等纠纷，还应至少保存至纠纷结束后二年。

第十四条 保险公司、保险中介机构应严格依照有关法律法规，加强对投保人、被保险人的个人信息保护工作，对录音录像等视听资料内容、电子数据严格保密，不得外泄和擅自复制，严禁将资料用作其他商业用途。

第十五条 保险公司、保险中介机构应建立完善内部控制制度，对未按本办法规定实施销售行为可回溯管理的，应追究直接负责的主管人员和其他直接责任人员的责任。

第十六条 对未按本办法规定实施销售行为可回溯管理的保险公司、保险中介机构，中国保监会及派出机构应依法采取监管措施。

第十七条 本办法由中国保监会负责解释。

第十八条 本办法自2017年11月1日起实施。

本章小结

本章主要介绍了规制与规制经济学的相关内容，对健康保险规制的概念进行了界定，阐述了健康保险规制中政府与企业之间的委托代理关系以及保险人与被保险人之间存在的逆向选择与道德风险问题。

市场失灵会影响经济的效率，造成社会福利的损失，解决这一问题的办法是引入规制。规制，即规制者（政府或规制机构）为了达到某种目的而利用国家强制力依照特定规则对被规制者实施的直接或间接的控制或干预。按照不同标准可以将规制划分为立法规制、司法规制、行政规制，竞争性规制和保护性规制，经济规制和社会规制，直接规制和间接规制等。规制工具主要包括禁止、特许、价格与数量限制、标准、税赋与补贴、信息提供、产权界定等。规制的形成过程包括产生规制需求、确定规制目标、制订和选择规制方案、实施规制、放松与解除规制。政府规制需要承担规制成本，并存在一定的局限性，实施规制要尽量保证规制的有效性。

规制经济学与规制密切相关，它主要研究政府针对市场失灵问题应该采取哪些措施来约束和规范经济主体行为，以弥补市场效率损失和社会福利损失，促进经济和社会健康发展。另外，规制经济学还研究政府规制的效率问题，考察政府规制的效果。

健康保险规制是规制与规制经济学的重要内容，它指是政府及相关部门利用国家强制力依据健康保险相关的法律、法规、规章、办法等规则体系对健康保险经营活动所涉及的保险人、被保险人、医疗机构、医疗器械及药品制造与流通环节涉及的厂商、医疗卫生领域的从业者的行为活动进行控制或干预,旨在克服市场失灵,确保健康保险市场的规范运作和保险人的稳健经营,保护各方市场主体利益,促进健康保险业健康、有序发展。健康保险规制具有复杂性、特殊性、专业性的特征。在健康保险规制中,政府与企业间存在着委托代理问题,需要采取措施加以解决。而健康保险中保险人与被保险人间的逆向选择、道德风险、信息不对称等问题,则需要引入政府规制加以缓解。

思考题

1. 简述规制的内涵及其形成过程。
2. 简述主要的规制工具。
3. 试论述规制的经济导因。
4. 简述健康保险规制的内涵与及特征。
5. 简述健康保险规制中政府部门及其职能。
6. 试论述健康保险规制中企业和政府的关系。
7. 简述健康保险规制中保险人与被保险人之间存在的问题。

专业术语

1. 信息不对称(Asymmetric Information):指交易中的各人拥有的信息不同。在社会政治、经济等活动中,一些成员拥有其他成员无法拥有的信息,由此造成信息的不对称。

2. 外部性(Externality):指一个人或一群人的行动和决策使另一个人或一群人受损或受益的情况。

3. 市场势力(Market Power):卖方或买方不适当地影响商品价格的能力。对于卖方来说,市场势力也就是卖方的垄断倾向。

4. 市场失灵(Market Failure):通过市场配置资源不能实现资源的最优配置。

5. 政府规制(Governmental Regulation):政府运用公共权力,通过制定一定的规则,或者通过某些具体的行动对个人和组织的行为进行限制与调控。

6. 规制(Regulation):规制部门通过对某些特定产业或企业的产品定价、产业进入与退出、投资决策、危害社会环境与安全等行为进行的监督与管理。

7. 商业健康保险（Commercial Health Insurance）：由商业保险公司在市场上提供的以被保险人的身体为保险标的，保证被保险人在疾病或意外事故所致伤害时的直接费用或间接损失获得补偿的保险，包括疾病保险、医疗保险、收入保障保险和长期看护保险。

8. 道德风险（Moral Hazard）：在信息不对称条件下，不确定或不完全合同使得负有责任的经济行为主体不承担其行动的全部后果，在最大化自身效用的同时，做出不利于他人行动的现象。

9. 逆向选择（Adverse Selection）：信息不对称带来的另一个问题。是指市场的某一方如果能够利用多于另一方的信息使自己受益而使另一方受损，倾向于与对方签订协议进行交易。

10. 交易成本（Transaction Costs）：在一定的社会关系中，人们自愿交往、彼此合作达成交易所支付的成本。

11. 保险人（Assurer）：与投保人订立保险合同，并承担赔偿或者给付保险金责任的保险公司。保险人的具体形式有保险股份有限公司、相互保险公司、相互保险社、保险合作社、国营保险公司及专业自保公司。

12. 被保险人（Insurant）：根据保险合同，其财产利益或人身受保险合同保障，在保险事故发生后，享有保险金请求权的人。

13. 经济政策（Economic Policy）：国家或政府为了达到充分就业、价格水平稳定、经济快速增长、国际收支平衡等宏观经济政策的目标，为增进经济福利而制定的解决经济问题的指导原则和措施。

14. 市场配置（Market Distribution）：由市场主体根据市场价格信号，为适应商品供求关系的变化，在竞争中将资源配置到供给不足、需求旺盛的部门。

15. 立法规制（Legislative Regulation）：国家立法机关按照一定的程序，制定或认可反映国家意志并以国家强制力保证实施的具体规定权利义务和法律后果的行为规则，进而规范被规制者的行为活动。

16. 司法规制（Judicial Regulation）：国家司法机关根据法定职权和法定程序，应用法律办理案件，做出裁定。

17. 行政规制（Administrative Regulation）：国家行政机关依靠行政权力通过行政命令、指示、规定等行政手段规范被规制者的行为活动进行。

18. 竞争性规制（Competitive Regulation）：政府通过分配特许权或者服务权来规制经济行为主体。

19. 保护性规制（Protective Regulation）：通过设立一系列条件控制私人行为，来维护公共利益。

20. 经济规制（Economic Regulation）：为了防止发生资源配置低效率和确保利用者的公平利用，通过许可和认可等手段对企业的进入和退出、价格、数量和质量、投资、财务会计等有关行为进行规制。

21. 社会规制（Social Regulation）：以保障劳动者和消费者的安全、健康、卫生、环境保护、防止灾害为目的，对产品和服务的质量和伴随着提供它们而产生的各种活动制定一定标准，并禁止、限制特定行为的规制。

22. 直接规制（Direct Regulation）：政府通过认可或许可的法律手段直接介入经济主体决策的规制。

23. 间接规制（Indirect Regulation）：以维持公平市场竞争秩序为目的，不直接介入经济主体的决策而仅仅规范其市场行为，比如民法、商法、刑法等法律中虽未明确规制保险市场的行为，但保险市场上的违规行为一样都要受到这些法律的制裁。

24. 禁止（Ban）：通过立法的形式不准许或者不许可一定行为。

25. 损失赔偿（Compensation for Damage）：法律法规等规定的侵权者向被侵权者支付的一笔钱。

26. 特许（Special Permission）：通过建立制度和标准来限制微观经济主体进入产业或者市场。

27. 标准（Norm）：规制中的标准主要包括产品标准、服务标准、技术标准等。产品标准指的是对产品结构、规格、质量和检验方法所做的技术规定。服务标准是指规定服务应满足的需求以确保其适用性的标准。技术标准指的是重复性的技术事项在一定范围内的统一规定，它对特定产品或服务的生产程序或过程提出要求。

28. 税赋（Tax）：政府依照法律规定，对个人或组织无偿征收实物或货币的总称

29. 补贴（Subsidy）：国家财政为了实现特定的政治经济和社会目标，向企业或个人提供的一种补偿。主要是在一定时期内对生产或经营某些销售价格低于成本的企业或因提高商品销售价格而给予企业和消费者的经济补偿。它是国家财政通过对分配的干预，调节国民经济和社会生活的一种手段，目的是为了支持生产发展，调节供求关系，稳定市场物价，维护生产经营者或消费者的利益。

30. 信息提供（Information Provision）：政府依法要求经济主体披露必要的生产经营信息。

31. 产权界定（Delimitation of Property Rights）：产权界定是指国家依法划分财产所有权和经营权等产权归属，明确各类产权主体行使权利的财产范围及管理权限的一种法律行为。

32. 价格控制（Price Ceiling）：最常见的价格控制是最高限价与最低限价，在最高限价中，政府对特定商品规定最高价格；在最低限价中，政府对特定商品规定最低价格。

33. 数量控制（Quantitative Restrictions）：数量控制常常被用于国际贸易壁垒以及有害产品生产和经营的规制中。国际贸易中常用的数量限制方式有配额、进口许可证、自动出口限制、数量性外汇管制。政府还往往对烟、酒、毒品、药品的生产和流通的数量作限制。

34. 基本医疗保险（Basic Medical Insurance）：为补偿劳动者因疾病风险造成的经济损失而建立的一项社会保险制度。通过用人单位和个人缴费，建立医疗保险基金，参保人员患病就诊发生医疗费用后，由医疗保险经办机构给予一定的经济补偿，以避免或减轻劳动者因患病、治疗等所带来的经济风险。

35. 寻租（Rent Seeking）：为获得和维持垄断地位从而得到垄断利润（亦即垄断租金）所从事的一种非生产性寻利活动的。

36. 自由裁量权（Right of Discretion）：税务机关或其他行政机关及其工作人员在法律事实要件确定的情况下，在法律授权范围内，依据立法目的和公正、合理原则，自行判断行为条件、自行选择行为方式和自由做出行政决定的权力，其实质是行政机关依据一定的制度标准和价值取向进行行为选择的一个过程。

37. 垄断（Monopoly）：分为卖方垄断和买方垄断，卖方垄断指唯一的卖者在一个或多个市场，通过一个或多个阶段，面对竞争性的消费者；买者垄断则刚刚相反。理论推断垄断者在市场上，可以根据自己的利益需求，调节价格与产量，但至今为止没有确切案例提供支持。

38. 市场均衡（Market Equilibrium）：供给与需求平衡的市场状态，在影响需求和供给的其他因素都给定不变的条件下，市场均衡由需求曲线与供给曲线的交点所决定，此时商品价格达到这样一种水平，使得消费者愿意购买的数量等于生产者愿意供给的数量。

39. 贸易壁垒（Trade Barriers）：对国外商品劳务交换所设置的人为限制，主要是指一国对外国商品劳务进口所实行的各种限制措施。

40. 配额（Quota）：一国政府在一定时期内对某些敏感商品的进口或出口进行数量或金额上的控制，其目的是调整国际收支和保护国内工农业生产，是非关税壁垒措施之一。

41. 外汇管制（Foreign Exchange Control）：一国政府为平衡国际收支和维持本国货币汇率而对外汇进出实行的限制性措施。

42. 黑市交易（Black Market Operation）：未经政府有关部门批准、未在工商部门登记、未经过质检部门检测、由买卖双方私下协商达成的非法、暗中进行商品交易活动。由于供求关系等因素的作用，通常已形成相当规模，是国家法律所不允许的交易行为。

43. 规制失灵（Failure of Regulation）：政府在推行公共规制政策时，经济效率完

第一章
健康保险规制概述

全不能改善或规制实施后的经济效率低于未实施规制前的效率的现象。

44. 社会福利（Social Welfare）：国家依法为所有公民普遍提供旨在保证一定生活水平和尽可能提高生活质量的资金和服务的社会保险制度。

45. 弹性（Elasticity）：一个变量相对于另一个变量发生的一定比例的改变的属性。

46. 帕累托最优（Pareto Optimality）：资源分配的一种理想状态，假定固有的一群人和可分配的资源，从一种分配状态到另一种状态的变化中，在没有使任何人境况变坏的前提下，使得至少一个人变得更好。

47. 预期收益（Expected Revenue）：也称为期望收益，是指如果没有意外事件发生时根据已知信息所预测能得到的收益。

48. 预期成本（Expected Cost）：如果没有意外事件发生时根据已知信息所预测的需要支出（如货币等）。

49. 隐藏信息问题（Hidden Information Problem）：指一方不知道另一方诸如能力、身体健康状况等信息，这是外生的、先定的，不是双方当事人行为造成的，对于这类信息不对称，信息经济学称之为隐藏信息，如带病投保。

50. 隐藏行为问题（Hidden Action Problem）：签订合同后，一方对另一方的行为无法管理、约束，这是内生的，取决于另一方的行为。对于这类信息不对称，信息经济学称之为隐藏行动，比如在签订合同后，雇员是努力工作还是偷懒，雇主不能自由控制。

51. 公共物品（Public Good）：是与私人物品相对应的一个概念，消费具有非竞争性和非排他性特征，一般不能或不能有效通过市场机制由企业和个人来提供，主要由政府来提供。

52. 路径依赖（Path Dependence）：制度开始实施后形成的制度惯性，对现存制度进行改革也需要付出成本。

53. 完全信息（Omniscient）：是一个出现在经济领域和博弈论中的术语，它用来描述一种经济现象或博弈现象，即对于所有参与者来说都能够了解到其他市场参与者的一切信息。

54. 成本收益分析（Cost Benefit Analysis）：以货币单位为基础对投入与产出进行估算和衡量的方法。

55. 经济自由主义（Economic Liberalism）：经济自由主义主张限制政府在经济事务中的操控，让市场机制发挥调节资源的作用。经济自由主义包括斯密的经济自由主义和新自由主义。

56. 国家干预主义（State Interventionism）：是西方国家公共管理职能发展的一个阶段，主要是指反对自由放任，主张扩大政府机能，限制私人经济，由国家对社会经济活动进行干预和控制,并直接从事大量经济活动的那样一种经济思想和政策。

57. 健康保险规制（Health Insurance Regulation）：政府及相关部门利用国家强制力依据健康保险相关的法律、法规、规章、办法等规则体系对健康保险经营活动所涉及的保险人、被保险人、医疗机构、药品生产与流通环节涉及的厂商、医疗卫生领域的从业者的行为活动进行控制或干预，旨在克服市场失灵，确保健康保险市场的规范运作和保险人的稳健经营，保护各方市场主体利益，促进健康保险业健康、有序发展。

58. 医疗保险（Medical Insurance）：以约定的医疗费用为给付保险金条件的保险，即提供医疗费用保障的保险。

59. 疾病保险（Disease Insurance）：对被保险人因疾病、分娩引起的收入损失、费用支出或因疾病、分娩所致死亡或残废，保险人按照保险合同规定承担给付保险金责任的保险。

60. 失能保险（Disability Income Insurance）：以因保险合同约定的疾病或者意外伤害导致工作能力丧失为给付保险金条件，为被保险人在一定时期内收入减少或者中断提供保障的保险。

61. 长期护理保险（Long-term Care Insurance）：因年老、疾病或伤残而需要长期照顾的被保险人提供护理服务费用补偿的保险。

62. 医疗意外保险（Medical Accident Insurance）主要是保障被保险人在保险期限内因保险合同约定的意外事故导致产生合理且必要的医疗费用，保险公司将在约定的保障范围与保障金额范围内，依据保险合同约定承担相应的保险金给付责任。

63. 医疗责任保险（Medical Liability Insurance）：投保医疗机构和医务人员在保险期内，因医疗责任发生经济赔偿或法律费用，保险公司将依照事先约定承担赔偿责任。

64. 精算（Actuary）：依据经济学的基本原理，运用现代数学、统计学、金融学及法学等的各种科学有效的方法，对各种经济活动中未来的风险进行分析，评估和管理，是现代保险、金融、投资实现稳健经营的基础。

65. 核保（Underwriting）：保险人在对投保的标的信息全面掌握、核实的基础上，对可保风险进行评判与分类，进而决定是否承保、以什么样的条件承保的过程。

66. 保险中介（Insurance Intermediary）：介于保险经营机构之间或保险经营机构与投保人之间，专门从事保险业务咨询与销售、风险管理与安排、价值衡量与评估、损失鉴定与理算等中介服务活动，并从中依法获取佣金或手续费的单位或个人。

67. 偿付能力（Solvency Ability to Pay）：保险公司偿还债务的能力，具体表现为保险公司是否有足够的资产来匹配其负债，特别是履行其给付保险金或赔款的义务。

68. 保险欺诈（Insurance Fraud）：假借保险名义或利用保险合同谋取非法利益的行为，主要包括保险金诈骗类欺诈行为、非法经营保险业务类欺诈行为和保险合同诈骗类欺诈行为等。

第一章
健康保险规制概述

69. 公司治理（Corporate Governance）：狭义的公司治理，是指所有者（主要是股东）对经营者的一种监督与制衡机制，即通过一种制度安排，来合理地界定和配置所有者与经营者之间的权利与责任关系；广义的公司治理是指通过一整套包括正式或非正式的、内部的或外部的制度来协调公司与所有利益相关者之间（股东、债权人、职工、潜在的投资者等）的利益关系，以保证公司决策的科学性、有效性，从而最终维护公司各方面的利益。

70. 责任准备金（Liability Reserves）：是指保险公司为了承担未到期责任和处理未决赔款而从保险费收入中提存的一种资金准备。保险责任准备金不是保险公司的营业收入，而是保险公司的负债，因此保险公司应有与保险责任准备金等值的资产作为后盾，随时准备履行其保险责任。

71. 关联交易（Connected Transaction）：公司或是附属公司与在本公司直接或间接占有权益、存在利害关系的关联方之间所进行的交易。

72. 健康风险管理（Health Risk Management）：健康风险管理强调群体健康的整体提升，针对人群各个健康状态的风险因素，以及发病率高、危害大，且医疗费用较大的一些慢性非传染性疾病进行风险评估及干预，以期维持或改善人群的健康水平，降低慢性非传染性疾病的发生率、恶化率和并发症发生率，并合理控制人群医疗费用维持在适度范围。

73. 委托代理理论（Principal Agent Theory）：经济学上的委托—代理关系泛指任何一种涉及非对称信息的交易，交易中有信息优势的一方称为代理人，另一方称为委托人。

74. 事前道德风险（Ex–ante Moral Hazard）：被保险人在签订保险合同之前隐瞒信息。

75. 事后道德风险（Ex–post Moral Hazard）：被保险人在保险合同签订后，疏于对保险标的的管理，使保险标的处在更大的风险之中，甚至故意制造保险事故，骗取保险金。

76. 大数法则（Law of Large Numbers）：是一种描述当试验次数很大时所呈现的概率性质的定律。

77. 最大诚信原则（the Principle of Utmost Good Faith）：民法中的诚信原则在保险法中的体现，要求保险活动当事人要向对方充分而准确地告知和保险相关的重要事实。

78. 告知（Acquaint）：告诉某人或某个组织使其知道某件事情。

79. 责任免除（Exemption from Liability）：责任免除又称为"除外责任"，保险中的责任免除是指保险人依法或依据合同约定，不承担保险金赔偿或给付责任的风险范围或种类，其目的在于适当限制保险人的责任范围。

第二章

规制与健康保险规制的理论基础

健康保险规制由来已久,规制实践在探索、曲折中前进,长期以来,对于健康保险要不要规制,如何规制,力度如何,尤其是规制失灵了该怎么办等诸多问题没能得到较好的解释,困扰着人类。而规制经济学的进展使健康保险的规制问题有了一个很好的理论基础,为健康保险的规制实践的发展提供了科学的指导和解释。

本章主要介绍了与健康保险规制联系紧密的理论,构建了健康规制的理论基础。第一节介绍了让·梯若尔的新规制经济理论,包括理论假设、规制工具和激励方案、质量规制(Quality Regulation)、动态规制。第二节介绍了奥利弗·哈特的不完全合约理论(Incomplete Contratting Theory),包括不完全合约存在的原因、不完全合约理论,还将不完全合约理论与健康保险规制结合起来做了一定的分析。第三节重点介绍了让—雅克·拉丰的新产业组织理论中的组织合谋(Collusion in Organization)理论,包括组织合谋产生的原因、组织合谋的形式等,还介绍了健康保险规制中存在的组织合谋问题,并提供了避免相应问题的基本思路。第四节介绍了与健康保险规制紧密相连的一些行为经济学理论,包括丹尼尔·卡尼曼和阿莫斯·特沃斯基的框架效应(Framing Effects)理论、确定效应(Certainty Effect)理论、锚定效应(Anchoring Effect)理论、损失规避(Loss Aversion Effect)理论、前景理论(Prospect Theory),理查德·塞勒的禀赋效应(Endowment Effect)理论、心理账户(Mental Accounting)理论、助推(Nudge)思想。第五节重点介绍了张五常的佃农理论(the Theory of Share Tenancy),还介绍了健康保险规制中的合约选择。

第一节　让·梯若尔的新规制经济理论

传统规制经济理论在实践中受到信息不对称等问题的影响，在一定程度上导致规制失灵。为了解决这一问题，让·梯若尔等经济学家对规制理论进行了新的探索，创建了新经济规制理论。

一、传统规制经济理论受到的挑战

传统规制经济学的一个前提是规制者完全掌握被规制者的信息，在此基础上制定规制政策，影响某个产业乃至整个国民经济的发展。然而，现实中规制机构与被规制企业之间存在信息的不对称性，传统规制经济学下的规制效果也因此大打折扣。

让—雅克·拉丰与让·梯若尔（1986）指出，规制机构与被规制的企业之间存在外生信息不对称和内生信息不对称，外生信息不对称指的是相对于规制机构而言，企业对本企业的情况及产业环境具有更多的私人信息，如技术状况、成本信息、需求信息等，这一类不对称信息问题会引起逆向选择；内生信息不对称指的是在规制契约确定后，企业的努力程度、经营行为并不完全为规制机构所知，这一类信息不对称则会引起道德风险[1]。其中，逆向选择问题会使得企业在与政府谈判中获取一定租金，而道德风险问题则会造成经济效率低下等问题。这都导致了规制效果不佳，甚至是规制失灵。如何让受规制的企业依照已确定的方案开展各种活动，成为摆在规制者面前的难题。

二、让·梯若尔的新规制经济理论

在不对称信息给政府规制带来诸多困扰的背景下，让—雅克·拉丰和让·梯若尔教授娴熟地将博弈论（Game Theory）、信息经济学和机制设计工具以及激励理论引入规制问题的分析中，对规制理论进行了更广泛的探索，使规制理论发展到了一个新的高度，创设了激励性规制理论。这一建立在博弈论、机制设计理论（Mechanism Design Theory）和委托代理理论基础上的激励规制理论被称为新规制经济学[2]。

新规制经济学的最大特点是将激励问题引入规制问题的分析中，将规制问题当作

---

[1] J. J Laffont, Jean Tirole. Using Cost Observation to Regulate Firms. Journal of Political Economy. 1986: 614 – 641.

[2] Laffont, J. – J. "The New Economics of Regulation: Ten Years After." Econometrica. 1994: 507 – 537.

一个最优机制设计问题,在规制者和受规制企业的信息结构、约束条件和可行工具的前提下,分析双方的行为和最优权衡,并对规制中的很多问题都尽可能地从根源上内生地加以分析和化解①。

(一) 主要的理论假设②

(1) 规制中会有逆向选择和道德风险。

(2) 发生的成本 C、产出和价格都是可以验证的,但是规制者不能区分成本的各个组成部分是什么。

(3) 如果规制合约不能保证企业最低的预期效用水平,企业就可以拒绝生产。

(4) 在一定情况下,规制者可以对企业进行货币转移支付(Transfer Payment)。

(5) 企业和规制者对收入是风险中性(Risk Neutral)的。

(6) 按照会计惯例,企业从对消费者的收费中所得到的收入要上缴政府,再由政府支付企业成本 C,并向企业支付净转移支付 t。

(7) 企业只关心收入和努力。

(8) 规制者面对的公共资金的影子成本大于零(不存在理想的一次性征税)。

(9) 除了在规制动态学和规制政治学部分之外,规制者的目标是最大化社会的总剩余(消费者剩余加上企业剩余,再加上纳税人剩余)。

(10) 由规制者设计规制合约。

(二) 规制工具和激励方案③

当前的激励方案沿着两条分界线进行分析。第一条分界线是是否允许政府对被规制的企业进行补贴,也就是说,受规制企业是否可以得到公共资金,而不向私人消费者收费,以收回所有成本。第二条分界线是激励方案的强度,它指的是企业从政府那里得到的公共资金与该企业的价格、成本和利润绩效之间的关系。

1. 有政府转移支付的激励方案

政府采购合约要求政府补偿企业货币支出 C 的一个份额,$b \in [0, 1]$。政府向企业支付成本并向企业支付一个净转移支付 t:

$$t = a - bC$$

这里,a 为固定费用,b 是企业承担的成本份额、激励方案的强度。这样的线性方案有三种情形:

---

① 让—雅克·拉丰与让·梯若尔著、石磊与王永钦译:《政府采购与规制中的激励理论》,格致出版社2014年版,5页。

②③ 让—雅克·拉丰与让·梯若尔著、石磊与王永钦译:《政府采购与规制中的激励理论》,格致出版社2014年版,5~15页、28~31页。

(1) 成本加成合约（Cost – Plus Pricing Contract）（$b=0$），企业不承担任何成本。

(2) 固定价格合约（Fixed – Price Contract）（$b=1$），企业是其成本节约的剩余索取者。

(3) 激励性合约（Incentive Contracts）（b 是严格地介于 0 和 1 之间的线性合约）。（常用激励方案见表 2.1）

表 2.1　　　　　　　　　　常用的激励方案

规制强度	允许不允许转移支付	
	允许 （政府采购，大多数公共企业）	不允许 （大多数受规制的私人企业）
很 强 （企业是剩余索取者）	固定价格合约	价格上限
中 等 （成本分担或利润共享）	激励性合约	激励性规制
很 低 （政府或消费者是剩余索取者）	成本加成合约	服务成本规制

2. 没有政府转移支付下的方案

(1) 服务成本规制（Service Cost Regulation）。服务成本规制的实质是平均成本定价，即通过让总收入和总成本相等来确定价格。通常情况是，私有的受规制企业的收费分为两个阶段确定。

首先为了达到收入要求，规制者会考察一段参照期内的历史运营成本，并通过估计前期投资的折旧（Depreciation）来确定资本存量水平，即所谓的"收费基数"。通过禁止某些不合理的和非审慎的支出、估算通货膨胀（Inflation）和其他外生的未来冲击来调整成本。规制者试图选择一个"公正"或"合理"的资本收益率。

第二阶段是选择价格水平以使收入与要求的收入水平相等，还要选择相对价格。一旦价格确定下来，这些价格就是固定的了，但服务成本规制中的规定价格是有时间长度的，受规制企业和规制机构通常可以发起规制检查，按照某些自动调整的条款对价格加以调整。

(2) 价格上限规制（Price – cap Regulation）。价格上限规制没有使用明确的会计数据，规制者为所有产品制定一个价格上限，或者为其中的一篮子产品制定一个价格上限。企业可以在价格上限之下自由地选择产品价格，在规制期内由指数化条款对价格上限加以调整。

(3) 激励性规制。激励性规制与激励性合约类似，激励强度介于价格上限和服务成本规制之间。

3. 激励与抽租（Rent Extraction）[①]

固定价格合约可以诱使企业达到适当的努力水平，使得企业成为所节约的成本的剩余索取者。相反，成本加成没有提供降低成本的激励，因为企业不能获得任何成本节约的金额，但成本加成对于抽租是非常理想的（见表2.2）。

表 2.2　　　　　　　　　　激励—抽租权衡

合 约	目 标（%）	
	激发努力	抽取租金
固定价格	100	0
成本加成	0	100

在信息不对称的条件下，规制者最好在权衡规制目标后设定一个激励合约菜单，让企业进行自行选择，这样可以弥补政府规制中信息不对称引致的问题。在一系列的菜单中，以低成本生产的企业会选择高强度的成本补偿合约，以高成本生产的企业会选择低强度的成本补偿合约。

专栏 2.1

个人税优健康险"叫好不叫座"：激励与抽租的失衡

2015年，财政部、国家税务总局、中国保监会联合发布了《关于开展商业健康保险个人所得税政策试点工作的通知》。该利好政策一经推出，便迎来了社会多方的喝彩，被大家普遍视作商业健康保险市场的福音。

根据中国保监会2015年发布的《个人税收优惠型健康保险业务管理暂行办法》可以看出，个人税优健康险具有明显的政策导向，具有减免个税、保障程度高、保障范围广的特点。具体表现为：减免个税，个人购买符合规定的商业健康保险的支出，允许按每年最高2 400元（200元/月）的限额予以税前扣除；投保门槛比较低，保险公司不得因被保险人既往病史拒保，并保证续保；健康保险产品采取具有保障功能并设立有最低保证收益账户的万能险方式，包含医疗保险和个人账户积累两项责任；医疗保险不得设置免赔额，被保险人符合保险合同约定的医疗费用的自付比例不高于10%；坚持"保本微利"原则，对医疗保险部分的简单赔付率低于规定比例（80%）的，保险公司要将实际赔付率与规定比例之间的差额部分返还到被保险人的个人账户；被保险人个人账户由

[①] 让—雅克·拉丰与让·梯若尔著，石磊与王永钦译：《政府采购与规制中的激励理论》，格致出版社2014年版，32页。

其所投保的保险公司负责管理维护，个人账户的积累仅可用于退休后购买商业健康保险和个人自付医疗费用支出，以减轻被保险人退休后的医疗负担；首次投保时，未罹患既往病症的投保人每年保险金额 20 万元，续保期内累计保险金额 80 万元；首次投保时，已经罹患既往病症的投保人每年保险金额 4 万元，续保期内累计保险金额 15 万元。

但遗憾的是，个人税优健康险却陷入"叫好不叫座"的尴尬局面。据统计，截至 2017 年 3 月 31 日，全国保单总数为 67 272 件，总保费为 11 840 万元。这与此前"至少将带来 67.20 亿元的商业健康险保费收入"的预期相差甚远。原因何在？

个人税优健康保险有利于人们增强健康风险意识，提高医疗保障水平，减轻医疗负担，有助于政府减少社会风险管理支出，因此受到社会的热捧。但在某种程度上，这些利好是以过度抽取企业租金为代价的，企业经营个人税优健康保险的热情并不高涨。具体来讲，个人税优健康险政策中允许带病投保、保证续保、80% 的最低简单赔付率等要求，给健康保险公司带来了难以控制逆选择与道德风险的问题，对保险公司的数据积累、精算能力及专业能力产生了极大的挑战，尤其严重压缩了保险公司的利润。过度的抽租在一定程度上削弱了对保险公司的经济激励，造成了抽租与激励的失衡，最终导致了个人税优健康险"叫好不叫座"。

资料来源：李称心、李嘉浩、王国军："个人税优健康险走向全国"，《中国卫生》，2017：46~47 页。"2017 年中国保险十大新闻"，《金融时报》，中国金融新闻网，2018 年 1 月 3 日。

（三）质量规制[①]

恰当的成本补偿合约能够有效地实施对企业进行激励性的规制，企业努力降低生产成本，提高了社会福利。然而，不得不考虑的一个问题是企业会以牺牲质量为代价来换取成本的降低，这对消费者非常不利，对企业进行质量规制十分重要。

让·梯若尔在研究这一问题时，将被规制的企业提供的产品分为经验品（Experience Good）和搜寻品（Search Good）[②]，并建立了经验品模型和搜寻品模型。在经验品的情形中，提供高质量产品的激励与降低产品成本之间有着内在冲突。当期销售

---

① 让—雅克·拉丰与让·梯若尔著、石磊与王永钦译：《政府采购与规制中的激励理论》，格致出版社 2014 年版，177~191 页。

② 经验品是指只能够在使用后才能确认其特征的产品；搜寻品是指消费者在购买之前就可以知道其特征的产品。

指标没有信息价值使得成本补偿规则成为达到既要控制质量又要控制成本的这一相互冲突的目标的唯一工具，对质量较高的关注会导致使用低强度的激励方案，如果企业十分关心维持其声誉（Reputation），较陡的激励方案是最优方案。对于搜寻品来讲，企业有直接的销售激励，不会因为高强度的激励而降低质量水平，一般来说，不用考虑提供适当的质量规制，除非对质量的关注对激励方案的强度产生新的"规模效应"以及当且仅当数量和质量是净的替代品时，对质量的较高关注才会导致低强度的激励方案。

（四）动态规制

让·梯若尔等人研究了短期和长期的规制动态学。短期来看，假设政府和企业不能签订长期契约，而只能签订一系列的短期契约。这意味着企业当前的行为将会影响未来的规制，会引致"棘轮效应"与"拿了钱就跑"问题。

1. "棘轮效应（Ratchet Effects）"与"拿了钱就跑"[①]

"棘轮效应"指的是，如果企业在第一期的生产成本较低，规制者就会推断企业很容易实现较低的成本，因此在第二期中规制者会对企业要求较高的激励，这样企业在第一期的有效率的生产会损害其未来的租金。"棘轮效应"会导致企业隐藏起生产效率，假扮成低效率类型企业。

"拿了钱就跑"指的是，规制者为了诱导使高效率类型的企业显示其真实的效率，在第一期给其较高的转移支付，但是这会吸引低效率类型的企业装作高效率的企业，因为它发现在第一期选择为高效率类型企业的设计合约对它十分有利；在第二期的时候，规制者知道了企业的效率水平，因此对企业的要求更高，此时在第一期装作高效率企业的低效率类型的企业就会退出合约关系。

"棘轮效应"与"拿了钱就跑"的现实问题的存在，使得政府最好不要因为知道企业的信息而改变合约，否则企业将难以相信政府做出的承诺。

2. 承诺（Commitment）与再谈判（Renegotiation）

承诺的缺乏以及与之相伴的重复谈判问题是"棘轮效应"和"拿了钱就跑"问题存在的主要根源。规制者做出充分的承诺、与企业建立并保持长期的合约关系似乎成为问题的解决之道。然而，让·梯若尔认为，即使政府和企业能够签订长期契约，且彼此做出可置信承诺不会单方面违约，签订长期契约也未必是最优规制方案，因为双方都有可能从再谈判中获益，企业预期到再谈判可能性存在时，企业的激励机制将被扭曲，所以，要使最初签订的契约能够执行下去，政府必须承诺不再对企业进行再

[①] 让—雅克·拉丰与让·梯若尔著、石磊与王永钦译：《政府采购与规制中的激励理论》，格致出版社 2014 年版，319~322 页。

谈判①。

让·梯若尔认为,在一系列短期合约的关系中,双方都不能再谈判的完全承诺只是一种理想状态。他进一步引入长期合约的承诺。假设双方签订长期合约,并且只要一方希望它得到执行,那就可以得到执行,什么都不能阻止双方协商改变初始合约。在该假设下,让·梯若尔研究出了三种形式的防止再谈判的合约:

固定价格合约,无论企业类型如何,它在成本节约方面与剩余索取者一样,并按照社会最优成本生产。

条件最优合约,如果规制者不受先前合约的约束,并按照对企业类型的后验信念提供最优静态合约,则企业面临相同的激励合约。

租金约束合约,低效率类型企业的生产成本居于最优社会成本和给定规制者后验信念的最优静态合约中的成本之间②。

专栏 2.2

让·梯若尔教授,1978 年在获得巴黎第九大学应用数学博士学位后,对经济学的兴趣油然而生,于是来到著名的美国麻省理工学院继续深造,并于 1981 年获得经济学博士学位。现担任法国图卢兹大学产业经济研究所科研所长,同时在巴黎大学、麻省理工学院担任兼职教授,并先后在哈佛大学、斯坦福大学担任客座教授。1984 年至今担任计量经济学(Econometrica)杂志副主编,同时还是普纳思经济管理研究院学术委员。

让·梯若尔在当代经济学三个最前沿的研究领域——博弈论、产业组织理论和激励理论的十几年的融会贯通的研究中获得了经济学研究的真谛和"秘籍",这个真谛就是透过纷繁复杂的经济学现象把握经济学本质规律的能力,而这个秘籍则是经济学研究的方法论。自 20 世纪 90 年代中期起,让·梯若尔开始以一个开拓者的姿态征服经济学的新领域:经济组织中的"串谋"问题、不完全契约理论、公司治理结构、公司金融理论、国际金融理论,以及经济心理学。他的主要成就见表 2.3。

---

① J-J. Laffont, J. Tirole. The Dynamics of Incentives Contracts. Economics. 1988:1153-1175 以及 Lafont. J. Tirole. The regulation of multiproduct firms. Journal of Public Economics. 1990:1-66.

② 让—雅克·拉丰与让·梯若尔著、石磊与王永钦译:《政府采购与规制中的激励理论》,格致出版社 2014 年版,373~374 页。

表 2.3	让·梯若尔的主要成果
时间	成果
1982 年	在最权威的经济计量学杂志发表了《理性预期下投机行为的可能性》
1985 年	在最权威的经济计量学杂志发表了《资产泡沫和世代交叠模型》
1986 年	在《法、经济学与组织杂志》上发表的基本框架——多代理人模型上,他指出了研究"串谋"问题的重要性并提供了基本方法论
1988 年	出版了《产业组织理论》
1991 年	与弗登伯格合著《博弈论》出版
1992 年	在国际经济计量学会第六届世界大会上,提交论文《经济组织中的"串谋"问题》
1993 年	与让—雅克·拉丰出版了著作《政府采购与规制中的激励理论》
1999 年	在经济计量学杂志发表了《不完全契约理论:我们究竟该站在什么立场上》
2000 年	与让—雅克·拉丰合著《电信竞争》
2002 年	出版著作《金融危机、流动性与国际货币体制》
2002 年	出版了《公司财务理论》

资料来源:百度百科 https://baike.baidu.com/。

第二节 奥利弗·哈特的不完全合约理论

不完全合约理论是经济学理论的一个支脉,与产权及交易成本理论、信息经济学、激励理论关系密切,其研究重点是资本所有权和剩余控制权的最佳安排①。

一、不完全合约存在的原因

完全合约,是指缔约双方都能完全预见合约期内可能发生的各种情况,并在合约中对各种情况下双方的责任和义务进行完备的描述,当合约双方对合约条款产生争议时,第三方比如法庭能够强制其执行。然而,奥利弗·哈特等经济学家认识到,由于某种程度的有限理性或者交易费用,现实中的合约是不完全的。

---

① 苏启林、申明浩:"不完全契约理论与应用研究最新进展",《外国经济与管理》,2005:16~23页。

奥利弗·哈特（1995）认为不完全合约的存在主要有三个原因①：第一，在一个复杂的世界里，人们不可能想得很远并能够估计到各种偶发性事情的发生；第二，即使人们能够估计到偶发性，但当事人仍难以签订一份完全合约，因为对于偶发性，很难用一种共同的语言描述；第三，即使合约双方能够预计并且讨论将来事宜，他们亦很难签订一份这样的合约，因为对于签订合约的外部权威（法庭）也要知道合约双方签订合约的各种背景，这显然是不可能的，所以有什么纠纷，外部的权威很难理解合约的内容而实施其职责。不完全合约意味着，合约不能准确地描述与交易有关的所有未来可能出现的状况以及每种状况下合约双方的权利和职责。

二、不完全合约理论

不完全合约理论是在奥利弗·哈特、格罗斯曼（1986）②及奥利弗·哈特、穆尔（1990）③提出的概念框架下发展起来的一种经济理论，因此该理论被称为 GHM 理论。GHM 理论区分了特定权利和剩余权利［剩余索取权（Residual Claim）和剩余控制权（Residual Rights of Control）］。特定权利指在合约中被明确规定的权利，而未被明确规定的权利就是剩余权利。

奥利弗·哈特等人在研究中刻画了这样一种情形④：各自拥有资产的买卖双方之间存在一种纵向关系，卖方与其资产结合向买方提供投入品，买方与其资产结合利用这种投入品来生产在产品市场上出售的产品，双方签订了一个不完全合约，双方需要做出事前的关系专用性投资，这种投资能强化双方的合作关系，进而使得资产更具有生产力。而产权理论认为一个人拥有的资产越多，剩余控制权越大，谈判力越强，得到的剩余越多，因此事前的专用性投资激励就越强。得到剩余控制权的一方固然增加了投资激励，但失去的一方却因此减少了投资激励，所以社会最优的投资激励不可能实现，这就是一体化带来的收益和成本。奥利弗·哈特等认为应该通过资产所有权或者剩余控制权的配置，确保在次优条件下实现最大化总剩余，这就要求把所有权安排给重要的或不可或缺的一方⑤。

---

① Oliver Hart. Firms, Contracts and Financial Structure. Oxford: Claredon Press. 1995.
② Grossman S., Hart O. The costs and benefits of ownership: A theory of vertical and lateral integration. Journal of Political Economy. 1986: 691 - 719.
③ Hart O, Moore J. Property rights and nature of the firm. Journal of Political Economy. 1990: 1119 - 1158.
④ 李晓颖、张凤林："专用性人力资本投资与工资合约——引入不对称信息的敲竹杠模型"，《经济评论》，2010：5~12 页。
⑤ 杨瑞龙、聂辉华："不完全契约理论：一个综述"，《经济研究》，2006（02）：104~115 页。

三、不完全合约理论与规制及健康保险规制

规制是在不完全合约的情景下的政府行为,政府对市场和企业的规制是不完全合约,政府不可能把所有的事项都规定清楚。因此,在健康保险规制制定的过程中,应把能够约定清楚的尽量明晰、明确,而不可能约定清楚的,以科学技术和道德规范来补足。

科学技术与健康保险规制有机融合能够做到快速、及时、准确地发现和处理违规行为,能有效降低信息不对称程度,降低规制成本,提高规制效率,在具有不完全特性的健康保险规制中有着很大的应用价值。实践中,科学技术已经被普遍应用于健康保险规制中。例如,中国保监会要求保险公司按照《保险公司信息披露管理办法》的要求建立互联网站,还建立了与保险公司之间的信息互联网络(如政务信息报送系统等)。中国保险信息技术管理有限责任公司正在建设保险业数据信息共享和对外交互平台,该平台是保险业的公共基础设施和综合性服务平台,将涵盖保险主要业务领域的数据信息。该平台全面建成后能够提供保险生产支持、信息查询、保单登记和认证、结算等综合服务。另外,医院的信息系统和保险公司及社会健康部门的信息系统的互联互通也已是大势所趋,2017 年平安医疗与郑州市中心医院、平安人寿成立的商业保险直赔平台就是这方面的初步尝试。

人工智能(Artificial Intelligence)、机器学习(Machine Learning)、加密(Encryption)及安全技术、区块链(Block Chain)、大数据(Big Data)、云计算(Cloud Computing)等现代科技正在与政府规制进行深度融合,嵌入客户尽职调查、风险管控、合规管理等应用场景,突出对交易数据、风险数据、监管数据的挖掘、整合、分析和预测,通过监管政策、监管制度及合规性要求的数字化,推进监管合规的标准化、工具化和程序化,将数据技术、数据工程、数据科学与健康保险业务场景紧密结合,这将不断提高健康保险规制水平和效率[①]。

道德规范则是另一种有效弥补健康保险规制不完全的工具。马克思主义认为,道德是人类社会生活中所特有的、由经济关系决定的、依靠人们的内心信念和特殊社会手段维系的,并以善恶进行评价的原则规范、心理意识和行为活动的总和。它具有认识功能,运用善恶、荣辱、义务、良心等特有的道德概念和范畴,反映社会现象,尤其是反映人类的道德实践活动和道德关系,从中揭示出其内在规律,为人们进行道德选择提供指南。调节功能,是具有通过评价衡量等方式来指导和纠正人们的行为和实际活动,以达到协调人际关系、维护社会秩序的能力;教育功能,是通过评价、命令、指导示范等方式和途径,运用塑造理想人格和典型榜样等手段来培养人们的道德

---

① 蔺鹏、孟娜娜、马丽斌:"监管科技的数据逻辑、技术应用及发展路径",《南方金融》,2017:59~65 页。

信念、道德情感和道德品质①。其适用范围比规制广泛得多,能够对规制形成补充,对触及规制的或没有明确规制的地方,都能进行道德评价。

道德规范,是指集中反映一定社会经济关系的主要要求,具体体现一定社会道德核心和道德原则,是人们自觉遵守的行为准则,如社会公德、家庭美德、职业道德等。职业道德又可分为科技道德、医学道德、商业道德等②。道德规范成为社会普遍的价值观念,通过群众舆论的表扬和批评,通过榜样的示范和感化作用,通过人们内心的信念,来维护社会的良好秩序和社会纪律③④。如若缺乏相应的道德规范,人们往往就无所适从⑤。

道德规范在中国的健康保险规制中也普遍存在。如为了提高医务人员的职业道德素质、弘扬高尚医德等,1988年卫生部发布了《医务人员医德规范及实施办法》,2007年卫生部、国家中医药管理局制定了《关于建立医务人员医德考评制度的指导意见(试行)》,2011年卫生部组织了全国医疗卫生系统"三好一满意"活动,2012年卫生部、国家食药监局和国家中医药管理局制定了《医疗机构从业人员行为规范》等。另外,中国现有的保险公司方面的道德规范也不少见,如《保险公司董事、监事和高级管理人员任职资格管理规定》第七条规定,保险机构董事、监事和高级管理人员应当具有诚实信用的品行、良好的合规经营意识。2009年中国保监会发布并实施了《保险从业人员行为准则实施细则》。

专栏2.3

奥利弗·哈特是哈佛大学经济学教授,经济计量学会、美国人文与科学院院士,英国科学院院士,自2006年起,出任上海交通大学高级学术顾问。

奥利弗·哈特教授1974年获得普林斯顿大学经济学博士学位,研究领域涉及微观经济理论、数理经济学、企业理论与组织、合约理论、企业的财务结构、法学与经济学。奥利弗·哈特在企业理论上做出过突出贡献,他与格罗斯曼(1986)以及与穆尔的论文(1990)奠定了当代企业理论的基础,并为企业理论确立了一个基于合约理论的分析框架。他的《企业、合约与财务结构》(1995)已是企业理论的经典教科书。此外,奥利弗·哈特是不完全合约理论的开创者之一,他至今仍是该领域的领军人物之一。

资料来源:《北京商报综合报道》,2016年10月10日。

---

① 王东骥:《法律与道德》,郑州大学出版社2003年版,176~177页。
② 王东骥:《法律与道德》,郑州大学出版社2003年版,179页。
③ 李奇:《道德与社会生活》,上海人民出版社1984年版,93~107页。
④ 王东骥:《法律与道德》,郑州大学出版社2003年版,179页。
⑤ 李天怀、王平川:《金融职业道德概论》,中国物价出版社2003年版,64页。

第三节　让—雅克·拉丰的新产业组织理论

经济学中的合谋理论源于卡特尔（Cartel）。合谋理论被用来解释产业组织之间的合谋行为，即默契合谋（Tacit Collusion）。后来让—雅克·拉丰等人运用博弈论和不完全合约理论将合谋理论引入组织内，在研究产业组织内的激励理论的过程中，建立了组织内合谋行为的一般分析框架，即组织合谋理论。

一、让—雅克·拉丰的组织合谋理论

让—雅克·拉丰的分析框架，一般由委托人（国会）、监管者（规制机构）、代理人（企业）三层的层级结构组成。其中，代理人拥有私人信息，监管者能够在一定程度上观测到私人信息，委托人则尽力获取私人信息以更好地配置资源并以最大化社会福利，但委托人不能观测任何程度上的私人信息。

组织合谋理论认为，规制机构主要发挥信息中介的作用，通过规制机构发挥作为"信息中介"的职能，或作为一种"授权监督机构"承担起规制的任务，其所处的地位和所具有的信息优势，使它具有一定的相机行事权，如它可能没有充分地激励收集有关产业在技术、成本等方面的确切信息，即使它掌握了这些方面的真实信息，也未必会如实向国会汇报这些信息，以实现社会福利的最大化；相反，它还可能会利用这些信息，从自身利益最大化出发，接受被规制企业的贿赂或收买，从而发生组织合谋。一般来讲，只要规制机构具有这种相机决策权，组织合谋就难以避免。

让—雅克·拉丰（2000）等认为存在两种类型的合谋：一种是代理人之间的合谋，即高效率的代理人和低效率的代理人在委托人面临效率与信息租金的权衡时，可能会结成联盟，从而出现混同均衡的状况，这时产生第一类合谋；另一种是代理人和监管者之间的合谋，拥有信息优势的监管者，可能和代理人在激励不足时结成联盟，就产生第二类合谋[①]。

二、健康保险规制中的组织合谋

让—雅克·拉丰提出的上述两种类型的合谋在健康保险规制中也均有体现。例

---

① Laffont, J – J and Martimort. Mechanism design with collusion and correlation. Econometrica, 2000: 309 – 342.

如，在抽租与激励失衡的状况下，保险公司经营个人税优型健康保险产品的积极性不高，他们可能会结成联盟，消极地开发利润低的保险产品，但借势搭售高利润的产品，故此形成个人税优型健康险供求双冷的局面，这就是代理人之间的合谋。再如，保险监管官员可能会择机到其所监管的保险公司任职，从而形成隐形的权力期权①，破坏政府既定的规制，拉低规制的效率，减少规制实施中不公平性，这就是代理人和监管者之间的合谋。

健康保险规制中的组织合谋会损害规制目标的实现，机制设计理论关于减少代理成本的激励和约束机制提供了避免组织合谋的基本思路：要么降低通过合谋所获得的利益，要么增加合谋的难度。从理论上来看，避免代理人和监管者之间的合谋可以从以下几个方面来考虑。

（一）从制度上防止权力期权

比如规定监管部门的管理者在离职后若干年内不能到被监管的保险企业任职②；除非特需，保险监管部门官员一般也不从保险企业内选拔。但这样做也是有成本的，比如可能影响到监管部门吸引优秀人才，或者受到既得利益集团的强烈反对。

（二）增加代理人和监管者的合谋成本

代理人促成与监管者合谋的常用工具是贿赂，具体可能表现为直接的货币转让、政治性捐款、权力期权、友情和娱乐性支付等。理论上，若能有效增加管制者接受以上合谋交易的成本，就会降低合谋发生的概率。但是实践中，诸如惩治腐败和禁止权力期权也会增加监管成本或降低监管效率。

（三）减少信息不对称

公众和投保人、议会和中央政府与监管者之间的信息不对称，是导致代理人与监

---

① 权力期权，是指有些官员利用手中的权力和将来的利益做交易，即官员在与利益方"权钱交易"时暂不兑现，而是待到自己离职或退职后，到对方的企业或机构接受所谓的聘任，甚至从事与原任职务管辖业务相关的营利性活动。

② 针对权力期权问题中国已经出台相关文件。2010年中共中央出台的《中国共产党党员领导干部廉洁从政若干准则》明确规定：不得在离职或者退休后三年内，接受原任职务管辖地区和业务范围内民营企业、外商投资企业和中介机构的聘任，或者个人从事与原任职务管辖业务相关的营利性活动。2017年中共中央组织部、人力资源和社会保障部、国家工商行政管理总局、国家公务员局联合印发的《关于规范公务员辞去公职后从业行为的意见》，明确规定：各级机关中原系领导班子成员的公务员以及其他担任县处级以上职务的公务员，辞去公职后三年内，不得接受原任职务管辖地区和业务范围内的企业、中介机构或其他营利性组织的聘任，个人不得从事与原任职务管辖业务直接相关的营利性活动；其他公务员辞去公职后二年内，不得接受与原工作业务直接相关的企业、中介机构或其他营利性组织的聘任，个人不得从事与原工作业务直接相关的营利性活动。中国台湾地区针对公务员的所谓"旋转门条款"的规定是：公务员于离职后的三年内，不得担任与离职前五年内职务相关的营利企业的监察人、经理、执行业务股东或顾问等。中国香港地区也有类似的规定，称为"过冷河"。

管者发生合谋的根源。若能采取措施降低这种信息不对称的程度，就可以防止合谋的发生。然而，公共信息"搭便车（Free Rider）"行为的存在，使得监管者正是作为公众和中央政府的代理人专业化于获取保险市场主体的信息并对其实施监管，因此，由公众或中央政府再付出成本来获取与监管者同样的对等信息是不可能的。但是，公众和中央政府可以通过要求监管者增加其活动过程的透明度，从而降低信息不对称程度。

专栏2.4

让—雅克·拉丰，世界著名经济学家，法国图卢兹大学产业经济研究所创始人，新规制经济学创始人之一，哈佛大学经济学博士，Wells 奖得主。让—雅克·拉丰教授同时也是信息经济学和激励理论的奠基人之一。他的主要研究领域为激励理论、规制经济学、公共经济学。

让—雅克·拉丰，1947年出生在法国东南部城市图卢兹，属于法国战后的一代。这一代人在戴高乐将军的影响下成长，他们具有强烈的爱国主义精神，以振兴法兰西民族为己任。1968年，让—雅克·拉丰毕业于具有深厚数学教育传统的图卢兹大学，获得数学硕士学位，其后前往巴黎大学继续深造，并于1972年获得应用数学博士学位。1973年秋，年轻的让—雅克·拉丰来到美国哈佛大学，师从经济学大师肯尼思·阿罗。让—雅克·拉丰仅用一年半的时间就获得了哈佛大学经济学博士学位（1975年），这在哈佛历史上是十分罕见的。

自20世纪80年代初起，让—雅克·拉丰教授开始探索将信息经济学与激励理论的基本思想和方法应用于垄断行业的规制理论的道路。在批判传统规制理论的基础上，他和让·梯若尔创建了一个关于激励性规制的一般框架，导致了新规制经济学的诞生。从20世纪80年代中期开始，他和让·梯若尔就努力将新规制经济学的基本思想和方法应用于诸如电信、电力、天然气、交通运输等垄断行业的规制问题，分析各种规制政策的激励效应，并建立了一个规范的评价体系。从20世纪90年代初起，让—雅克·拉丰教授开始关注组织中的激励问题，他深刻认识到组织中的"串谋"行为对激励机制造成的扭曲是导致经济组织效率低下的一个最为根本的原因，因此在设计一个经济组织的激励机制时，必须考虑防范"串谋"的激励机制。

其主要著作见表2.4。

表 2.4	让—雅克·拉丰的主要著作
时间	成果
1979 年	与杰利·格林出版《公共决策中的激励》
1988 年	出版《不确定性和信息经济学》
1993 年	与让·梯若尔出版《政府采购与规制中的激励理论》
1999 年	与让·梯若尔出版《电信业的竞争》
2001 年	出版了《激励与政治经济学》
2002 年	与大卫·马赫蒂摩出版了《激励理论：委托—代理模型》

资料来源：百度百科，https://baike.baidu.com/。

第四节 行为经济学理论

行为经济学作为经济学和心理学互相融合的结晶，产生于 20 世纪下半叶。它是一门研究在复杂的不完全理性的市场中投资、储蓄、价格变化等经济现象的学科，是经济学和心理学的有机组合[①]。将心理学引入经济学研究的行为经济学，对实际现象的预期更为准确、使制定的政策更为合理，与规制及健康保险规制有着密切的关系。本节主要介绍了丹尼尔·卡尼曼和阿莫斯·特沃斯基教授的框架效应、确定效应、锚定效应、损失规避、前景理论，以及理查德·塞勒教授的禀赋效应、心理账户、助推思想等重要的行为经济学理论。

一、丹尼尔·卡尼曼和阿莫斯·特沃斯基的行为经济学理论

（一）框架效应[②]

框架效应最早由丹尼尔·卡尼曼和阿莫斯·特沃斯基等在 1981 年提出，指的是人们在不确定条件下的判断与决策中，面对收益表现出风险厌恶，面对损失表现出风险偏好，因此人们往往对同一个问题在两种逻辑意义上相似的说法，做出不同的判断与决策。

他们还提出了一个典型的例证：亚洲疾病问题。美国正在对付一种罕见的亚洲疾

---

① Sendihil Mullainathan. RiSchard H. Thaler "Behavioral Economics" Working paper 7948. 2000.
② Tversky, A., Kahneman, D., & Choice, R. (1981). The framing of decisions. Science, 211, 453–458.

病,预计该种疾病的发作将使得 600 人死亡。现有两种与疾病做斗争的方案可供选择。假定各方案产生的后果如下所示:

生存框架下:A 方案,200 人将生还;B 方案,有 1/3 的机会 600 人都将生还,而有 2/3 的机会无人能生还。

死亡框架:A 方案,400 人将死去;B 方案,有 1/3 的机会没人会死,而有 2/3 的机会 600 人将全部死去。

丹尼尔·卡尼曼教授和阿莫斯·特沃斯基教授发现,在生存框架下 72% 的人选 A 方案,而死亡框架下 78% 的人选择 B 方案,两个框架下的 A 方案是等同的,两个框架下的 B 方案也是等同的,但是人们却做出了不同的选择。在生存框架下人们考虑救人,不愿意冒死更多人的风险,表现出风险厌恶;在死亡框架下,人们主要考虑要死亡的人数,倾向于冒风险救人,表现出风险偏好。

健康保险规制本质上是框架效应的一个应用。在规制中,政府制订包含罚则内容的规制方案,让被规制者知道什么样的行为是合规的或是不合规的,选择合规行为意味着将得到政府支持、市场的肯定、良好的声誉等,选择不合规行为暗含着将会面临受到政府惩罚、失去市场份额等风险,此时大部分的被规制者表现出风险厌恶,选择合规行为,而不会冒着风险选择违规行为。

(二) 确定效应[①]

丹尼尔·卡尼曼教授和阿莫斯·特沃斯基教授通过实验发现,人们在面对确定性收益和风险收益时,会高估确定性收益,低估风险收益,这类现象就是确定性效应。确定性效应会导致人们决策时出现风险态度逆转的现象(反转效应),即面对确定的收益会表现出风险规避的态度,而面对确定的损失则会表现出风险追逐,原因在于人们总是追寻确定的正收益,而逃避确定的损失。

1988 年以后,中国政府相继制定了医疗保险制度,《国务院关于建立城镇基本医疗保险制度的决定》中,首次提出了"超过最高支付限额的医疗费用,可以通过商业医疗保险等途径解决",但实际上,政府的社会保障部门一直把控着补充和附加层次的医疗保险的生产经营大权。直到 2009 年,在新一轮医疗卫生体制改革中,《中共中央 国务院关于深化医药卫生体制改革的意见》明确提出,"积极提倡以政府购买医疗保障服务的方式,探索委托具有资质的商业保险机构经办各类医疗保障管理服务"。于是,商业保险公司经办医疗保障管理服务的"厦门模式""江阴模式"等相继诞生。

由政府社会保障部门把持,到政府向商业保险公司让渡医疗保障服务的生产经营

---

① Kahneman D, Tversky A. Prospect Theory: An Analysis of Decision under Risk [J]. Econometrica, 1979: 263 – 291.

权,原因是社会保障部门高估了收益,低估了风险,即产生了确定效应。社会保障部门开始十分看重短期保费收入这一资源,但后来的经营却出现了保障额度低、成本高、收不抵支的问题,因此只好逐渐向商业保险公司让渡经营权。

(三) 锚定效应[①]

锚定效应,指的是在不确定情境的判断与决策中,决策者的某种数值估计会受到最先呈现的数值信息即初始锚的影响,以初始锚为参照点进行调整做出估计,但这种调整往往不充分,使得其最后的估计结果偏向该锚。

丹尼尔·卡尼曼和阿莫斯·特沃斯基教授(1974)用一个数字联乘的实验来证明锚定效应的存在。被试者是两组高中生,实验任务是要求他们在5秒之内估计出阿拉伯数字1到8的联乘积是多少,并将估计值写出来。第一组被试估计"$8 \times 7 \times 6 \times 5 \times 4 \times 3 \times 2 \times 1$"的联乘积,第二组估计"$1 \times 2 \times 3 \times 4 \times 5 \times 6 \times 7 \times 8$"的联乘积。实验结果是第一组估计的均值是2 250,第二组估计的均值是512,正确答案应该是40 320,这一结果表明该实验产生了明显的锚定效应。

中国的医疗保险较长时期内由政府的社会保障部门经办,人民群众主要是通过农村合作医疗、城镇职工医疗保险、城镇居民医疗保险等渠道获得医疗保障。近几年,政府大力鼓励商业健康保险,但人民群众存在"医疗保险是政府办的""保险公司的健康保险不靠谱""买商业健康保险没必要"等意识,这一锚定效应在一定程度上会影响商业健康的发展。

(四) 损失规避[②]

损失规避,指的是一定数额的损失所引起的心理感受比同等金额的获益所引起的心理感受更加强烈。丹尼尔·卡尼曼和阿莫斯·特沃斯基教授在1979年做的赌博游戏是很好的例证。规则是若参与赌博游戏者,赢得50美元的概率是50%,输掉50美元的概率同样是50%。按照传统的期望效应理论,参与者的期望收益是0美元,不赢也不输,因此,人们应该对是否参与该赌博游戏表现出"无所谓"的态度。但实验结果是,被试者普遍不愿意参与这项游戏,当游戏涉及的金额增加时,被试者参与这项赌博游戏的意愿会进一步降低。

损失规避理论可以很好地解释健康保险规制中相对免赔额能有效控制患者医疗费用支出的原因。尽管患者通过增加医疗消费可以让自己获得更多、更好的医疗服务和产品,给自己带来"收益",但按照一定比例支付医疗费用的损失,让其感到十分"痛苦",因此,在看病时患者们不得不考虑控制医疗费用的支出。

[①] Tversky, A., & Kahneman, D. Judgment under uncertainty: Heuristics and biases. Science, 1974: 1124–1131.
[②] Kahneman D, Tversky A. Prospect Theory: An Analysis of Decision under Risk [J]. Econometrica, 1979: 263–291.

(五) 前景理论[①]

前景理论由丹尼尔·卡尼曼和阿莫斯·特沃斯基教授提出,是通过修正期望效用理论发展而来的一种描述性范式的决策模型。丹尼尔·卡尼曼和阿莫斯·特沃斯基教授认为人们是有限理性的,他们通过实际调查与实验分析,了解了在决策过程中人们在价值变化量及风险态度方面的表现,并以此为依据建立了描述风险以及不确定条件下的决策者决策行为的数学模型。

前景理论主要将人的风险决策过程分为两个阶段,编辑阶段和评估阶段。编辑阶段过程主要包括编码、合并、分解、删除、简化、占优检查等环节,编辑的对象是与所提出前景相关的收益和概率。编辑阶段的作用是按照一定的标准、规定的方法对各个选项进行描述,来简化随后的评价和选择。例如,决策者依赖决策框架所提供的决策参照点,将相关信息转化为利得和损失。在评价阶段,行为主体会对编辑结果的信息进行主观效用评价,同样,基于效用最大化的原则进行行为决策,效用的大小取决于决策权重函数(Decision Weighting Function)和价值函数(Value Function)两个尺度。价值函数和权重函数是前景理论的核心部分,丹尼尔·卡尼曼和阿莫斯·特沃斯基教授着重说明了两个函数所具有的内在属性。

$$U = \sum_{i=1}^{n} V(X_i) \cdot \prod(P_i) \tag{2.1}$$

$V(X_i)$ 表示价值函数,$\prod(P_i)$ 表示权重函数。

1. 价值函数

前景理论用价值函数取代了传统经济学中的标准效用函数,在价值函数中载体不再是财富的最终状态,而是基于决策参照点的损失和收益,最终财富相对于决策参照点变化的部分充当了价值的载体。价值函数 $V(X_i)$ 具有以下三个性质:

(1) 价值函数的解释变量都是相对于参照点的变动值。通常,决策者会选择将目前的财富水平作为自身决策的基准,在信息编辑阶段要把收益成本转化为利得和损失。

(2) 价值函数的定义域分为两个区间——损失区间和盈利区间。损失区间的价值函数为凸函数,盈利区间的价值函数为凹函数,这表明决策者在面临收益的情况下是风险规避的,在面临损失的情况下是风险追求的。

(3) 损失区间的价值函数比盈利区间的价值函数更为陡峭,这说明决策者对损失更加敏感。

根据价值函数如上三个性质,可得到出价值函数的大致图形(如图 2.1 所示)。这个价值函数是一个大致的形状,并没有精确的刻度坐标,它仅仅表示了价值函数的重要性质。

[①] Kahneman D, Tversky A. Prospect Theory: An Analysis of Decision under Risk [J]. Econometrica, 1979: 263-291.

2. 决策权重函数

前景理论认为风险决策下决策者所感知的概率与客观环境的概率会存在一定的差异性,并构建了权重函数来描述决策者概率判断的特征和规律。决策权重是行为主体根据自身的经验或感观推断出来的,并不是客观状态下的概率。决策权重函数如图 2.2 所示,它具有以下下几个特征:

(1) 权重函数是单调递增的,但是整体变化幅度比较平缓。

(2) 在极低概率和极高概率附近,函数突然发生变化,表明行为人理解和评价极端概率的能力是有限的,在评估极低概率时会忽略相应事项,在评估极高概率时会将相应事项视为确定发生的。

(3) 互补事件发生概率之和小于确定性事件的权重,人们更重视确定性事件,即 $\prod(p) + \prod(1-p) < 1$。

(4) 在概率较小的区间,权重函数的值要大于标准概率,在较小概率以上的区间,权重函数的值要小于标准概率。

(5) $\prod(0) = 0$,$\prod(1) = 1$。

社会医疗保险和商业健康保险都属于中国医疗保障体系的重要组成部分。前者坚持"广覆盖、保基础"的原则,设有"起付线"、"封顶线"、不保的药品及诊疗项目等限制,因此保障水平较低。后者在保障范围、保障层次、保障时间等方面,具有较强的可选择性,比较灵活,投保人可以根据自己的医疗保障需求加以选择。

随着生活水平的不断提高,人民群众在健康方面的需求不断提高,医疗支出快速增长,社会医疗保险已经不能满足人民群众的保障需求。商业健康保险则可以作为补充,以多样化的健康保险产品和服务不断地满足人民群众多层次的医疗保障需求。

然而,值得注意的是,恰当地确定商业健康在医疗保障体系中的角色与功能权重,使其与社会医疗保险协调发展,并充分发挥其医疗保障作用,进而最大化社会医疗保障水平,十分关键。商业健康保险主要承担的角色应当包括三个方面:一是补充保障的主要提供者;二是基本保障的主要竞争者;三是医疗保险机构与卫生服务提供者关系的探索者[①]。

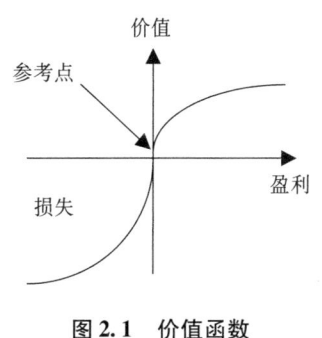

图 2.1 价值函数

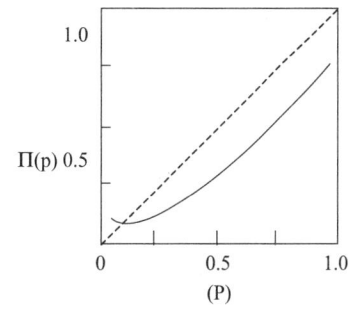

图 2.2 权重函数

---

① 朱俊生:"商业健康保险在医疗保障体系中的角色探讨",《保险研究》,2010:35~41 页。

二、理查德·塞勒的行为经济学理论

(一) 禀赋效应①

禀赋效应由理查德·塞勒 (1980) 提出,指的是人们在决策过程中对利害的权衡是不均衡的,对"避害"的考虑远大于对"趋利"的考虑,表现出人们一旦拥有某项物品,他对该物品价值的评价要比未拥有之前大大增加。具体例证如下:

(1) 假设你感染了一种疾病,一个星期之内会死亡的概率是 0.001,有一种方法能将其治好,请问你最多愿意支付多少钱来治疗?

(2) 假设有一种疾病的研究需要招纳志愿者,志愿者有 0.001 的概率会感染这种疾病,一旦患上该疾病,志愿者在一周之内会很快死亡,请问至少要支付多少钱你才愿意去当志愿者?

实际上,这两个问题的本质是一样的,都是对 0.001 死亡概率价值的评估。但结果是,在上述问题 (1) 的调查中人们的支付通常不会超过 200 美元,在上述问题 (2) 的调查中人们至少要得到 10 000 美元才愿意当志愿者。

健康保险规制中,免赔额、费用后付制度能够有效地控制医疗费用的支出②,禀赋效应在其中起到了很大的作用。这是因为,免赔额尤其是相对免赔额的存在使得患者不得不考虑在购买医疗服务和产品时,需要自己从腰包里拿出一部分货币,这部分货币从拥有到失去的过程中自然会产生禀赋效应,患者就会自主地减少医疗费用的支出,进而产生了较好的规制效果。同样,在费用后付制度中,患者需要先自己垫支医疗费用,然后由保险机构按照规定报销,这时患者自然就会有所顾虑,花费是否符合规定、能否得到报销③等。

(二) 心理账户

理查德·塞勒研究沉没成本效应时,发现人们当前的决策往往容易受到已经付出的成本的影响,这是因为人们将过去的付出与将来的付出,综合在一个账户中来衡量决策的后果,他把这种账户系统称为"心理账户"系统④。心理账户具有"非替代性"特征,即人们根据财富来源与支出来划分不同性质的账户,每个账户都遵循单

---

① Thaler R. Toward a positive theory of consumer choice [J]. Journal of Economic Behavior & Organization, 1980: 39-60.

②③ 王国军:"医疗保险、费用控制与医疗卫生体制改革",《中国卫生经济》,2000:5~6页。

④ Thaler. Towards a positive theory of consumer choice Journal of Economic Behavior and Organization, 1980: 39-60.

独的预算和支配规则,金钱不能随意地从一个账户转到另一个账户①。心理账户是人们在心理上对决策结果的编辑、分类、预算以及评估的过程,由三个重要组成部分:一是对决策结果的感知以及决策结果的制定和评价,涉及对损失和收益的分析;二是对特定账户的分类,依据来源和支出将资金划分成不同的类型,不同账户的支出都会受到明确或者不明确的预算控制;三是评估和平衡各个账户的频率,账户可以根据每天、每周或者每年的频率进行平衡②。

丹尼尔·卡尼曼和阿莫斯·特沃斯基教授在1981年做的演出实验就是心理账户的很好例证③。

实验情景一:你打算去剧院看一场演出,票价是10美元,在你到达剧院的时候,发现自己丢了一张10美元钞票。你是否会继续买票看演出?实验表明:88%的调查对象选择会,12%的调查对象选择不会。

实验情景二:你打算去看一场演出,因此花10美元买了一张票。在你到达剧院的时候,发现门票丢了。如果你想看演出,必须再花10美元,你是否会继续买票看演出?实验结果表明:46%的调查对象选择会,54%的调查对象选择不会。

在两个实验中丢10美元和花10美元获得的演出票的货币价值是一样的,但是人们的最终选择却不相同。因为在实验场景一中,人们把丢失的10美元钞票和购买演出票的10美元放在了两个不同的账户,分开考虑了。而在实验场景二中,人们把已经购买的演出票和如果想看演出需要继续购买的演出票的钱放在了同一个账户中加以考虑,觉得花20美元看演出"太贵了"。

> **专栏2.5**
>
> **心理账户管理或成健康保险发展的推动者**
>
> 2016年中共中央、国务院印发的《"健康中国2030"规划纲要》,明确提出"鼓励企业、个人参加商业健康保险","到2030年现代商业健康保险服务业进一步发展,商业健康保险赔付支出占卫生总费用比重显著提高。"然而,2017年中国保险行业协会发布的"2017中国商业健康保险发展指数"显示,我国商业健康保险发展指数为60.6,处于基础水平的低区位置,总体与中国经济社会发展阶段相适应,进一步提升的空间还很大。值得注意的是,健康类指标得分均高于保障类,如健康认知度、健康充足和健康规划度得分分别为78.3分、73.7分和69.5分,而保障认知度、保障充足度和保障规划度得分却只有55.0分、

---

① Thaler R. Mental Accounting and Consumer Choice Marketing Science, 1985: 199-214.
② Thaler R. Mental accounting matters. Journal of behavior decision making, 1999: 183-205.
③ Tversky A, Kahneman D. The framing of decisions and the psychology of choice. Science, 1981: 453-458.

52.0 分和 48.3 分,分值普遍相差二十多分。这说明人民群众对健康问题普遍高度重视,但对于商业健康保险的认识度还不够高,还没有认识到健康保险其实是促进健康的一个有力工具。

这反映的更深层次的问题是,人民群众普遍缺乏建立商业健康保险心理账户的意识,即尽管人们高度关注健康问题,但人们不知道、没有意识通过购买健康保险来增加自己的健康保障。与社会医疗保险带有强制性不同,商业健康保险是按需自由购买,在人民大众缺乏购买商业健康保险意识的情况下,采取措施,如通过教育、宣传等,帮助人们认识商业健康保险,建立并管理人们的商业健康保险心理账户,对推动商业健康保险发展、提高社会保障水平意义重大。

资料来源:《"健康中国 2030"规划纲要》,中国网财经,2017 年 3 月 22 日。

(三) 助推思想[①]

理查德·塞勒等认为行为经济学为政府提供了新的规制思想,称之为"自由主义的温和专制主义",即助推,这一规制思想的应用能够通过影响人们的选择来增进社会福利[②]。他们提倡私人或政府部门尽力出台一些能够保持或促进人们自由选择的政策,让人们能够依靠私人或者政府部门的指导自觉采取措施,做出好的选择,提高自己的生活水平。

助推指的是在选择体系中的任何一方面都不采用强制的方式,而是以一种预言的方式去改变人们的选择或者改变人们的经济动机以及行为。"助推"能将规制的副作用降低到最小,甚至是可以轻而易举地避免副作用,它更强调选择体系的设计要使人们的选择变得更加轻松和简单。

理查德·塞勒等还提出了七个优化选择体系的建议。

(1) 要让人的大脑保持直觉思维系统而不被迷惑。

(2) 设计最佳的默认选项。他们认为,默认选择是不可避免的,很多人倾向于那些最不费力、最直接简便的选择,如果这一默认选项被人们认为它能够代表普通人的做法,甚至是推荐实施的一种做法,人们就更加倾向于默认选择,例如软件安装中的"常规安装"默认选项。

(3) 为可以预见的错误提供人性化的设计。人人都会犯错误,设计一个系统允许它的使用者出错,并对其给予最大限度的宽容。例如上车不系安全带,车内便会响

---

① 〔美〕理查德·泰勒 (Richard Thaler)、〔美〕卡斯·桑斯坦 (Cass Sunstein) 著,刘宁译:《助推》,中信出版社出版 2009 年版。

② Thaler R H, Sunstein C R. Libertarian Paternalism [J]. American Economic Review, 2003: 175 – 179.

起警报,燃油快要耗尽时,便会有警报标志和报警声出现。

(4) 提供透明有效的信息反馈,例如电脑会在电池电力耗尽之前提醒人们及时充电。

(5) 改善权衡的能力。人们在几个口味的冰激凌之间做出选择比较容易,但是看病时在医生给出的几个治疗方案中做出选择却需要仔细权衡。一个好的选择体系能够使人们改善自己的权衡能力,从而比较容易的做出有利于自己的选择。例如,使用信用卡的成本包括信用卡年费、借款利率、延迟付款费用、当月购物利息等,计价方式很复杂,使得消费者感觉艰涩难懂,不便于消费者做出选择。理查德·塞勒等为此提出建议,应该向顾客提供 RECAP 报告,以特定的方式将收费依据明了地公之于众。

(6) 使选择体系变得简单。当选择体系中的项目比较少时,人们比较容易理解并做出选择,当选择项目复杂繁多时,人们便需要做出权衡,甚至陷入纠结中,所以,要尽量让选择系统变得简单。

(7) 让人们看到选择动机。好的选择设计者会根据人们的选择动机设置选项。例如,让空调能够显示每小时降低室温若干度而多产生的耗电量,比政府提高电价的节能效果会好很多。

目前,多个国家已经开始建立助推部门,将行为经济学的助推思想应用到政府规制中。例如,2009 年《轻推》的作者卡斯·桑斯坦被任命为白宫信息与监管事务办公室主任;2010 年,英国政府在内阁办公室中成立了行为洞察团队(即"轻推小组"),理查德·塞勒便是该团队的顾问之一。世界各国受行为经济学的启发所实施的政府规制政策大都是从信息呈现方面着手的,主要分为信息简化、默认选项与便利性设计与调整、突显信息设计与调整、纠偏措施和冷静期制度[①]五类[②]。

在健康保险规制中,助推思想的应用也十分广泛。为科学评价保险公司的服务质量,促进保险公司改进服务,提升保险业社会信誉,增强保险消费者信心,推动保险行业持续健康发展,2015 年中国保监会制定了《保险公司服务评价管理办法(试行)》。为综合评价保险公司的经营状况,加强保险监管,2015 年中国保监会制定了《保险公司经营评价指标体系(试行)》。这都属于健康保险规制中的信息简化。

《健康保险管理办法(征求意见稿)》明确规定,保险公司销售健康保险产品时要在保险责任、责任免除、保险责任等待期等方面向投保人做出明确告知,并由投保人确认。《保险销售行为可回溯管理暂行办法》明确规定了在实施现场同步录音录像过程中需要录制的关键销售环节。《互联网保险业务监管暂行办法》规定保险机构应在开展互联网保险业务的相关网络平台的显著位置,以清晰易懂的语言列明保险产品

[①] 冷静期制度包括两种:一种是强迫人们将行动延迟到一定期限之后;另一种是使人们可以在一段时期内撤销决策。

[②] 江庆勇:"行为经济学视角下的全球政府监管改革",《经济学家》,2014:73~81 页。

及服务等信息，还具体规定了需列明的信息。这都属于健康保险规制中的突显信息设计与调整。

《健康保险管理办法（征求意见稿）》规定保险公司应当根据健康保险产品实际赔付经验，对产品定价进行回溯、分析，及时修订新销售的健康保险产品费率，并按照中国保监会有关规定进行审批或者备案。这属于健康保险规制中的纠偏措施。

《健康保险管理办法（征求意见稿）》规定保险公司销售的长期费用补偿型个人医疗保险产品，应当在犹豫期内对投保人进行回访。保险公司在回访中发现投保人被误导的，应当做好解释工作，并明确告知投保人有依法解除保险合同的权利。犹豫期制度、回访制度均属于健康保险规制中的冷静期制度。

专栏 2.6

丹尼尔·卡尼曼，普林斯顿大学教授，2002 年诺贝尔经济学奖获得者。丹尼尔·卡尼曼1954年在以色列的希伯来大学获得心理学与数学学士学位，1961年获得美国加利福尼亚大学伯克利分校心理学博士学位。随后，先后在以色列希伯来大学、加拿大不列颠哥伦比亚大学和美国加利福尼亚大学伯克利分校任教。自1993年起，丹尼尔·卡尼曼担任美国普林斯顿大学心理学和公共事务教授。他也是美国科学院和美国人文与科学院院士、国际数量经济学会会员、实验心理学家学会会员等。

阿莫斯·特沃斯基，美国行为科学家，因对决策过程的研究而著名。他的工作不仅对心理学，而且对经济、法律等需要面对不确定性进行决策的领域都产生了很大影响，1982年获美国心理学会颁发的杰出科学贡献奖，1985年当选为国家科学院院士。

拥有双重国籍的心理学家丹尼尔·卡内曼和他的伙伴阿莫斯·特沃斯基亲密得就像一个人一样，他们共同奋斗，向有关人们是如何形成判断及如何选择的传统观念进行了挑战。

丹尼尔·卡尼曼与阿莫斯·特沃斯基教授合作的主要著作见表2.5。

表 2.5　丹尼尔·卡尼曼教授与阿莫斯·特沃斯基教授合作的主要著作

时间	成果
1973 年	《预测的心理学》
1979 年	《前景理论：风险条件下的决策分析》
1982 年	《不确定条件下的判断：启发式和偏见》
2000 年	《选择、价值和框架》

资料来源：百度百科 https://baike.baidu.com/。

理查德·塞勒，1945年出生于美国新泽西州，先后在凯斯西储大学取得学士学位，罗彻斯特大学取得文学硕士和哲学博士学位，芝加哥大学教授，系行为经济学和行为金融学领域的重要代表人物。因行为经济学方面的贡献获得2017年诺贝尔经济学奖。

在理论研究中，他对反常行为、经济人假设、禀赋效应、跨期选择、心理账户和股票市场等方面研究做出重大贡献。在实际应用上，他分析和解释了消费者行为、社会福利政策、储蓄投资政策等行为的经济案例。

理查德·塞勒的主要著作见表2.6。

表2.6　　　　　　　　　　理查德·塞勒的主要著作

时间	成果
1991年	《赢的诅咒》
1991年	《准理性经济学》
2008年	《助推》

资料来源：百度百科，https://baike.baidu.com/；邹新月、陈玉琳："理查德·塞勒对行为经济学的贡献"，《经济学动态》，2015年第1期。

第五节　张五常的佃农理论[①]

中国台湾地区1949年开始把地主和农民的土地租金限制在37.5%以内，产量急剧上升，以此为依据，张五常建立了自己的以"分成租佃并非无效率"为核心论点的佃农理论。张五常在其博士论文《佃农理论——应用于亚洲的农业和土地改革》中系统详尽地研究了分成租佃这种合约形式，并得出了分成租佃有效的结论。

一、佃农理论的研究前提

佃农理论的推导建立在自由市场中私人产权约束条件下追求财富最大化的前提之上，在资源具有排他性和可转让性的条件下，每一位合约当事人都可以自由地接受或拒绝通过协商达成的分成条款，签订合约的成本为零。

[①] 张五常著、易宪容译、朱泱校：《佃农理论》，商务印书馆2002年版。

二、零交易成本下佃农理论的诠释

张五常建立模型，通过数理推导得出，无论是地主自己耕种土地，雇用农民耕种土地，还是分成租佃，这些方式所暗含的资源配置是相同的。这表明建立在私有产权基础之上的不同合约，其资源配置效率情况是相同的。

数理推导过程如下：

假设：两种同质的生产要素 h（每个佃农的土地量）和 t（每个佃农的劳动量）；每个佃农的生产函数相同，均为：

$q = q(h, t)$

每一佃户所承租的土地量为 h，等于地主所拥有的土地总量 H 除以佃农的户数 m，即 $h = \dfrac{H}{m}$。

地主的地租总额 R，等于每一佃户的地租额乘以佃农的户数，即：

$R = m \cdot r \cdot q(h, t)$

其中，r 代表地租率，q 为每个佃农的生产产出。

在竞争条件下，$W \cdot t = (1 - r) \cdot q(h, t)$。$W$ 是佃农劳动 t 的市场工资率。

地主所要解决的问题是在竞争约束条件下，如何通过选择 m、r、t 来使地租额 R 最大化：

$$\max_{\{m,r,t\}} R = m \cdot r \cdot q(h, t)$$

建立拉格朗日表达式 $L = m \cdot r \cdot q(h,t) - \lambda \cdot [W \cdot t - (1-r) \cdot q(h,t)]$，分别对 m、r、t 和 λ 偏微分，得到：

$$\frac{\partial L}{\partial m} = r \cdot q(h,t) + m \cdot r \cdot \frac{\partial q}{\partial h} \cdot \frac{dh}{dm} + \lambda \cdot (1-r) \cdot \frac{\partial q}{\partial h} \cdot \frac{dh}{dm} = 0 \tag{2.2}$$

$$\frac{\partial L}{\partial r} = m \cdot q(h,t) + \lambda \cdot q(h,t) = 0 \tag{2.3}$$

$$\frac{\partial L}{\partial t} = m \cdot r \cdot \frac{\partial q}{\partial t} + \lambda \cdot W + \lambda \cdot (1-r) \cdot \frac{\partial q}{\partial t} = 0 \tag{2.4}$$

$$\frac{\partial L}{\partial \lambda} = -[W \cdot t - (1-r) \cdot q(h,t)] = 0 \tag{2.5}$$

联立（2.1）式、（2.2）式、（2.3）式、（2.4）式得出：

$\dfrac{r \cdot q}{h} = \dfrac{\partial q}{\partial h}$，即单位面积耕地地租等于土地边际产品。

$\dfrac{\partial q}{\partial h} = W$，即工资率等于佃农劳动的边际产出。

$r = \dfrac{\partial q/\partial h}{q/h} = \dfrac{q - W \cdot t}{q}$，即在均衡状态下，地租所占的比例必须同时满足上面的最后两个条件。

三、交易费用为正的条件下佃农理论的诠释

在交易费用为正的条件下，张五常论证了不同合约（定额租约、分成合约、工资合约）安排的效率情况，最终得出了不同合约安排其效率不同的结论，即不同的资源配置方式导致不同的资源配置效率。张五常认为在私有产权制度下，规避风险和交易成本导致了不同的土地利用合约的存在，并使得不同的合约的资源配置效率不同。

不同的合约交易成本和风险承担情况有所不同[①]。在定额租约中，交易费用主要包括谈判签约的费用以及资产监督的费用，佃农一方承担风险。在分成租约中，交易费用主要包括谈判签约的费用以及产量监督的费用，地主和佃农共同承担风险。在工资合约中，交易费用主要包括谈判签约的费用以及劳动签约的费用，地主承担风险。

当事人选择不同的合约安排，是为了在交易成本的约束条件下，从分散风险中获得各自的最大利益。如果合约当事人规避风险的成本低于从所规避的风险中获得的收益，那么，他就会选择试图规避风险。经济当事人往往选择交易成本较小的合约。

四、健康保险规制中的合约选择

在医疗卫生体制改革不断深化的进程中，中国政府为了提高医疗保险的经营效率和人们的医疗保障水平，逐步将商业健康保险引入社会保障实践中，在促进商业健康保险与基本医疗保险有效衔接方面做出了大胆的尝试，并探索出了诸多成功的模式，如"江阴模式""湛江模式"等。实际上，这些模式本质上是政府与保险机构等考量了交易成本、风险等因素后做出的不同合约选择，"江阴模式"可以作为工资合约的一个典型，而"湛江模式"可以作为定额合约的一个典型，下面进行具体分析。

（一）"江阴模式"

2001年江苏省江阴市政府委托太平洋保险公司，为江阴市新型农村合作医疗提供第三方管理服务。政府将收缴的医疗保险基金交由太平洋保险公司管理，并向其支付一笔医保基金的专业管理服务费用[②]，当地卫生行政部门负责相关监督工作，这实

---

① 这里的风险指的是自然风险，自然风险会影响农作物的产量。
② 该费用由当地财政支付。

现了医疗保险"征、管、监"三分离。

在这一模式中,保险公司提供专业管理服务并赚取服务费,政府承担基金盈亏风险,监管部门通过监督管理活动保证这一模式的有效运行,这显然是一个工资合约安排。合约的交易成本包括政府与保险公司的谈判成本、监管成本、签约成本等,合约中的风险则是医疗保险基金的亏损风险。多年的实践经验表明,与社会保障部门办理新农村合作医疗业务相比,"江阴模式"无论在基金经营效率还是在医疗保障水平方面都更加有优势,说明这一合约安排是有效率的。2011年江阴市政府向太平洋保险公司支付的服务费为300万元,比政府组织队伍直接管理节约成本约500万元[①]。江苏江阴市"新农合"参合率连续多年为100%,筹资总额也连年增长。

(二)"湛江模式"

2009年广东省湛江市,将新农村合作医疗与城镇居民基本医疗保险并轨运行,建立了城乡一体化的基本医疗保险制度,同时制定了湛江市城乡居民基本医疗大病补助保险制度。城乡居民可以以户为单位按年度缴纳基本医疗保险费,每人每年的缴费分两个档次,20元或50元,可自行选择。湛江市的社保部门提取城乡居民基本医疗保险个人缴费部分的15%,用于购买中国人民健康保险股份有限公司的大额医疗补助保险服务。当年,城乡居民如果生病住院,住院统筹基金最高可以报销1.5万元的医疗费用,超过1.5万元的部分由大额医疗补助保险报销,但也有限额,按照投保缴费档次,限额分为3.5万元和6.5万元。

在"湛江模式"中,政府部门支付给保险公司一定数量的货币,为湛江市投保城乡居民基本医疗保险的居民购买大额医疗补助保险服务,保险公司承担该保险项目的运营风险,这本质上就是一个定额合约。这一合约中的交易成本包括政府与保险公司的谈判费用、签约费用等,风险为大额医疗补助保险项目的亏损风险。该模式在不增加城乡居民保费支出的情况下,大大提高了医疗保障水平,受到社会各界的一致认可。2012年国家发改委、卫生部、财政部、人力资源社会保障部、民政部、中国保监会出台的《关于开展城乡居民大病保险工作指导意见》明确提出,"利用商业保险机构的专业优势,支持商业保险机构承办大病保险,发挥市场机制作用,提高大病保险的运行效率、服务水平和质量"。2015年国务院办公厅印发的《关于全面实施城乡居民大病保险的意见》指出"支持商业保险机构承办大病保险","通过政府招标选定商业保险机构承办大病保险业务","对商业保险机构承办大病保险的保费收入,按现行规定免征营业税,免征保险业务监管费","2015年至2018年试行免征保险保障金"。

---

① 张颖:"商业健康保险与社会医疗保险制度的对接机制研究",武汉大学,2012年,145页。

> **专栏 2.7**
>
> 张五常,香港经济学家,新制度经济学代表人物之一,毕业于美国加利福尼亚大学洛杉矶分校经济学系。张五常教授为现代新制度经济学和现代产权经济学的创始人之一。
>
> 1969 年以名为《佃农理论——引证于中国的农业及台湾的土地改革》的博士论文轰动西方经济学界。《佃农理论》的价值随着时间的推移,其重要性越来越大,它不仅成为现代合约经济学的开山之作,而且其中的几篇文章在期刊上发表后也成为现代新制度经济学的经典之作。例如,由 Edward Elgar 出版社出版的经济理论经典文选中的《交易费用经济学》一书,在选出这个学派最有影响与代表性的 40 篇文章中,其中两篇就是《佃农理论》的主要章节。《佃农理论》主要是以现代新制度经济学的观点对分成租佃制做出了新解释,推翻了以往的传统理论,建立了"新佃农理论"。
>
> 资料来源:百度百科,https://baike.baidu.com/。

本章小结

本章梳理了一些与健康保险规制密切相关的经济理论,用以分析健康保险规制问题,指导健康保险规制实践。让·梯若尔的新规制经济理论能为健康保险规制在规制方案等方面提供实践指导;奥利弗·哈特的不完全合约理论能为分析和解决政府提供健康保险规制中存在的不完全合约问题提供理论支撑和思路;让—雅克·拉丰的新产业组织理论为分析健康保险规制中存在的组织合谋问题,提供了很好的理论分析框架;行为经济学理论,如丹尼尔·卡尼曼和阿莫斯·特沃斯基的框架效应理论、确定效应理论、锚定效应理论、损失规避理论、前景理论,理查德·塞勒的禀赋效应理论、心理账户理论、助推思想,有助于优化规制方案、解决健康保险规制存在的问题;张五常的佃农理论,能较好地解释健康保险规制中的合约选择,如"湛江模式""江阴模式"等。

思考题

1. 简述让·梯若尔的新规制经济理论中的规制工具和规制方案。

2. 试分析缓解健康保险规制中不完全合约问题的思路。

3. 试用让—雅克·拉丰的新产业组织理论分析健康保险规制中存在的组织合谋现象。

4. 试用行为经济学理论分析健康保险规制中的免赔额制度。

5. 试分析助推思想在健康保险规制中的应用。

6. 试以"湛江模式"或"江阴模式"为例，用张五常的佃农理论分析健康保险规制中的合约选择。

专业术语

1. 质量规制（Quality Regulation）：特定行政主体实施的，直接影响产品或服务质量主体及其行为的，设定规则、制定政策、采取干预措施等行政活动和相关制度的总称。

2. 不完全合约理论（Incomplete Contracting Theory）：完全合约是指缔约双方都能完全预见合约期内可能发生的各种情况，并在合约中对各种情况下双方的责任和义务进行完备的描述，当合约双方对合约条款产生争议时，第三方比如法庭能够强制其执行，但由于某种程度的有限理性或者交易费用，现实中的合约是不完全的。

3. 组织合谋（Collusion in Organization）：组织合谋理论认为，规制机构主要发挥信息中介的作用，通过规制机构发挥作为"信息中介"的职能，或作为一种"授权监督机构"承担起规制的任务，其所处的地位和所具有的信息优势，使它具有一定的相机行事权，如它可能没有充分的激励收集有关产业在技术、成本等方面的确切信息，即使它掌握了这些方面的真实信息，也未必会如实向国会汇报这些信息，以实现社会福利的最大化，相反，它还可能会利用这些信息，从自身利益最大化出发，接受被规制企业的贿赂或收买，从而发生组织合谋。一般来讲，只要规制机构具有这种相机决策权，组织合谋就难以避免。

4. 框架效应（Framing Effects）：人们在不确定条件下的判断与决策中，面对收益时表现出风险厌恶的，面对损失时表现出风险偏好，因此人们往往对同一个问题在两种在逻辑意义上相似的说法，做出不同的判断与决策。

5. 确定效应（Certainty Effect）：人们在面对确定性收益和风险收益时，会高估确定性收益，低估风险收益。

6. 锚定效应（Anchoring Effect）：在不确定情境的判断与决策中，决策者的某种数值估计会受到最先呈现的数值信息即初始锚的影响，以初始锚为参照点进行调整做出估计，但这种调整往往不充分，使得其最后的估计结果偏向该锚。

7. 损失规避（Loss Aversion Effect）：一定数额的损失所引起的心理感受比同等金额的获益所引起的心理感受更加强烈。

8. 前景理论（Prospect Theory）：前景理论由丹尼尔·卡尼曼和阿莫斯·特沃斯基教授提出，是通过修正期望效用理论发展而来的一种描述性范式的决策模型。

9. 禀赋效应（Endowment Effect）：人们在决策过程中对利害的权衡是不均衡的，对"避害"的考虑远大于对"趋利"的考虑，表现出人们一旦拥有某项物品，他对该物品价值的评价要比未拥有之前大大增加。

10. 心理账户（Mental Accounting）：是人们在心理上对决策结果的编辑、分类、预算以及评估过程，由三个重要组成部分：一是对决策结果的感知以及决策结果的制定和评价，涉及对损失和收益的分析；二是对特定账户的分类，依据来源和支出将资金划分成不同的类型，不同账户的支出都会受到明确或者不明确的预算控制；三是评估和平衡各个账户的频率，账户可以根据每天、每周或者每年的频率进行平衡。

11. 助推（Nudge）：在选择体系中的任何一方面都不采用强制的方式，而是以一种预言的方式去改变人们的选择或者改变人们的经济动机以及行为。

12. 佃农理论（the Theory of Share Tenancy）：中国台湾地区 1949 年开始把地主和农民的土地租金限制在 37.5% 以内，产量急剧上升，以此为依据，张五常建立了自己"分成租佃并非无效率"为核心论点的佃农理论。

13. 博弈论（Game Theory）：既是现代数学的一个新分支，也是运筹学的一个重要学科；主要研究公式化了的激励结构间的相互作用，是研究具有斗争或竞争性质现象的数学理论和方法；考虑游戏中的个体的预测行为和实际行为，并研究它们的优化策略。

14. 机制设计理论（Mechanism Design Theory）：研究在自由选择、自愿交换、信息不完全及决策分散化的条件下，能否设计一套机制（规则或制度）来达到既定目标的理论。

15. 转移支付（Transfer Payment）：各级政府之间为解决财政失衡而通过一定的形式和途径转移财政资金的活动，是用以补充公共物品而提供的一种无偿支出，是政府财政资金的单方面的无偿转移，体现的是非市场性的分配关系。

16. 风险中性（Risk Neutral）：风险中性是指在无风险条件下持有一笔货币财富的效用等于在风险条件下持有一笔货币财富的效用。

17. 成本加成合约（Cost-Plus Pricing Contract）：合同签订时，双方只约指以合同允许或其他方式议定的成本为基础，加上该成本的一定比例或定额费用确定产品或服务价款的合约。

18. 固定价格合约（Fixed-Price Contract）：在约定的风险范围内价款不再调整

的合同。

19. 激励性合约（Incentive Contracts）：介于固定价格制与成本加成制这两种极端的合约类型之间的合约关系。

20. 服务成本规制（Service Cost Regulation）：实质是平均成本定价，即通过让总收入和总成本相等来确定价格。

21. 价格上限规制（Price–cap Regulation）：对被规制企业的产品或服务的价格设定上限，不允许价格超过规定的上限的一种规制方法。

22. 折旧（Depreciation）：一般指的是指固定资产在使用过程中逐渐损耗而转移到商品或费用中去的那部分价值，也是企业在生产经营过程中由于使用固定资产而在其使用年限内分摊的固定资产耗费。

23. 通货膨胀（Inflation）：一般指的是在信用货币制度下，流通中的货币数量超过经济实际需要而引起的货币贬值和物价水平全面而持续的上涨。

24. 抽租（Rent Extraction）：是指政府、政府官员故意提出某种不利于某些利益集团的政策相威胁，迫使这些利益集团割舍一部分既得利益与政府、政府官员分享。

25. 经验品（Experience Good）：消费者购买使用商品以后才能知道其质量的商品。

26. 搜寻品（Search Good）：消费者在购买商品之前通过自己检查就可以知道其质量的商品。

27. 声誉（Reputation）：是使公众认知的心理转变过程，是企业行为取得社会认可，从而取得资源、机会和支持，进而完成价值创造的能力的总和。

28. 棘轮效应（Ratchet Effects）：如果企业在第一期的生产成本较低，规制者就会推断企业很容易实现较低的成本，因此在第二期中规制者会对企业要求较高的激励，这样企业在第一期的有效率的生产会损害其未来的租金。

29. 承诺（Commitment）：受要约人同意要约的意思表示，即指受要约人同意接受要约的条件从而订立合同的意思表示。

30. 再谈判（Renegotiation）：经过小结后新一轮的谈判阶段再谈判，是前期谈判的恢复与继续，也是谈判的深入。

31. 剩余索取权（Residual Claim）：索取权是财产权中的一项重要权利，它是对剩余劳动的要求权。

32. 剩余控制权（Residual Rights of Control）：是相对于合同收益权而言的，指的是对企业收入在扣除所有固定的合同支付（如原材料成本、固定工资、利息等）的余额的要求权，即剩余控制权就是对纯利润的控制权，如使用、支配、处置等权能。

33. 人工智能（Artificial Intelligence）：研究、开发用于模拟、延伸和扩展人的智能的理论、方法、技术及应用系统的一门新的技术科学。

34. 机器学习（Machine Learning）：是一门多领域交叉学科，涉及概率论、统计学、逼近论、凸分析、算法复杂度理论等多门学科，专门研究计算机怎样模拟或实现人类的学习行为，以获取新的知识或技能，重新组织已有的知识结构使之不断改善自身的性能。

35. 加密（Encryption）：是电子商务采取的主要安全保密措施，是最常用的安全保密手段，利用技术手段把重要的数据变为乱码（加密）传送，到达目的地后再用相同或不同的手段还原（解密）。

36. 区块链（Block Chain）：是分布式数据存储、点对点传输、共识机制、加密算法等计算机技术的新型应用模式。所谓共识机制是区块链系统中实现不同节点之间建立信任、获取权益的数学算法。

37. 大数据（Big Data）：无法在一定时间范围内用常规软件工具进行捕捉、管理和处理的数据集合，是需要新处理模式才能具有更强的决策力、洞察发现力和流程优化能力的海量、高增长率和多样化的信息资产。

38. 云计算（Cloud Computing）：是一种按使用量付费的模式，这种模式提供可用的、便捷的、按需的网络访问，进入可配置的计算资源共享池（资源包括网络，服务器，存储，应用软件，服务），这些资源能够被快速提供，只需投入很少的管理工作，或与服务供应商进行很少的交互。

39. 卡特尔（Cartel）：由一系列生产类似产品的独立企业所构成的组织，集体行动的生产者，目的是提高该类产品价格和控制其产量。

40. 默契合谋（Tacit Collusion）：企业间通过相互观察或发出某种信号来传递信息，并预期竞争者的行为来实现。

41. 搭便车（Free Rider）：在利益群体内，某个成员为了本利益集团的利益所做的努力，集团内所有的人都有可能得益，但其成本则由这个人承担。

42. 价值函数（Value Function）：前景理论用价值函数取代了传统经济学中的标准效用函数，在价值函数中载体不再是财富的最终状态，而是基于决策参照点的损失和收益，最终财富相对于决策参照点变化的部分充当了价值的载体。

43. 决策权重函数（Decision Weighting Function）：前景理论认为风险决策下决策者所感知的概率与客观环境的概率会存在一定的差异性，并构建了权重函数来描述决策者概率判断的特征和规律，决策权重是行为主体根据自身的经验或感观推断出来的，并不是客观状态下的概率。

第三章

典型国家和地区健康保险规制的实践

经过多年的发展,商业健康保险已经成为诸多国家和地区金融保险体系、医疗保障体系以及健康产业的重要组成部分,这一局面的形成离不开各个国家和地区在健康保险规制工作中持续付出的种种努力。

本章主要介绍了美国、英国、德国、日本以及中国台湾地区在健康保险的发展与规制实践,包括五节内容,每一节都从健康保险的地位、健康保险规制组织体系、健康保险规制实践三个方面介绍相应国家和地区的健康保险规制。

第一节　美国健康保险的规制

一、美国健康保险的地位

美国健康保险的规模在世界上是最大的,而商业健康保险在市场上所占比重较大,占据主导地位。据统计,美国健康保险市场在2013年已经达到约2.1万亿美元,有近65%的美国人口通过商业健康保险获得医疗保障[1],早在2006年,商业健康保险公司就提供了约135万个工作岗位[2]。奥巴马医改法案中曾明确规定,保留私营体

---

[1] 孙东雅:"美国健康保险发展启示",中国金融,2015:60~62页。
[2] 侯宗忠、冯鹏程:"美国商业健康保险市场的发展及启示",《保险职业学院学报》,2009:69~72页。

制在基本医疗保障覆盖面上的主流地位。

美国的商业健康保险全面覆盖了疾病保险、医疗保险、收入保障保险和长期护理保险，并且形态种类多样，包括消费型、返还型、定期、终身、提前给付、额外给付、包含轻症、不包含轻症、固定保额、保额递增等类型的健康保险。

专栏 3.1

美国健康保险：内容丰富 竞争激烈

美国是商业健康保险最发达的国家，由雇主和个人购买的商业健康保险是美国基本健康保障体系的核心。美国商务部统计局 2014 年 9 月公布的最新数据显示，2013 年，美国拥有健康保险的居民占总人口的比例为 86.6%，其中，64.2%（2.01 亿人）拥有商业健康保险，1.69 亿人由雇主支付保险金，3 450 万人直接购买商业健康保险。

商业健康保险在美国社会经济中占有非常重要的地位，直接与间接地为美国创造的就业机会超过 1 000 万个。20 世纪 60 年代以来，美国商业健康保险经历了一段快速发展期。据统计，美国商业健康保险 2006 年的保费收入达到 7 234 亿美元，比 1960 年增长了 121.6 倍。

美国作为世界最大的商业健康保险市场，业内竞争非常激烈，专业化程度较高。据统计，在过去 40 年，全美商业保险公司的管理费仅为总保费的 12% 左右，管理费用占保费的比例较低。此外，商业健康保险公司提供的产品类型多样、种类繁多，主要集中在医疗保险、失能收入损失保险和长期护理保险，其保障内容较为丰富全面。例如，医疗保险不仅包括住院、急诊、处方药、牙科、眼科、体检和免疫，还包括精神健康和家庭护理等内容。

美国的商业健康保险经常作为一种非工资福利，多由雇主为雇员支付保险金，以团体购买为主。根据美国商务部统计局的最新数据，2013 年，由雇主为员工购买的保险占商业健康保险的 53.9%。

但是，美国以商业健康保险为主的体制也存在一些不足之处。一是保险覆盖面不足，保障程度受限。2013 年，仍有 4 200 万美国人没有任何健康保险，占总人口的 13.4%。此外，还有 3 800 万人所拥有的健康保险保障程度有限。二是医疗费用昂贵。美国的医疗费用高涨，原因在于医疗体系过度市场化、商业化，政府无力控制商业化的医疗服务机构，大笔医疗费用成为商业保险公司和大型医药企业的超额利润，高医疗费已严重影响了美国经济发展，导致部分中小企业亏损。

资料来源：《经济日报》，中国经济网，2014 年 11 月 25 日。

二、美国健康保险规制组织体系[①]

自 1945 年以来,美国的 McCarran – Ferguson 法将商业保险的监管权下放到各个州,各州对商业保险采取不同的政策加以管理,没有形成一个统一的监管制度。美国政府没有设立统一的健康保险监管机构,对健康保险的规制职责主要由各州的议会、法院、保险监管局、NAIC(全美保险监督官协会)来承担。州议会负责保险的相关法律的制定,法院负责对议会颁布的法律进行解释和说明,保险监督管理局主要负责行使健康保险规制权力,NAIC 负责与健康保险相关的法律研究和制定工作。

(一)州议会

在联邦宪法范围内,各州议会负责制定和修改保险法律。州议会围绕保险公司的设立、经营业务范围、偿付能力、保险费率、销售行为、资金运用、清算(Liquidation)与破产(Bankruptcy)等方面的内容制定和修改法律。

(二)州法院

在健康保险规制中,州法院的主要职责是按照州法院制定的保险法律,对相关健康保险案件做出司法判决,对违反法律的责任方做出相应惩罚,维护相关方的利益。例如,若保险公司做出非法行为侵害消费者的权益,就可能受到州法院的判决与惩罚。另外,保险监督局的行为也受到法律的约束,若其颁布了不当的法规与命令而受到控告,法院也会依据法律对其做出公正的裁决。

(三)州保险监管局[②]

美国的州保险监管局承担了保险规制的主要职能,负责日常保险规制工作,其最高领导是保险监督官,由州长任命且对州长负责。以宾夕法尼亚州为例,保险监管局的主要职责是:检查和审计在本州经营的保险公司的财务状况;管理本州的保险代理人和经纪人,发放保险代理人和经纪人许可证;备案保险公司上报的产品费率和保单;审批本州保险市场的准入;监管保险公司的市场行为。州保险监管局主要包括 7 个部门,分别是保险监督官办公室,政策研究、执行及管理办公室,流动、改造及特

---

① 商业健康保险属于保险的一部分内容,美国商业健康保险规制机构体系内含于美国保险规制组织体系之中,两者区别不大,本书所述的美国保险规制组织体系即美国商业健康保险规制组织体系,后续节的相关内容也如此。

② 中国保监会考察团:《美国加拿大保险监管和相关情况的考察与思考》,《保险研究》,2003(01):36~39 页。

殊基金办公室，公司监管办公室，客户服务办公室，保险费率及保单监管办公室和首席律师办公室。

专栏 3.2

美国州保险监管局各部门的具体职责

1. 保险监督官办公室

负责档案管理，举行对保险公司产品费率及保单的质疑、对保险机构的取缔和对许可证管理等内容的听证会，以及对与保险法律法规相关的问题的裁定。

2. 政策研究、执行及管理办公室

该办公室由监管局的一位副监督官主持，并对监督官负责。其主要职能是制订和实施监管计划，调查行业中存在的违规情况，并贯彻实施与保险代理人、经纪人及保险公司相关的法律、法规。该办公室下设如下部门：

（1）执行部。该部门下设现场调查处、市场行为处和市场监管处。现场调查处负责对有违规嫌疑的保险机构进行调查，市场行为处则是对保险公司的历史记录、档案及市场行为等各方面进行综合监管。

（2）信息技术部。该部门负责研究保监局短期和长期的信息发展技术，并制订具体的发展计划，同时确保由本州信息技术办公室颁布的信息技术标准的贯彻实施。

（3）沟通与新闻办公室。该办公室负责保监局对外的信息交流与沟通。除了通过传统的媒体之外，还建立了专门的网站，如宾夕法尼亚州保监局的网站。

（4）保险欺诈监察部。该部门与所在州的保险公司、保户以及执法者共同合作，以减少保险欺诈导致的损失。目标是使每一家保险公司都能够投入反欺诈的行动，在保证给保户提供良好服务的基础上，及时发现并处理欺诈行为。同时，提高保户的反欺诈意识，使其明白保险欺诈最终将导致他们的利益受到损失。

（5）法律事务部。该部门的职责是就保监局的法律事务与州议会进行及时沟通，并且研究保险业的立法问题。

（6）行政管理部。该部负责为保监局在财务预算、人力资源以及信息技术等方面提供咨询服务及行政支持。

（7）特别项目部。该部根据保监局的监管目标开展相应的研究以及必要时进行项目之间的协调，并对政策委员会提供信息支持。其开展的项目研究主要包括机构变化、技术联合以及与预算相关的问题。同时，该办公室还扮演着监管协调人的角色，对保监局每一阶段的监管计划进行审核，以确保达到预期的目标。

(8) 政策部。该部负责收集行业数据，研究行业发展趋势，并且为决策层提供政策建议。根据保险监督官提出的监管任务和监管趋势，制订短期目标以及长期规划。

3. 流动、改造及特殊基金办公室

该办公室由一位副保险监督官直接领导，并对保险监督官负责。其职责是帮助偿付能力出现问题的公司保持充足的偿付能力，帮助出现财务危机的保险公司重新恢复活力，并负责管理特殊基金项目。

4. 公司监管办公室

该办公室由一位副保险监督官领导，并对保险监督官负责。其职责是确保在本州营业的保险公司维持财务稳定，以保护消费者的利益。

5. 客户服务办公室

该办公室由一位副保险监督官领导，并对保险监督官负责。其任务是解决消费者投诉问题，并对保险代理人及经纪人的营业许可证进行管理。该机构有两个内设部门：

（1）消费者服务部。该部门负责受理保户的投诉或咨询。

（2）许可证管理部。该部门负责对保险经纪人、代理人和公估人等中介人的考核，并负责营业许可证的发放和管理。

6. 保险费率及保单监管办公室

该办公室由一位副保险监督官领导，并对保险监督官负责。其主要任务是对保险公司上报的产品费率及保单条款进行审批，以确保销售产品的合理性。根据不同业务，办公室又分为三个部门，即人身保险部、健康保险部以及财产和意外伤害保险部。

7. 首席律师办公室

该办公室由保监局首席律师领导，职责是为保险监督官及其他成员提供法律支持，受州长律师办公室的监督。

（四）全国保险监督官协会

全美保险监督官协会（National Association of Insurance Commissioners，NAIC）的职能相当于其他国家政府设置的保险监督管理部门，但 NAIC 的确是一个非营利性的私人组织，成立于 1871 年，由美国 50 个州、哥伦比亚地区以及四个美国属地的保险监管官员组成，负责协助各州监管部门实施对跨州的保险市场进行监管，协调各州的监管方式，尤其注重监管保险公司的财务状况，要求各保险公司有统一的财务报表及会计准则。

NAIC 建立了多个关于全国保险公司的数据库,对自身以及各州监管工作的开展帮助很大。比较重要的是关于全国范围的保险公司财务状况的数据库,各州保险监管部门的计算机都与 NAIC 的网络相连,均可通过计算机网络获取该数据库信息,便于对保险公司的偿付能力进行监管。该数据库信息包括近 5 000 家保险公司最近十年的年度财务信息以及最近两年的季度财务信息,并且某些年度信息数据可以追溯到 20 世纪 70 年代中期[①]。另外,NAIC 还建立了监管信息补充系统、特别行动数据库、全国客户投诉数据库等,监管信息补充系统和特别行动数据库用来统计个人或保险公司因涉嫌违法或违规交易而受到检查的信息。

三、美国健康保险规制的举措

(一) 产品规制

1. 条款规制
(1) 禁止保险公司在团体险保单和少儿保单中将既往症排除在保障范围以外。
(2) 要求私营保险机构保单提供终生保障条款,除非投保人欺诈,禁止保险机构解除合同。
(3) 从 2014 年起把保险观察期限制在 90 天之内。

2. 价格规制
(1) 奥巴马医改法令规定商业健康保险机构不得以客户健康状况为由拒保或收取高额保费。商业健康保险机构不得依据不同的健康状况对消费者区别定价,保险费只能根据家庭结构、地域、精算价值、是否吸烟、是否参加健康促进项目和年龄而有所不同。
(2) 对保险公司基于年龄和健康习惯实施的区别定价幅度加以限制。
(3) 保险机构提高健康险保费将受到审核。
(4) 大型团体保险计划的医疗赔付率不低于 85%,小型团体保险计划和个人保险计划的医疗赔付率不低于 80%,否则要求保险公司退还一定的保费。

(二) 精算规制

1. 保证金制度
为了保证健康保险公司的偿付能力,美国各州保险规制机构都在保证金方面做出

---

① 刘连生:"美国保险监管的特点及对我国的启示",《现代财经——天津财经学院学报》,2004;22~25 页。

了规定，普遍的规定是按照公司成立的资本金的一定比例向保险公司的规制部门指定的银行缴纳保证金，且未经批准，保险公司不得擅自动用该项资金。

2. 法定准备金提留制度

法定责任准备金主要有三种，分别是总准备金（Total Reserve）、未到期责任准备金（Unearned Premium Reserve）和未决赔款准备金（Reserve for Outstanding Losses）。各州保险规制机构都对正常营业的保险公司依法提留相应种类的准备金，这能够有效地保障保险公司的偿付能力，促进保险公司健康发展，维护被保险人的权益。

3. 保险费率规制

美国的保险费率一般坚持三个原则，即足够原则、合理原则、公平原则。足够原则保证了保单的偿付能力，防止企业的恶性价格战。合理原则限定了保险公司的利润的合理性。公平原则要求对具有相同或者类似损失分布的保险产品制定大致相同的费率。费率监管主要有两种方式：一种是事先批准，即费率需经州监管部门的批准，通过批准的费率一般可以在一定范围内浮动；另一种是开放费率，允许保险公司自己选择费率，但需要将费率归档于当地保险局，服从规制部门随时废除费率的要求。

（三）偿付能力规制

偿付能力监管是健康保险规制中的一项重要工作，美国各州对此都十分重视。各州对保险公司的资本金和盈余金做出了明确规定，不同州的规定情况不同，对不同类型的保险公司要求也有所不同[1]。州政府以财务报表数据分析为基础判断保险公司的偿付能力风险，并通过现场稽查的方式确保所获得的保险公司信息的准确性。

后来美国保险公司偿付能力监管工作的信息化水平得以较大的提升，主要体现在保险监管信息系统（IRIS）、财务和偿付能力跟踪系统（FAST）的应用上[2]。保险监管信息系统由全美保险监督官协会开发，设有12个考核指标，包括综合比率、盈利比率、流动性比率、后备比率四类，每一项指标都设有正常区间值。保险监管信息系统在具体实施过程中共分两个阶段的检测，即统计检测阶段和分析检测阶段。在统计检测阶段，NAIC通过保险公司的法定财务报告数据分析、计算IRIS考核指标的值，将计算结果与设定的标准进行对照，据此对保险公司进行评级（包括第一优先级、第二优先级、第三优先级、无优先级和无须检测五个等级），不同等级的保险公司会受到NICI监督官员相应的进一步检查。保险监管信息系统在保险公司偿付能力监管工作中发挥了重要作用，通过使用IRIS，监管者能够比较容易地发现偿付能力风险较高的公司，并有针对性地对该类公司进行检查和处理，提高了监管效率。

---

[1] 段昆："美国保险业的监管制度及其借鉴"，《中国软科学》，2003（03）：40~44页。

[2] 孙晓芳："浅析美国保险公司偿付能力监管体系"，《黑龙江对外经贸》，2008（6）：113~114页。

财务和偿付能力跟踪系统是 NAIC 对大型保险公司采取的更加严格的监管措施,凡是在 17 个州以上经营,并且年毛保费收入在 5 000 万美元以上的寿险和健康保险公司,以及年毛保费收入在 3 000 万美元以上的财产险和责任保险公司都必须接受财务和偿付能力跟踪系统分析。FAST 包括 25 个考核指标,对每个指标的不同范围赋予了不同的分值,所有指标得分累加起来,最终得到 FAST 的检测结果,NAIC 官员据此选择采取进一步的检查和监管措施。

(四)清算制度

当保险公司的账户盈余水平低于相关规定或公司的行为严重影响被保险人的利益时,州保险监督部门便会介入该保险公司的经营,管理得当,该保险公司会成功地得以重建,否则就要根据州保险法对其进行清算[1]。早在 1977 年,NAIC 就起草了《保险公司的监管、重建和清算样本法案》或相似的法律,绝大部分州都采用了该法案或者与该法案相似的法律,在停业整顿的保险公司的资产清算、赔款支付方面形成各州之间的统一规则,为保险公司的重建与清算提供了制度安排[2]。

(五)资金运用规制

出于保障保险公司偿付能力的考虑,保险规制部门根据保险公司的资产情况对其投资活动进行制约。各州保险监管部门允许保险公司投资的对象主要包括政府债券、企业债券、股票、抵押贷款、应收贸易账款等。资产质量、类型等不同,保险公司被允许的投资活动范围也就不同。另外,保险规制部门还规定了保险公司的投资占总资产比例,当然各州要求也不尽相同。

(六)信息公开规制

各州保监局规定保险公司定时递交年度报告,该报告的格式由 NAIC 拟定,内容包括保费收入、费用开支、准备金提取、投资项目等财务信息[3]。NAIC 建立了保险监管信息系统,借助计算机对保险公司的年度报告信息做出分析,及时了解各公司的财务状况,维护被保险人的权益。

(七)税收优惠政策[4]

美国商业健康保险在发展过程中得到税收优惠政策的支持,这成为商业健康保险

---

[1] 段昆:"美国保险业的监管制度及其借鉴",《中国软科学》,2003(03):40~44 页。
[2] 王虹俅:"美国商业保险监管研究",吉林大学,2004 年,15 页。
[3] 段昆:"美国保险业的监管制度及其借鉴",《中国软科学》,2003(03):40~44 页。
[4] 冯鹏程:"德国和美国商业健康险的税优模式",《中国保险报》,2014 年 8 月 13 日第 5 版。

快速发展壮大以及团体健康险业务占据商业健康险主导地位的主要原因。

1. 团体健康险的税优政策

1943年《行政税收法庭规则》规定，企业向保险公司购买的商业健康保险保费不用纳税。1954年，美国《税收法》从法律层面规定了团体健康保险税优政策，企业为员工缴纳的保费可作为费用税前列支，员工个人承担的保费也可以税前列支，且没有税收优惠的额度限制。

2. 高自付额的团体健康保险配套的税优政策

2004年，美国开展健康储蓄账户和高自付额的保险计划（Health Savings Accounts & High – Deductible Health Plans），计划参加者必须投保一项符合规定的高自付额保险计划，满足免赔额限制①。同时，对年度最高医疗费用负担设定上限②。超过费用部分，由保险公司100%赔付。

3. 自由职业者购买商业健康保险的税优政策

1986年，《税收改革法案》规定，对自由职业者购买健康保险保费的25%实行税前列支。2007年之后，自由职业者为自己及家人（包括配偶和27岁以下的子女）购买健康保险和符合要求的长期护理保险缴纳的保费均可免税，但以税前收入为最高限额。如果自由职业者加入了团体健康保险，就不能享受保费的免税优惠。

4. 个人商业健康保险的税优政策

个人购买的健康保险保费，当年度保费支出加上其他医疗费用支出（包括内科医生、外科医生、牙医和其他医师提供的诊断、治疗、疾病预防、肢体功能恢复等费用；就诊过程产生的路费；符合条件的长期护理服务的费用；符合条件的长期护理保险保费），超过个人调整后总收入的7.5%的金额，个人每年纳税时，可将这部分金额税前列支。1997年税收改革法案决定对自由职业缴付的健康保险保费逐步提高免税比例，并最终实现全额免税。

（八）医疗费用规制

众所周知，19世纪70年代美国的总的医疗费用高居不下，为了控制医疗费用的上涨，政府允许更多商业健康保险公司参与政府的医疗保障制度管理，管理式医疗保险模式应运而生。管理式医疗保险主要包括健康维护组织（Health Maintenance Organization）、优先医疗服务提供者组织（Preferred Provider Organization）、排他性医疗服务提供者组织（Exclusive Provider Organization）、服务点计划（Point of Service Plans）等。

---

① 2014年个人免赔额不低于1 250美元，家庭累计免赔额不低于2 500美元。
② 2014年个人负担金额不超过6 350美元，家庭负担金额不超过12 700美元。

在管理式医疗中保险公司除了收取保费支付赔偿以外,还进一步介入医疗服务全过程。保险公司与医院合作,医院病人来源稳定且人数可观。在合作中,保险公司管理医疗机构、医生、病人,通过审批制度对治疗方案的选择、治疗定价做出干预,患者得到低保费、高质量的医疗服务。最终,管理式医疗保险在一定程度上克服了医患关系中的市场失灵,缓解了医疗费用和医疗质量问题。

专栏 3.3

美国管理式医疗的发展和新模式的出现,使保险组织与医疗服务提供者的关系越来越紧密,对服务利用的控制力度逐渐增强,日常管理成本和难度也随之增大,但医疗费增长率则日趋下降。下面对管理式医疗的主要模式进行介绍。

1. 健康维护组织(HMO)

HMO 主要分为开放型、封闭型、自主选择型以及网络型等形式。共同特征是参保人员就诊选择上仅限于 HMO 服务网络内的医生和医院,如果在服务网络外接受医疗服务,HMO 将不支付相关费用,或者只支付有限的医疗费用;在门诊医疗方面采用全科医生管理模式,全科医生充当"守门员(Gatekeeper)",管理和协调各种医疗服务的使用情况,决定专科、住院治疗的建议等。

(1)开放型(Open-Panel HMO)。医生或其他医务人员作为一个独立个体与 HMO 签约,开放模式分为个体医生协会(Independent Practice Association,IPA)和直接签约(Direct Contract HMO)两种模式。在个体医生协会模式中 HMO 采用按人头付费方式与个体医生协会进行费用结算,随后个体医生协会再与每个医生签约提供具体医疗服务。在直接签约模式中 HMO 直接与每个医生签约和进行费用结算,并承担相关的管理职能。

(2)封闭型(Closed-Panel HMO)。签约医生及其诊所仅限于为 HMO 成员提供医疗服务,不得为其他患者提供服务。参保人员必须选择某家医疗机构作为自己的初级医疗单位,自由选择医生就诊。

(3)混合型(Mixed Model HMO)。为了吸引更多客户,提高医疗服务产品的市场占用率。最常见的是直接签约模式与封闭型模式相结合,或者是直接签约模式与团体模式结合。当 HMO 需要扩大其医疗服务区域时,可以与某个服务区域内的医生签约,为其客户提供医疗服务,不必另设医疗机构而花费更多的费用。每种模式的运作都各自独立,互不关联干涉。

(4)自主选择型(Open-Access HMO)。客户无须全科医生的转诊审批手续,可选择服务网络内的任何一位全科或专科医生就诊。但是医生需承担更大的费用风险,当医疗费超过预算时,医生只能获得较低的报酬,甚至可能无法获得风险抵押金。

（5）网络型（Network Model HMO）。HMO 与多个个体医生协会或医生团体签订服务合同，为其参保成员提供医疗服务，HMO 以按人头付费方式与医生团体或个体医生协会进行费用结算，后者再按不同支付方式与每个医生进行劳务结算。

2. 优先医疗服务组织（PPO）

通过与个体医生签订服务合同，以优惠的价格提供医疗服务，在就诊选择方面比 HMO 更具自主性和灵活性。优先医疗服务组织允许客户在医疗服务网络以外就诊，但客户必须支付更高的保费，负担更多的起付金额、共付或共保费用。优先医疗服务组织也采用入院前审批、病例管理以及选择性治疗附加"第二者意见"等管理方式。

3. 定点服务计划（POS）

定点服务计划是 HMO 与优先医疗服务组织的混合模式。医疗费用控制和就诊选择自由是一对矛盾，这一矛盾促使定点服务计划的形成和发展。对网络内外的医疗服务采用不同的费用补偿标准。定点服务计划拥有自己的医疗服务网络，参保人需选择一名签约医生作为自己的全科医生，具体负责门诊医疗、审批和转诊等事务。

4. 定点服务组织（EPO）

EPO 是由 PPO 中指定医生提供医疗服务才能得到的相应的费用补偿。

5. 特殊医疗服务组织（Carve – Outs）

某些专科领域（如行为治疗、处方药品及牙科医疗等）费用控制比较困难，保险组织将这些专科服务项目单独划出来管理和结算，专科医生成立了各自相关的特殊医疗服务组织，共同应对和管理费用控制问题。

6. 综合医疗服务体系（IDS）

IDS 包括了医疗服务的所有形式，诸如医生、医院、诊所、家庭保健、长期护理院和药房等。其必须具备一定的财务风险承受能力，可以把自己不愿或无法提供的服务外包出去，如通过再保险的形式分散那些高额费用病例或理赔管理的经济风险。

资料来源："管理式医疗——美国医疗服务与医疗保险"，搜狐网 http：//www.sohu.com/a/158406287_771774，2017 年 7 月 19 日。

（九）健康保险覆盖水平规制

美国非常鼓励国民参保健康保险，近年来甚至频频出台法律，规定人人参保健康保险。在商业健康险为主导的形势下，商业健康保险又得到新的发展。

2009年美国众议院通过了美国第一个全民健康保险法案，即"病人保护与可负担的保健法"，该法明确规定人人必须参加健康保险。2010年3月，奥巴马政府成功推出了该法案，患者保护与可负担医疗法案（The Patient Protection and Affordable Care Act，PPACA）被签署为法律。奥巴马医改法案希望实现医疗保障的强制全覆盖。该法令明确规定，自2014年开始，符合条件的每一名美国公民必须投保，否则将被处以罚款。自2016年起，拥有不低于50名全职员工的雇主应当为其雇员购买团体保险，如果全职雇员通过当地的健康保险交易所单独投保并获得保费资助，该雇主将面临罚款。

然而，唐纳德·特朗普宣誓就任美国总统后，签署的第一份总统行政令，就是要求各联邦机构不得再为扩大奥巴马的《平价医疗法案》的普及面而颁布新规定，卫生与公众服务部推迟实施奥巴马医改法案中任何可能给各州政府、医保提供方以及家庭和个人带来"财政负担"的条款等。特朗普政府提出了《美国医疗法案》，用以替代《平价医疗法案》，主要内容包括废除强制投保条款，改为保费惩罚，将补贴由基于收入转向基于年龄，取消对各州医疗救助的扩张等。2017年5月，特朗普医改法案在众议院以217:213获得首次通过；2017年7月因48:52票失利，特朗普医改法案没能在参议院获得通过，但特朗普政府仍旧在做努力，新的医改方案能否最终得以通过，尚未确定。

第二节　英国健康保险的规制

一、英国健康保险的地位

早在1948年，英国国家卫生服务体系建立，英国的合法公民均有权享受公费医疗服务。到目前为止，英国医疗保障主要由国家卫生服务、社会医疗救助和商业医疗保险组成。其中，国家卫生服务处于主体地位，商业医疗保险在整个英国医疗保障体系中占有的份额较少，但多年以来发展相对稳定。

自2001年以来，英国参保商业健康保险的人口占总人口的比例基本维持在7%左右，浮动不大，随着英国人口的增多，参保商业健康保险的人口总数稳中有增。在国家卫生服务体系十分健全、国家卫生服务为主导的环境下，商业健康保险能够稳定地发展，原因有如下两个方面。

(一) 国家卫生医疗存在不足

(1) 不能涵盖全部医疗项目。尽管国家卫生服务覆盖了公民需要的大部分医疗项目,但还是有一部分医疗服务仍需要患者自费,诸如牙病、眼疾等治疗项目,商业健康保险作为辅助,可以帮助消费者应对这类风险。

(2) 保障程度下降。由于患者过度医疗情况的普遍存在,国家医疗费用支出压力较大,自1980年以来,政府采取措施降低了国家医疗保障程度。

(3) 效率低下。经历多年发展以后,国家卫生服务存在的弊端也逐渐显露出来,效率低下问题突出,患者享受医疗服务的等候期较长。投保商业健康保险后,患者可以得到私人医院高效治疗,又避免了自费看病的压力。

(二) 商业健康保险具有自身优势

(1) 满足消费者特定需求。消费者对商业健康保险产品具有特殊需求,例如,对重大疾病保险的需求。消费者一旦患病,可以按照保险合同得到保险公司的赔偿。

(2) 具有避税功能。英国存在较高的遗产税,但是商业健康保险不在征税范围之内,投保人可以帮助被保险人应对风险。

(3) 扮演福利角色。商业健康保险作为企业赋予职工的福利的方式一直都存在,全国员工基数大,给商业健康保险发展提供了长期支持。

二、英国健康保险规制组织体系

1997年以前,英国规制商业健康保险的主要机构有负责立法的议会、负责全面规制的贸工部、行业自律保险业协会,另外还有保险投诉委员会、公平交易管理所等多重部门对保险公司的经营进行了干预[①]。1997年到2013年,对英国商业健康保险起规制作用的主要机构是金融服务局。

英国金融服务局于1997年10月成立,对银行、证券和保险业进行统一规制。金融服务局是一家独立的非政府机构,不接受来自政府的资助,所有经费来源于其规制的企业的资助。其主席由英国财政部任命,向财政部负责,并通过财政部对议会负责。

受《金融服务与市场法》的约束,所有保险公司及中介机构都受到金融服务局的规制,只有通过其审批,保险公司等才能够开展业务经营活动。它负责为保险业经营制定规则,具有强制调阅保险公司相关文件等权力。对于违法违规等行为,金融服

---

① 王艳玲:"中国保险业规制改革研究",辽宁大学,2009:S79。

务局有权力对保险、中介公司和个人处以无上限规定的罚款,甚至对犯罪行为发起诉讼。

另外,为了规制金融服务局的行为,保证合理合法地行使权力,英国还设立了金融服务和市场特别法庭,主要审理金融服务局与被规制机构间难以解决的问题。

2013年4月,英国出台了《金融服务法案》,金融服务局的职能分拆为由审慎监管局和金融行为监管局两个新成立的机构承担。从此,金融服务局退出历史舞台。审慎监管局全面负责保险机构的规制工作。审慎监管局对保险企业有两个相互补充的法定监管目标:一个目标是改进保险企业的安全性和稳健性,防范和应对其对英国金融系统稳定性可能造成的负面影响;一个是保证保单持有人被适度保护[①]。

专栏 3.4

英国加筑金融防护网:行为准则局和审慎监管局成立

从2013年4月1日起,英国新的监管者——金融行为准则局和审慎监管局成立,原来的金融服务监管局就此完成了历史使命。英国开始实行的是一种"双峰"金融监管体制,即英格兰银行之下设审慎监管局和金融行为监管局这两个金融监管局,直接监管英国各类金融机构约2.7万个。两局职能有别,前者主要监管银行、存款、保险、信贷和大型投资机构。后者监管对象为其他金融企业,例如,中小型投资机构、保险经纪、基金等。两局之上是英格兰银行的金融政策委员会,负责识别和采取行动,消除或降低系统性金融风险,并负责对两局提供指导和建议。"双峰"金融监管架构是针对之前英国金融监管机制缺乏协调的弊端,废除了原先由英格兰银行、金融服务局和财政部三方监管的体制。使英格兰银行除了负有货币政策职能,还负起了全面监管金融机构的职责,从而成为最有权力的中央银行。

资料来源:《上海证券报》,2013年4月16日。

三、英国健康保险的规制举措

(一) 保险经纪人规制

英国绝大部分的保险产品不能直接在保险人与投保人之间进行交易,保险业务需

[①] 王向楠、王锦霞:"英国保险监管和消费者权益保护的启示",《保险职业学院学报》,2015:70~74页。

要通过保险中介（Insurance Intermediary）来完成。英国保险市场中的绝大部分业务都是通过保险经纪人（Insurance Broker）或保险代理人（Insurance Agent）来完成的，这些保险经纪人或保险代理人完成了约一半的英国国内保险业务、约九成的人寿和养老保险业务，以及几乎全部的海上、航空、外贸运输保险业务[①]。保险经纪人对英国健康保险的发展过程有较大的影响，为了维护市场秩序，政府建立了保险经纪人制度。

英国皇家保险学会、保险经纪人注册理事会和劳合社，是规制保险经纪人的三个主要机构。英国皇家保险学会负责对通过保险经纪人专业考试的人员颁发从业资格认证。保险经纪人注册理事会则依据1977年成立的《保险经纪人注册法》对保险经纪人在财务能力、专业知识和能力、独立性等方面使规制职能，可以随时检查和监督经纪人，对其不合法的行为做出制裁。劳合社则主要依据1988年保险经纪人细则对经纪人进行规制。

（二）偿付能力规制

英国政府对保险业的监管一直相对比较宽松，监管机构不会对保险机构的每种行为细节做出具体规定，但是会对其偿付能力做出严格的评价、规定和监管[②]。偿付能力规制仍是英国保险业规制的核心，保险公司必须按规定方式向政府提交有关经营情况的信息，受规制部门监管。

在偿付能力规制方面，英国主要采用欧盟偿付能力标准，其主要从资产负债估值、技术性准备金、资本要求、投资规则、风险管理、资本追加、信息披露等方面提出要求，以实现对保险公司偿付能力的管理。早期，英国采用的欧盟偿付能力标准Ⅰ对保险公司进行规制，英国更强化了对保险公司资产和负债的规制，特别是加强了对准备金、资产充足率与最低偿付能力差额的规制。由于欧盟偿付能力标准Ⅰ已经不再适用于当下保险公司偿付能力规制的要求，早在2005年英国就加强了对保险公司的资本要求和个别资本评估。欧盟保险偿付能力标准Ⅱ是为统一欧盟成员国保险偿付能力监管标准进行的一次监管体系改革，后来英国逐步采用欧盟保险偿付能力标准Ⅱ。

由于与欧盟存在利益冲突，导致了英国"脱欧"事件的发生。英国首相卡梅伦早在2013年就提及了"脱欧"公投，经过公投、议会下议院投票、女王授权等过程，英国已经正式启动"脱欧"程序。2017年6月20日，英国财政大臣哈蒙德表示，为确保英国与欧盟双方贸易往来，避免英国商业市场分裂，"脱欧"后英国需要建立一套新的金融监管系统。据此可知，"脱欧"后英国可能会建立一套为自己量身

[①] 徐剑锋："英国保险经纪人监管制度简介"，《中国保险管理干部学院学报》，2011：53~54页。

[②] 王姝："主要发达国家保险监管制度比较研究"，吉林大学，2013年，45页。

定制的保险监管体系，偿付能力监管应该是一个重点设计内容，重新设计的偿付能力标准应该会比欧盟成员国共同遵守的欧盟保险偿付能力标准Ⅱ更加严格。

专栏 3.5

1. 偿付能力Ⅱ的主要特点

2001年欧盟委员会下属的保险委员会正式启动了偿付能力Ⅱ项目，2003年欧盟委员会确定了偿付能力Ⅱ的基本概念和原则，2008年欧盟委员会向欧盟议会提交了《偿付能力Ⅱ法令框架草案》。相较于偿付能力Ⅰ，偿付能力Ⅱ是对过去保险监管体系的系统重塑，在理念、措施、方法、技术等方面都与偿付能力Ⅰ有很大差别。其主要特点有：

一是监管理念统一化。偿付能力Ⅱ由第一支柱数量性要求（资产负债评估、技术准备金、资本要求等）、第二支柱质量性要求（监管审查程序、治理结构、风险管理等）和第三支柱信息披露要求（监管报告、公众披露等）组成，体现了以风险为基础的定性分析与定量分析相结合的全面风险管理监管思路，风险评估和风险治理构架与银行监管体系趋同，为银行监管和保险监管的统一监管和集团监管奠定了重要基础。

二是风险管理核心化。欧盟偿付能力Ⅱ三支柱的监管体系形成了风险资本、风险管理与风险信息反馈的风险治理构架，凸显风险基础资本的核心理念。在偿付能力资本（SCR）要求上，一方面扩大了风险整合的范围，关注不同风险之间的相关性，真正地实现了以风险为基础的科学计量。另一方面规定公司在实行标准法计算偿付能力资本外，可以开发适合自身风险特征的资本要求个体内部模型，从而促进公司根据实际的经验发展出最适合本身的风险管理系统，为公司强化风险管理提供动力。

三是价值评估市场化。欧盟偿付能力Ⅱ改变了偿付能力Ⅰ通过认可资产减去认可负债计算偿付能力额度的价值评估方式，偿付能力资本要求以国际财务报告准则所定义的公允价值为评估基础，采用资产负债的市场一致性原则对资产负债予以价值评估，对于可套期风险负债的技术准备金数额直接根据金融工具市场价格确定，对于不可套期风险的负债技术准备金数额，则可通过最佳估计与风险边际的方式确定。

四是额度要求体系化。欧盟偿付能力Ⅱ改变了偿付能力Ⅰ中用简单的固定比率确定偿付能力额度的方法，将资本监管转向最低资本要求MCR和偿付能力资本要求SCR双重资本体系，保险公司资本监管水平大为提高。

五是集团监管同步化。欧盟偿付能力Ⅱ强调集团监管与单独监管的合作，要求不同监管主体对集团风险状况共同评估,集团监管的主监管机构在某些问题上具有更大的决策权,重大问题决策争议由欧洲保险及职业年金监督管理委员会予以调解。

2. 偿付能力Ⅱ的主要内容

偿付能力Ⅱ是一个由三支柱构成的体系,主要内容包括:

第一支柱:数量性要求。

资产与负债的估值原则,即以国际财务报告准则所定义的公允价值为估值基础。

技术性准备金。其估值方式为现在退出值,即保险公司将其所有合同权利义务在当时转移所需支付的数额,包括所有合同隐含期权及各种保证的价值。可套期风险的负债价值根据金融工具市场价格确定,不可套期风险的技术性准备金由最佳估计与风险边际两部分构成,两部分准备金分别计算。风险边际可根据市场价值或者监管机构的谨慎要求予以计算。

自有资金。根据自有资金的性质及吸收损失的能力将自有资金分成高中低三个层次,并对保险企业用于满足偿付能力监管要求资本中第二、第三层次的自有资金数额进行限制。如规定满足最低资本要求(MCR)的资金只能是基本自有资金,且第二层次的基本自有资金占比小于50%;满足偿付能力资本要求(SCR)的资金中第一层次的自有资金不小于1/3,第三层次的自有资金比例不能超过1/3。

资本要求。在偿付能力资本要求(SCR)的计算上,采用风险值法,置信度设定为99.5%,时间为一年。也就是说,要求公司在接下来的一年时间里,在任何不利事件的影响下,仍有99.5%的概率能够保证其偿付能力所需持有的资本。在最低资本要求(MCR)的计算上,要求采用简化方法与绝对底线方法来计算。其中,简化方案将最低资本要求的置信度定为80%~90%,而绝对底线要求则是寿险企业不得低于200万欧元,非寿险和再保险企业不得低于100万欧元。

投资规则。偿付能力Ⅱ没有对保险企业投资领域及数额比率做出具体的限制,而是统一规定所有投资均遵从"谨慎人"原则,在最大限度地保障保单持有人利益的前提下,实现资产负债的匹配与风险的分散。

第二支柱:质量性要求。

监管审查。明确审查内容涵盖保险企业的各个方面,主要包括治理系统、风险管理、内部控制、压力测试、连续性测试等内容。在监管审查程序过程中发现的如内部模型不足、保险企业面临的特定风险未反映在标准模型中、风险管理系统不健全等问题,监管机构有权敦促保险企业采取预防性与纠正性措施予以消除,包括要求保险企业进行资本追加以增加其SCR。对内部控制与内部审计的审查,要求保险公司遵守外包有关规定,确保其对外包业务的有效控制。

公司治理。明确公司治理是监管审查的重点,要求合格的治理系统应有透明的组织构架、适合且恰当的关键员工、高效的信息系统、清晰的权责界定,并符合保险企业所经营的业务种类及规模。

风险管理。要求保险企业应根据其规模和经营特征建立风险管理委员会和相关的风险管理机构,加强对保险企业所面临的各种风险的评估和测量,保证监管机构资本标准模型的有效性,并有序建立与其特定风险特征相一致的内部模型,注重模型参数有效性的检验,关注长尾风险对内部模型有效性的影响。建立起风险及偿付能力评估程序,衡量和评估保险企业总体偿付能力。

第三支柱:信息披露要求。

公开披露。要求保险企业必须在年报中简明扼要地披露其偿付能力及财务状况,包括业务性质及绩效描述,治理系统及其充足性概况,企业所面临的各类风险暴露、风险集中、风险敏感性及采取的各种风险缓和措施,企业资产、技术性准备金及其他负债的估值方法及数额,保险企业自有资金的结构与数量及变化情况,MCR与SCR数额,使用内部模型计算SCR与使用标准模型计算的差额。

监管报告。要求保险企业向监管机构递交的以监管为目的的报告应涵盖任何对监管者决策可能产生影响的信息,至少应包括计算SCR所需了解的保险企业治理、风险管理系统、资本结构、以计算偿付能力为目的的估值原则等方面。此外,监管机构有权要求保险企业提供任何其认为可能影响其做出正确判断的信息。

特定报告。规定欧洲保险及职业年金监督管理委员会信息披露来源于成员国各保险监管机构,各成员国保险监管机构负有向该委员会报告本国保险偿付能力监管情况义务。

资料来源:《欧盟偿付能力Ⅱ及对我国保险监管的启示》,中国保险监督管理委员会网站,http://www.circ.gov.cn/web/site0/tab5261/info261435.html。

(三)财务信息披露规制

英国要求几乎所有的保险公司都必须公开经过审计的财务报告,报告内容主要包括[1]:

---

[1] 上海保监局:"国外保险公司信息公开披露的监管规则",《中国保险报》,2011年3月25日第2版。

（1）准备和生成信息的基础所使用的方法、假设，以及对各种变化所造成影响的评论，包括对资产和负债价值估算的评述；

（2）主要风险敞口类别及管理情况；

（3）公司治理体系描述，以及相对公司风险状况的治理体系适当性评估；

（4）公司资本结构的详细情况，包括资本质量；

（5）法定最低资本要求水平；

（6）监管委员会提出的所有附加资本要求的详细情况；

（7）上一个报告期间内所有违反资本要求的详细情况，包括原因和采取的补救措施等。

（四）保险欺诈规制

多年以来，英国的健康保险业已经得到长足发展，但是保险欺诈问题仍频有发生，而且每年都因为保险欺诈给保险公司造成了巨大损失。据英国保险协会估计，英国保险业中每年有大约 20 亿英镑的资金损失于保险欺诈，给每个英国家庭增加了约 50 英镑的保费成本[1]。为此，英国专门建立了反保险欺诈局。该部门是一个非营利组织，主要负责预防和检查有组织的保险欺诈行为。它通过建立数据平台将出险理赔、承保、交通事故三大数据库结合在一起，通过数据分析员对案件数据进行分析和挖掘，找出可疑的理赔案件，再交由警方和保险公司来处理，这对打击制造事故骗赔起到了关键作用[2]。

（五）保险费率规制

英国金融服务局认为，保险合同内容及保险产品价格属于保险公司和投保人双方协商的内容，保险费率等应该交由市场决定，不应对保险费率制订进行过多干预，不再审批保险条款与费率。但金融服务局却加强了对保险投诉的处理，设有专门的工作人员负责处理保险投诉。

（六）保险资金运用规制

在保险资金运用上，英国没有非常直接且具体的规定，规制机构主要对公司的偿付能力进行管理，不能低于最低偿付水平，因此，保险公司可以比较自由地决定本公司的投资方式和投资比例。

---

[1] ABI. UK Insurance Key Facts〔EB/OL〕. Association of British Insurers, Sep. 2012〔2013-1-12〕：11. http：//abi.bcis.co.uk.

[2] "反欺诈：与贪婪斗争到底"，《中国保险报》，2012 年 8 月 27 日第 2 版。

第三节 德国健康保险的规制[①]

一、德国健康保险的地位

在德国,健康保险主要包括法定医疗保险和商业健康保险,两者平行发展,共同构建了德国健康保险产品供给体系,有效地保证了德国公民的健康保障水平。自2009年开始,法律规定所有德国人都必须参保医疗保险,收入低于法定金额的公民必须参保法定医疗保险,收入高于法定金额的可以选择参保商业健康保险,自由职业者必须参保商业健康保险。法定医疗保险大体上覆盖德国总人口的90%,商业健康保险大体覆盖德国总人口的10%。

德国商业健康保险主要包括商业医疗保险、补充医疗保险、商业护理保险,保障内容涵盖了住院和门诊的检查费、诊断费、治疗费、手术费、护理费、康复费、住院津贴、病后疗养、海外治疗和急救、牙科和眼科治疗,甚至健康体检和验光配镜。一般来讲,相比法定医疗保险,商业健康保险有能力提供更有优势的服务,例如投保相应商业健康保险的德国人可以选择就近就医,可以享受高质量的医生资源,可以享受法定医疗保险不支持的健康医疗项目。

专栏 3.6

2004～2013 年德国商业健康保险发展情况

2004～2013 年德国商业健康保险发展见图 3.1～图 3.4。

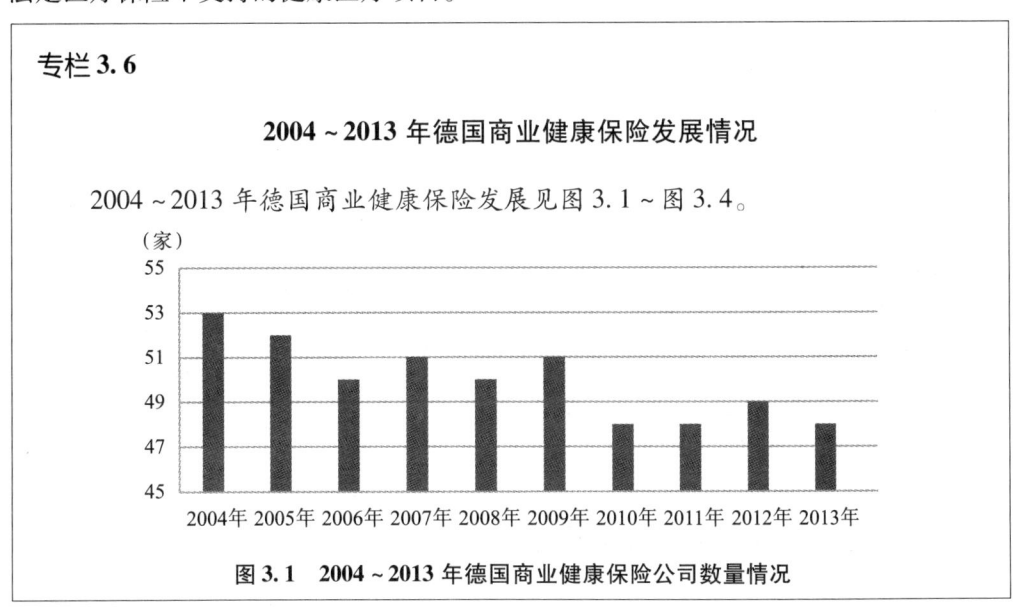

图 3.1　2004～2013 年德国商业健康保险公司数量情况

[①] 冯鹏程、刘青:"谈谈德国商业健康保险",《中国保险报》,2015 年 6 月 10 日第 8 版。

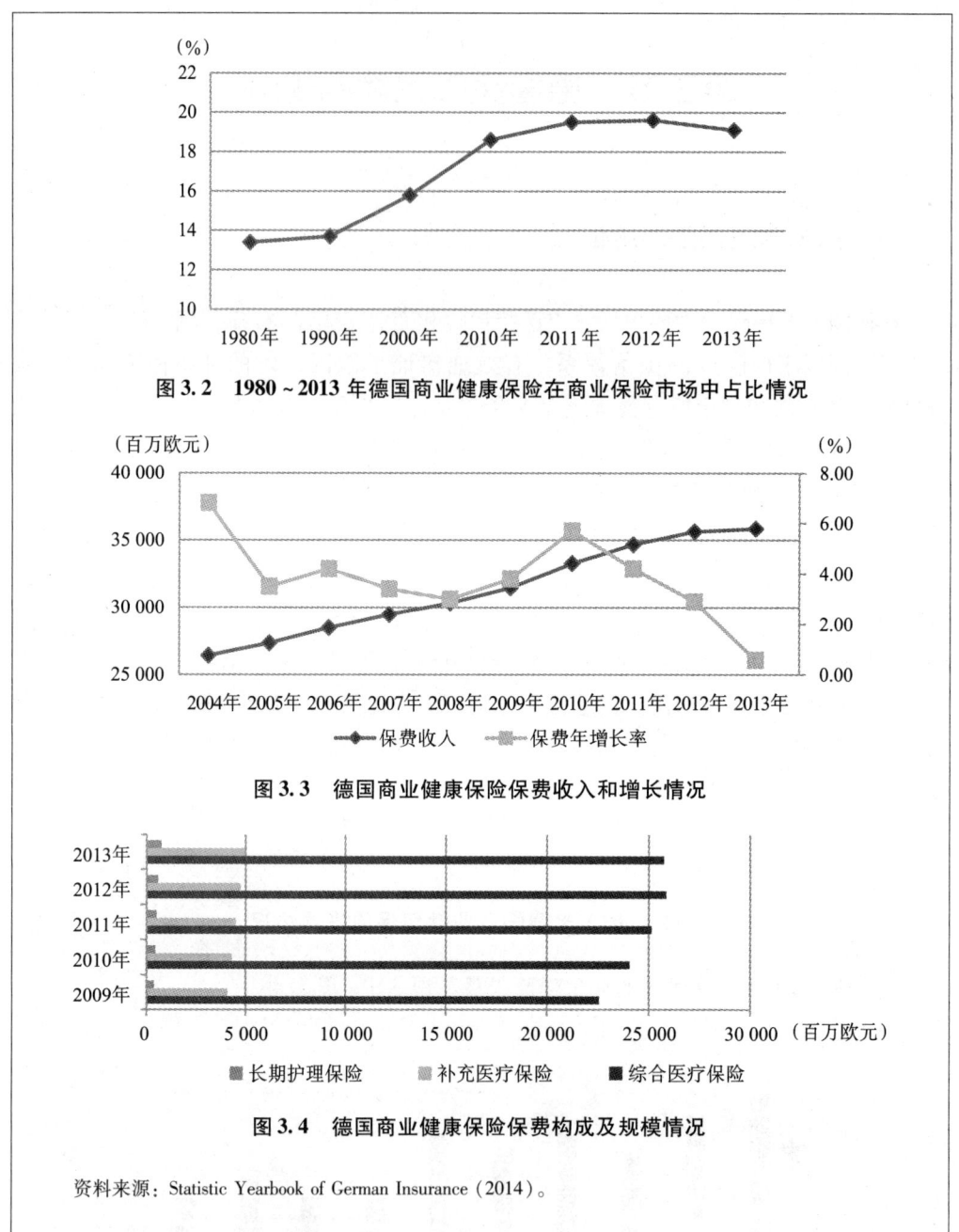

图 3.2　1980~2013 年德国商业健康保险在商业保险市场中占比情况

图 3.3　德国商业健康保险保费收入和增长情况

图 3.4　德国商业健康保险保费构成及规模情况

资料来源：Statistic Yearbook of German Insurance (2014)。

二、德国健康保险的规制组织体系

德国商业健康保险的规制机构分为联邦政府、参议院、联邦金融监管局、社团组织。联邦政府和参议院联合负责相关法律的制定，德国联邦金融监管局下设联邦保险监督局,以《联邦保险法》《保险监督法》等法律为依据,对德国的商业保险公司进行监管。社团组织,例如商业健康保险协会,通过培训教育、行业研究等方式,规制行业内企业行为,为企业发展提供建议等。

专栏3.7

德国联邦金融监管局的主要职责

联邦金融监管局内设三个专业管理部门及众多交叉业务管理部门,分别监管银行、保险、证券业务,并负责处理交叉领域的问题。其监管的目标是保证金融机构业务经营的合规性和安全性,防范金融风险,保证保险投资者和债权人的资产安全。其主要监管职责如下:

1. 对市场准入的审查

联邦金融监管局负责德国境内新成立机构的资格审查,包括最低资本金、高层人员资格审查等,并发放经营许可证。

2. 对公司日常经营的检查

联邦金融监管局主要对公司自有资本、流动性及风险大的经营环节进行审查。比如,公司自有资本的数额必须保持在《巴塞尔协议》规定的比例之上;公司资产的流动性必须保持在规定比例之上,以保证有足够的支付能力。由于德国国内金融公司数量众多,该局的审查主要依靠社会上的经济审计公司以及相关计算机系统对央行每日报送数据所进行的自动检查。依照有关法律,每家公司每年必须自行选择一家经济审计公司进行审计,且年审报告必须报送联邦金融监管局。该局可以依据上报的年审报告,也可以依据其他渠道信息,在不提供任何理由的情况下另行指派经济审计公司或者直接指派内部审计人员对可疑的公司重新进行审计。根据审查结果,若公司有违规行为,联邦金融监管局可以直接对发现的违规行为依法进行处罚。处罚的方式有以下几种:罚款、提出起诉、撤销董事会有责任的成员的任职资格、吊销营业执照。

资料来源:"借鉴德国金融监管经验 完善我国金融监管体系——赴德国开展金融财务监管培训的报告",中华人民共和国财政部网站,http://www.mof.gov.cn/pub/jinrongsi/zhengwuxinxi/jingyanjiaoliu/200806/t20080620_47545.html。德国联邦金融监管局(BaFin),环球金汇网,http://www.hqjhw.com/waihui_jianguan/4052.html。

德国商业健康保险行业协会的功能

德国健康险公司都隶属于商业健康保险行业协会。行业协会不仅扮演行业自律、沟通交流、培训教育、数据统计的角色,还维护整个行业的权益。

> 1. 作为行业利益代言人
>
> 代表所有会员公司与医院、医师、药厂等相关利益主体就服务标准和质量、医疗服务价格、药品折扣进行谈判，避免了单个企业与医疗供给者进行谈判的不利地位。比如，对商业健康保险投保人的医疗费用标准，将由德国商业健康保险协会和德国医生协会、医院协会谈判确定。
>
> 2. 数据处理与统计
>
> 按规定各健康险公司定期向协会上报相关数据，协会每年据此按性别、年龄分门诊、住院和牙医三方面制订"个人风险统计表"和"退保统计表"，方便保费测算。此外，协会还向全行业和社会公布行业运营状况及统计分析。
>
> 3. 行业研究
>
> 协会有专门和兼职的科研人员进行专题研究，研究的范围涉及健康险外部经营形势（如新立法新政策对行业可能产生的影响）、企业经营运行各个环节的改进等。
>
> 资料来源：冯鹏程："谈谈德国商业健康保险"，《中国保报》，2015年6月10日（008）。

三、德国健康保险规制举措

（一）专业化经营

德国《保险监督法》规定，人寿保险、财产保险和健康保险必须分业经营。专业健康险公司在法律允许范围内经营健康保险。经营健康险的公司不得经营寿险和财产险业务，寿险公司和财产险公司也不得经营健康险业务。之所以强制性要求健康保险业务的专业化经营，是因为德国的保险监管部门认为，健康保险本身十分复杂，在产品开发定价、核保核赔、信息系统、数据统计和分析、经营流程、客户服务和客户管理、医院管理等诸多方面与财产险和寿险有所区别，专业化经营更能够保证健康险业务的稳定发展。据统计，2012年德国的商业健康保险公司有48家，远多于中国专业健康保险公司的数量。

另外，德国着力培养健康保险精算人才，促进商业健康保险公司发展。目前，德国精算师协会1 800名会员中约有200名健康保险精算师，这些健康保险精算师主要负责向德国48家健康保险公司提供专业化的高端服务。

（二）医疗费用规制

首先，通过设定医疗费用赔付的起付线、保险比例等方式，激励投保人减少过度医疗行为。其次，通过制定专门的健康保险支付标准，限制医疗服务提供者提供不必要的服务。德国明确规定每一病种都有一个相应的点值，每一点值的费用额度每年由商业健康险保险人协会与医生协会、医院协会谈判确定。

（三）偿付能力规制

德国非常重视健康保险公司的偿付能力规制工作，作为欧盟的成员国，德国在偿付能力方面不仅达到欧盟偿付能力标准Ⅰ和欧盟偿付能力标准Ⅱ要求，还制定了独立标准，对偿付能力提出了更高要求。2013年，德国所有商业健康险公司都达到偿付能力标准，行业平均偿付能力达到248%。

（四）保费规制

德国商业健康保费的厘定坚持等值原则，缴费水平与待遇水平相对应。保费一旦确定，就不再随着年龄的变化而调整，即实施固定保费。但是，考虑到随着年龄的增长，投保人的医疗风险逐步加大，德国法律规定，商业健康保险的投保人在年轻时必须为将来缴纳老年疾病风险储备金。

德国商业健康保险在保费制度方面还存在一个特殊之处，即设置最高保费。如果投保人实际的费率厘定超过了最高保费，投保人按照最高保费来缴纳，实际厘定费率超过最高保费部分的费用则由其他投保人在交纳保费没有超过最高保费的限额内共同承担。

保险公司一旦承保就要保证按照约定的保费续保，无权与投保人解除合同，但是投保人有权利选择退保或者投保其他保险公司。若投保新的保险公司，投保人的疾病风险储备金随之转到了新的保险公司。

另外，德国于2007年颁布了《法定医疗保险——竞争加强法》，要求私人医疗保险在2009年1月1日起发布基本保险费率表，具体保障内容和法定医疗保险一致，且不得超出法定医疗保险的最高费率，而所有选择私人医疗保险的被保险人将免于体检[①]。实际上，出台该法律的目的是缓解市场上法定医疗保险与私人医疗保险地位不公平的问题。这是因为具有强制特性的法定医疗保险，无法筛选投保人或实行差异化费率措施，难以规避逆向选择问题，而商业医疗保险则可以通过采取体检、差异化费率等手段规避逆向选择问题，两者在发展中存在不公平因素，出台并实施《法定医疗保险——竞争加强法》则可以促使商业医疗保险一定程度上分担部分逆向选择的风险，承担更多的健康风险责任。

---

① 曾理斌、安然、张旭升："对湛江市城乡一体化医疗保障模式的思考"，《中国卫生经济》，2013：32（6），11~12页。

(五) 税收优惠政策

德国允许企业为员工缴纳商业健康保险而不用企业或者员工纳税，但是有限额，缴纳额度不得超过法定健康保险以及法定长期护理保险的义务的上限。雇员或者个人购买的商业健康保险、长期护理保险超过法定健康保险的部分在一定额度内享受免税政策，其中雇员的额度为1 900欧元，个人的额度为2 800欧元。

(六) 其他规制

德国通过立法的形式对商业健康保险的合同、市场行为等做出了明确的规定。《保险监管法》对保险市场准入、保险市场行为、财务风险以及保险资金运用等方面进行集中监管；《保险合同法》对投保人定义、保险期间、保障范围、等待期等做出了明确规定。《护理保险法》则详细规定了长期护理保险的费率、保险金、赔付比率、保险事故、理赔条件、客户信息的利用和保密、病人病历的提供和查阅等。

第四节 日本健康保险的规制

一、日本健康保险的地位

日本健康医疗保险制度的建立要晚于欧美发达国家，早期是从德国引进，第二次世界大战后又吸收了美国的一些经验做法，并结合本国的实际制定了一系列有关法律和政策，逐步形成了自己独特的医疗保险制度—社会型医疗保险制度[①]。可以说，该制度为日本国民安全、安心的生活提供了保障，使日本成为世界上平均寿命最长，医疗保障水平最高的国家之一。在庞大的社会型医疗保险制度下，日本的商业健康保险作为社会医疗保险的补充而存在，二者形成无缝链接，为国民的健康形成多重保障，从根本上解决了医疗费用问题。

---

① 张润晖、朱华琳："日本的医疗保险制度"，《中国保险报》，2003年11月20日第4版。

专栏 3.8

日本目前没有专业的商业健康险公司,约有41家人身险公司(其中,外资3家)和51家财产险公司(其中,外资21家)。根据《保险业法》(1996年4月1日实施)规定,恶性肿瘤保险、医疗保险、收入损失保险、意外伤害保险、护理保险为第三类保险[第一类保险(《保险业法》中规定人身险专属的):终身保险、定期保险、养老保险等;第二类保险(《保险业法》中规定财产险专属的):火灾保险、机动车辆保险等;第三类保险是介于第一类和第二类保险之间,两者均包括或两者均不包括的保险]。财险和寿险均可经营。

2014年4月1日至2015年3月末,按照年度换算后的人身险总保费收入20.87万亿日元(合1.09万亿元人民币)①,其中,第三类保险保费收入6.26万亿日元(合3 264亿元人民币),占总保费收入的30%。其中,个险新单保费收入2.22万亿日元(合1 157亿元人民币),同比提高8.3%。其中,第三类保险保费收入5 600亿日元(合292亿元人民币),占新单保费收入的25.19%,同比提高5.3%。

从2000年到2013年来看,医疗、恶性肿瘤保险的占比增量较为明显。在新单数量中的占比由2000年的23.0%增加到2013年的36.3%;在保单总数量中的占比由2000年的20.2%到2013年的35.5%。

医疗和恶性肿瘤保险购买人数增加的原因是,在日本住院及手术费用非常昂贵,社会保险与高额医疗制度并用后,依然有一部分需要患者个人负担。另外,如果患者需要接受先进医疗技术治疗(如免疫疗法、高周波切除法、遗传因子诊断法、质子线治疗法等),这部分费用是在社保报销范围之外,需要全额个人负担的。因此,人们通常会为自己及家人购买商业健康保险,为自己及家人构建多重保障,实现医疗费用的全覆盖。

资料来源:日本生命保险协会。

二、日本健康保险的规制组织体系

(一)日本健康保险的立法机构

国会是日本最高的权力机构与立法机构,依据《日本国宪法》而设置,由众议

---

① 年换算是根据投保人每次缴纳的保费乘以一定的系数换算出来的一年的保费。

院与参议院构成。国会在健康保险规制中起着非常重要的作用,日本能够在较短的时间内解决国民的看病问题,与其依靠的立法强制推行有着直接关系。

日本相继颁布了《健康保健法》《国民健康保险法(旧法)》《国民健康保险法(新法)》等相关健康保险的法律,这从较高的层面为健康保险规制提供了有力的法律支撑。尤其2010年《保险业法》的实施,结束了日本仅在《商法》中设置保险章节而无保险法的历史,使得商业健康保险的规制有了更为直接的法律。

(二)日本健康保险的监管机构

日本商业健康保险公司的监管机构是金融厅。金融厅是日本内阁府的外局,其前身是1998年设立的金融监督厅,2000年金融监督厅改组为金融厅。金融厅下设综合企划局、检查局、监督局。检查局负责现场检查、监督局负责抽查、暗中监察等。金融厅主要通过行政计划、行政指导、行政处罚、行政强制等方式对商业健康保险机构进行监管。

专栏 3.9

日本健康保险监督的基本方针

(1)检查与监督协同作用。

(2)与保险公司保持顺畅沟通:报告搜集、面谈、意见交换。

(3)尊重保险公司在业务运营等方面的主张。

(4)追求高效监督管理:为了减少不必要的事务性工作,监督局向保险公司要求的报告及书面材料,只限于非常必要的内容。

(三)日本生命保险行业协会[①]

日本生命保险行业协会于1989年成立,其会员是在日本开展生命保险业务的国内外保险公司。按照《保险业法》规定,2010年日本生命保险协会被日本金融监管机关定为指定纠纷解决机构,自2010年10月1日起,新受理的保险争议按照生命行业协会修订后的保险纠纷处理业务规程处理,纠纷解决规程要求生命保险行业协会本着公正、中立的原则,高效、透明地解决保险纠纷,保护投保人权益,提高民众对生命保险的理解和信任程度。

生命保险商谈所,是日本生命保险投诉和纠纷解决的重要部门。商谈所设定了裁定审查会,负责调解那些无法通过投诉而获解决的争议;商谈所还设立了协议会,协

---

① 陶建国、张展展、谢何芳:"日本生命保险协会的纠纷解决制度",《上海保险》,2011:57~60页。

议会主要职责是为了防止保险纠纷再次发生和扩大;商谈所还设置了纠纷解决业务投诉处理委员会,负责处理对纠纷解决业务不满的投诉。

三、日本健康保险规制举措

(一) 偿付能力规制

1996年,日本建立了保险业偿付能力标准框架,主要参考了美国的风险基础资本标准,通过偿付能力额度比率反映保险公司面临的潜在风险。日本《保险商业法》要求保险公司根据自身的偿付能比率及时做出调整,完善自身偿付能力,保证保险公司经营的合理性和安全性。另外,该法律赋予了金融监管厅矫正偿付能力不足的公司经营行为的权力,并对不同偿付能力水平的公司做出了明确的监管规定(见表3.1)。

后来,为了应对风险管理,日本多次调整了风险置信水平,从原来的90%提高到95%,这意味着日本对保险公司偿付能力要求逐渐提高。新的偿付能力要求,日本的健康保险监管机构更便于发现保险公司在经营活动中存在的潜在风险,及时采取措施,提高风险控制水平,大大降低了保险公司对投保人合法权益的影响程度。

表3.1 日本偿付能力矫正监管措施[①]

类别	偿付能力额度比率	措施
无须措施	200%以上	无
1类	100%~200%	要求保险公司递交和落实业务改进计划
2类	0~100%	禁止或限制保险公司分红等一系列配套措施
3类	小于0	在一定时期内部分中止或全部中止保险公司的运营

(二) 税收优惠政策[②]

日本针对国民购买健康保险有相应的税优政策,商业健康保险的保费在一定条件下可以作为扣除额计提。日本在收入扣除中设定了"寿险保费扣除"项目,依据投保人支出的寿险保费情况,按照规定从投保人的当年收入中扣除一定的金额,这样就可以通过避税的方式为投保人减轻一定压力。2012年以前,日本政府针对国民购买普通寿险、个人年金保险实行税收优惠,2012年1月1日以后,对购买商业护理保险、医疗保险产品也开始实行减税政策,减税范围主要是个人所得税和住民税,个人所得税最高减免额度为4万日元,住民税最高减免额度为2.8万日元。

---

① 李晓:"日本保险业偿付能力标准及其对我国的借鉴意义",《保险职业学院学报》,2013:70~73页。
② 中国保险行业协会:《商业健康保险国别研究报告》,中国金融出版社2015年版,120~121页。

专栏 3.10

2012 年后日本健康保险优惠制度情况见表 3.2、表 3.3。

表 3.2 新制度的寿险保费扣限额

	扣除种类	扣除限额
2012 年 1 月 1 日后的保单	一般寿险保费扣除	三类情形：所得税 12 万日元、住民税 7 万日元
	介护医疗保费扣除	二类情形：所得税 8 万日元、住民税 5.6 万日元
	个人年金保费扣除	一类情形：所得税 4 万日元、住民税 2.8 万日元

表 3.3 新制度的寿险保费扣除额

区分	所得税		住民税	
	年交纳保费额	扣除金额	年交纳保费额	扣除金额
一般寿险保费、介护医疗保费、个人年金保费（附加税制适格特约）	20 000 日元以下	交纳保费金额	12 000 日元以下	交纳保费金额
	20 000～40 000 日元	(交纳保费×1/2) + 10 000 日元	12 000～32 000 日元	(交纳保费×1/2) + 6 000 日元
	40 000～80 000 日元	(交纳保费×1/4) + 10 000 日元	32 000～56 000 日元	(交纳保费×1/4) + 14 000 日元
	超过 80 000 日元	一律 40 000 日元	超过 56 000 日元	一律 28 000 日元

（三）信息公开规制

在东南亚危机之前，日本规制机构为了稳定健康保险市场，不要求保险公司公开内部信息。后来，为了保护消费者正当权益，政府要求保险公司公开包括经营业务、财务状况等重要信息，投保人依据这些信息进行投保，有效地降低了信息不对称的程度，更加保护了消费者的权益。

（四）保险欺诈规制

日本《保险法》规定，当保险人与投保人、被保险人或保险金受益人之间的信赖关系受到损害，发生保险契约难以存续的重大事由，保险人可以单方面解除保险契约，即基于重大事由的解除制度。保险人可以解除保险契约的重大事由为：投保人、被保险人或保险金受益人为骗取保险金而故意造成保险事故发生的（包括未遂）；保险金请求权人请求保险金时实施欺诈行为的（包括未遂）；其他保险人对投保人等失去信赖，保险契约无法存续的重大事由。

（五）其他规制

2010年日本实施的《保险业法》对健康保险的公司经营、商品交易、财务报表检查、资产负债管理、市场行为、监管制度、会计制度、费率等诸多领域进行了规定。

第五节 中国台湾健康保险的规制

一、中国台湾健康保险的地位

为了促进居民平等地使用医疗服务、控制医疗费用支出，1994年中国台湾通过了"全民健康保健法"，并于1995年3月1日开始实施全民健康保险制度。

全民健康保险制度，强制要求中国台湾各类居民投保社会医疗保险，大大提高了社会性医疗保险的覆盖率，使全民都可获得公平可及的医疗服务。

1995年3月初，中国台湾各类社会健康保险仅覆盖了中国台湾地区约59%的人口，1995年末，社会性的健康保险覆盖了中国台湾约92%的人口，到2006年超过98%的中国台湾民众拥有了全民健康保险[1]。

一直以来，中国台湾的健康保险多以社会保险的形式被提供，商业健康保险的空间受到了极大的限制。受健康保险本身属性影响，商业健康保险产品费率制定的难度较大，盈利的风险较高。因此，中国台湾的商业健康保险业务发展水平较低，发展速度较慢，在整个中国台湾地区的社会保障体系中发挥的作用十分有限。

---

[1] 潘杰、徐菲、刘国恩、臧文斌："台湾地区全民健康保险制度建立对内地医改的启示"，《中国卫生经济》，2011年43页。

随着全民健康保险制度的实施、经济发展水平的提高、居民生活形态的改变、平均寿命的延长、医疗技术水平的提高、生活环境品质的恶化等,中国台湾居民的健康意识不断提高[①],新的健康保障需求不断产生,全民健康保险有限的保障水平难以继续较好地满足中国台湾居民的健康保障需求,商业健康保险迎来了发展的春天。中国台湾商业健康保险的业务量逐渐增多,1995 年中国台湾地区商业健康保险总保费收入为 196 亿新台币,到了 2004 年该项收入变为 1 406 亿新台币[②]。

二、中国台湾健康保险的规制组织体系

(一)"金融监督管理委员会"

在中国台湾,商业健康保险的监管机构是金融监督管理委员会(以下简称"金管会")。"金管会"是中国台湾地区监督与管理金融事务与规划金融政策的最高权责机构,直属于"行政院",目标包含维持金融稳定、落实金融改革、协助产业发展、加强消费者与投资人保护与金融教育,在金融管理方面实施"分业管理,集中检查"。"金管会"下设"银行局""证券期货局"和"保险局",分别监管银行业、证券业和保险业。

专栏 3.11

"金融监督管理委员会"设有主任委员、副主任委员及主任秘书,并依法召开委员会议。金融监督管理委员会设有以下部门。

(1) 四处:"综合规划处""法律事务处""国际业务处""资讯服务处"。
(2) 四室:"秘书室""人事室""主计室""政风室"。
(3) 四业务局:"银行局""证券期货局""保险局""检查局"。
(4) 国营事业部门:"中央存款保险股份有限公司"。
(5) 两个代表办事处:"纽约代表办事处""伦敦代表办事处"。

(二) 反欺诈组织[③]

中国台湾地区保险反欺诈机构分为两类:一类是政府跨部门成立的特别专案组;

---

①② 黎宗剑、王治超、朱铭来:《台湾地区全民健康保险制度研究与借鉴》,中国金融出版社 2007 年版,191~192 页。

③ 裴光、王柱、刘杨、陈婕妤:"台湾地区保险反欺诈经验及启示",《保险研究》,2009:122~127 页。

另一类是由包括政府、非政府组织企业等几种机构共同组建的专业服务机构。与保险犯罪规制直接相关的部门主要有"法务部检察署""调查局""金管会""内政部""警政署"。2002年,中国台湾"行政院"在推动金融改革过程中成立了金融改革专案小组,下设金融犯罪查缉分组,由"检察署""警政署""调查局"及"金管会检查局"指派专人为联络人组成金融犯罪查缉分组。2004年,中国台湾地区还成立了"财团法人保险犯罪防治中心",董事会成员由来自"保险局""产寿险公会""检察署""警政署"及学术界代表组成。

三、中国台湾健康保险规制举措

(一) 保险欺诈规制[①]

中国台湾地区的保险业在快速发展的过程中,存在较多的保险欺诈行为,各类投诉案件数量较多。为了维护市场行为主体(如消费者)的合法权益,中国台湾地区开展了反欺诈工作,主要体现在保险欺诈法制建设、专庭办案和多层磋商结合的联合办案机制、定期会晤联系机制三个方面。

1. 保险欺诈法制建设

为了有效防止保险欺诈犯罪罚责轻、违法犯罪成本低问题的出现,中国台湾地区"行政院"金融犯罪查缉小组建议修订了"保险法",旨在提高保险犯罪刑责并追回相关违法犯罪者的非法所得。中国台湾地区的"保险法"明确规定法院要为审理违反"保险法"的犯罪案件设立专业法庭或指定专人办理,在法律层面规定了专案打击保险犯罪。中国台湾地区还规定,在保险犯罪案件发生之前,犯罪嫌疑人在一定条件下的财产转移行为无效或可以撤销。

2. 专庭办案和多层磋商结合的联合办案机制

中国台湾地区"法务部"设立了专庭审理重大金融犯罪案件,目的在于提高办理案件的速度和效率。"检察署"所辖"侦查经济犯罪中心"下设"金融犯罪查缉督导小组",负责专庭审理或专人办理保险犯罪案件。另外,由专家、金融监管部门等多方力量组成的咨询协调委员会可以为办理案件提供资讯、政策建议等支持。

3. 定期会晤联系机制

中国台湾地区"法务部"的调查局会定期召集保险局在内的相关单位,策划、督导犯罪预防工作方面的相关事宜,还十分注重研究保险违法犯罪行为的新趋势、新特点,强化会晤联系机制的预警作用,并为检控机关侦办犯罪提供必要的咨询服务。

[①] 裴光、王柱、刘杨、陈婕妤:"台湾地区保险反欺诈经验及启示",《保险研究》,2009:122~127页。

(二) 保险资金运用规制①

中国台湾地区对保险资金的运用形式的限制比较宽松,2007 年的新"保险法"第一百四十六条对保险资金运用的形式做出了具体的规定。保险资金运用的形式主要包括:存款、购买有价证券、购买不动产、放款、办理经主管机关核准之项目运用及公共投资、国外投资、投资保险相关事业、经主管机关核准从事衍生性商品交易、其他经主管机关核准之项目运用等。

另外,中国台湾地区还对保险资金的运用比例做了限制,"保险法"明确规定:保险业资金运用之存款,存放于每一金融机构之金额,不得超过该保险业资金百分之十;保险业对不动产之投资,以所投资之不动产"实时利用"(即自取得之日起二年内利用之)并有受益者为限;保险业之资金办理国外投资其总额不得超过该保险业资金百分之五等。

(三) 保险中介规制②

中国台湾地区在保险中介规制中,以政府规制为主,行业自律为辅。与台湾地区保险中介规制相关的法律法规主要包括:"保险法""保险代理人经纪人公证人管理规则""保险业务员管理规则""业务经营自律准则暨招揽体制阶段改善计划"等。中国台湾地区设有专门的保险中介管理机构,负责保险中介的登记、日常行为管理、奖惩等工作。

保险中介行业自律组织主要通过制定相关行业的自律条例、守则等对保险中介在保险业务专业水平、销售职业道德、日常行为规范等方面加以约束。保险中介行业自律组织负责保险中介的从业资格审查、从业资格考试的组织、佣金(Commission)的管理、日常行为的监督等工作,建立了保险中介信息档案库,用以记录保险中介的必要信息,还接受社会公众对保险中介人的查询和投诉。

(四) 消费者权益保护规制

中国台湾地区的金融监管部门十分注重保护保险消费者的合法权益,2011 年 6 月通过的"金保法"专门对金融消费者的权益保护做了明确的规定,主要内容包括:

"金保法"第七条规定:"金融服务业与金融消费者订立提供金融商品或服务之契约,应本公平合理、平等互惠及诚信原则。金融服务业与金融消费者订立之契约条款显失公平者,该部分条款无效;契约条款如有疑义时,应为有利于金融消费者之

---

① 祝杰:"我国保险资金运用法律规则的审视与优化",《当代法学》,2013:86~93 页。
② 邹茵:"海峡两岸保险中介市场比较研究",《长春工程学院学报(社会科学版)》,2011:30~33 页。

解释。"

"金保法"第八条规定:"金融服务业刊登、播放广告及进行业务招揽或营业促销活动时,不得有虚伪、诈欺、隐匿或其他足致他人误信之情事,并应确保其广告内容之真实;其对金融消费者所负担之义务不得低于前述广告之内容及进行业务招揽或营业促销活动时对金融消费者所提示之资料或说明。金融服务业不得借金融教育倡导,引荐个别金融商品或服务。"

"金保法"第九条规定:"金融服务业与金融消费者订立提供金融商品或服务之契约前,应充分了解金融消费者之相关数据,以确保该商品或服务对金融消费者之适合度。"

"金保法"第十条规定:"金融服务业与金融消费者订立提供金融商品或服务之契约前,应向金融消费者充分说明该金融商品、服务及契约之重要内容,并充分揭露其风险。"

本章小结

本章主要介绍了美国、英国、德国、日本以及中国台湾的商业健康保险的发展状况,并着重从规制组织体系和规制措施两个方面介绍了这些国家和地区的健康保险规制的实践。这些国家中,美国商业健康保险的市场及其规模在世界上是最大的,而英国和德国的商业健康保险受医疗保障制度影响,发展空间有限。受历史、政治体制等因素的影响,这些国家的健康保险规制机构体系不尽相同,但也都基本包括立法及司法机构、监管机构、行业协会等。在规制举措方面,税收优惠政策、偿付能力控制、保险资金运用管理、保险欺诈规制等是这些国家和地区健康保险规制的重点,但在内容上各有特色,在实践中各有侧重。

思考题

1. 试比较典型国家和地区的规制机构体系的异同。
2. 简述美国健康保险规制的主要措施。
3. 简述英国健康保险规制的主要措施。
4. 简述德国健康保险规制的主要措施。

5. 简述日本健康保险规制的主要措施。
6. 简述中国台湾健康保险规制的主要措施。

专业术语

1. 清算（Liquidation）：是为了终结现存的法律关系、处理其剩余财产、使之归于消灭而进行的一个程序，包括计算、核实等。

2. 破产（Bankruptcy）：债务人因不能偿债或者资不抵债时，由债权人或债务人诉请法院宣告破产并依破产程序偿还债务的一种法律制度。

3. 总准备金（Total Reserve）：用来满足风险损失超过损失期望以上部分的责任准备金，从保险公司的税前利润中提取的。

4. 未到期责任准备金（Unearned Premium Reserve）：在会计年度决算时，对未满期保险单提存的一种准备金制度。

5. 未决赔款准备金（Reserve for Outstanding Losses）：保险公司在会计年度决算以前发生保险责任而未赔偿或未给付保险金，在当年收入的保险费中提取的资金。

6. 管理式医疗保险（Managed Health Insurance）：把提供医疗服务与提供医疗服务所需资金（保险保障）结合起来，通过保险机构与医疗服务提供者达成的协议向投保者提供医疗服务。

7. 健康维护组织（Health Maintenance Organization）：一种在收取固定预付费用后，为特定地区主动参保人群提供全面医疗服务的体系。

8. 优先医疗服务提供者组织（Preferred Provider Organization）：通过与个体医生签订服务合同，以优惠的价格提供医疗服务，在就诊选择方面比HMO更具自主性和灵活性。

9. 排他性医疗服务提供者组织（Exclusive Provider Organization）：排他性医疗服务提供组织发源于选择性服务提供组织，它是由一些医疗服务提供者与一家保险公司，或一个雇主，或一个第三方管理人，或其他的发起人订立医疗服务合同，但排他性医疗服务提供组织是一种更有限制性、受到更严格控制的组织，它对加入其服务网络的医疗服务提供者的选择更加严格，对医疗服务提供者的资信要求更为严格，病人可以得到更高质量的医疗服务，但挑选医疗服务提供者的范围更小，在排他性医疗服务提供组织中，其计划参加者只能使用服务网络内的医疗服务提供者，并有资格享受到应有的福利，否则就要负担全部的实际医疗费用。

10. 服务点计划（Point of Service Plans）：HMO与优先医疗服务组织的混合模式，医疗费用控制和就诊选择自由是一对矛盾，这一矛盾促使了定点服务计划的形成和发展,对网络内外的医疗服务利用采用不同的费用补偿标准,定点服务计划拥有自己的医疗服务网络,参保人需选择一名签约医生作为自己的全科医生,具体负责门诊医疗、审批和转诊等事务。

11. 保险经纪人(Insurance Broker):保险经纪人是基于投保人的利益,为投保人与保险人订立保险合同提供中介服务,并依法收取佣金的机构。

12. 保险代理人(Insurance Agent):根据保险人的委托,在保险人授权的范围内代为办理保险业务,并依法向保险人收取代理手续费的单位或者个人。

13. 保险中介(Insurance Intermediary):介于保险经营机构之间或保险经营机构与投保人之间,专门从事保险业务咨询与销售、风险管理与安排、价值衡量与评估、损失鉴定与理算等中介服务活动,并从中依法获取佣金或手续费的单位或个人。

14. 佣金(Commission):代理人或经纪人为委托人介绍生意或代买代卖而收取的报酬。

第四章

中国健康保险的规制

与其他商品和服务的提供相比,医疗卫生服务有着明显的特殊性,因此,无论是市场经济发达的美国和西欧等国家,还是发展中的金砖国家,医疗卫生体系都没有完全交由市场,政府在其中发挥着重要作用。政府对医疗卫生领域有着严格的规制,而规制的质量与效率在许多方面直接或间接地影响着人们的健康、社会的公平和文明进步的程度。

改革开放拉开了中国从计划经济向市场经济转轨的大幕,商业健康保险与医疗卫生服务的市场化相伴而生,都在艰难的探索中前行,虽曲折反复,但政府与市场的关系却越来越清晰。政府部门对健康保险市场规制的演进过程,为全世界提供了经典的案例。

本章主要介绍了中国健康保险的规制。第一节介绍了中国健康保险规制的历史演变,包括萌芽期、初步发展期、专业化发展期的中国健康保险的发展及规制。第二节介绍了中国健康保险的规制现状,包括健康保险规制的组织体系,主要的规制工具,具体的规制实践。第三节介绍了中国健康保险规制的特征。第四节介绍了中国健康保险规制的优势与不足。

第一节 中国健康保险规制的历史演变

中国健康保险的发展历史并不长,但却在较短的时间内完成了一些发达国家近百年的演进历程,经历了萌芽期、初步发展期和专业化发展期三个阶段。在每一个阶段,中国健康保险的发展都伴随着政府的规制实践。

一、萌芽期（1994 年以前）

（一）萌芽期的中国健康保险

1978 年以前，我国实施计划经济，同时建立了公费、劳保医疗制度。当时，商业保险主要是政策保险，商业健康保险随着 1949 年中国人民保险公司的成立而开始办理业务，后来随着 1959 年停办国内保险业务而销声匿迹[①]。

改革开放后，1979 年国务院批准恢复办理保险业务，中国保险业开始获得了发展的新机会。1982 年，经上海市人民政府批准，中国人民保险公司上海分公司经办了上海市合作社职工医疗保险。1987 年，中国人民保险公司上海分公司与上海市卫生局共同制定了《上海市郊区农民医疗保险》。1998 年 5 月，根据《中华人民共和国中外合资经营企业劳动管理规定》和《上海市中外合资经营企业劳动人事管理条例》，商业保险公司开始开办合资企业职工健康保险。在此之后，保险公司开始在全国范围内推出健康保险产品。1990~1994 年间，中国人寿保险公司、太平洋保险公司、平安保险公司等先后推出了中小学生和幼儿园儿童住院医疗保险、大学生平安附加住院医疗保险、团体医疗保险等产品。1992 年，美国友邦保险公司入驻上海，中国保险市场上首次出现了个人代理销售人身保险产品的模式。

专栏 4.1

国内保险业务遭停办

1958 年 10 月，西安全国财贸工作会议提出：人民公社化后，保险工作的作用已经消失，除国外保险业务必须继续办理外，国内保险业务应立即停办。同年 12 月，在武汉召开的全国财政会议正式做出"立即停办国内保险业务"的决定。1959 年 1 月，中国人民保险公司召开第七次全国保险工作会议，贯彻落实国内保险业务停办的精神，并部署善后清理工作。1959 年后，部分城市国内保险业务并没有完全停办，其中上海、哈尔滨、广州、天津等地就没完全停办。1966~1976 年，中国国内保险业务彻底停办。

国内保险业务停办，是在城镇工商业完成社会主义改造和农村人民公社化的形势下出现的。当时，有人认为在城镇工商业基本上是国营企业的情况下，国家可以通过财政调剂方式对各种灾害损失进行补偿，因此开办城市保险必要

[①] 龚贻生："中国商业健康保险发展战略研究"，南开大学，2012 年，134 页。

性不大。在农村，人民公社改变了以往那种规模较小、经营项目单一的农业合作社的状况，其财力和物力已具备较大的抗灾能力和补偿能力。在这种认识的支配下，认为保险的历史任务已经完成。

在"左"的思潮影响下，保险被认为是"私有经济的市场""不适应中国社会主义经济基础""办理国际再保险业务得不偿失""是依靠帝国主义""再保险是帝修反之间的利润再分配"等，因此有人提出要"彻底砸烂中国保险业"，不但停办国内保险业务，还要停办全部涉外保险和国际再保险业务。

资料来源：凤凰财经网 http://finance.ifeng.com/money/insurance/hydt/20090829/1169077.shtml。

（二）萌芽期的中国健康保险规制

在健康保险萌芽期，为了预防问题、解决问题、规范市场，政府部门开始尝试出台法律法规来规制保险企业的发展，中国人民银行负责履行保险监管的职能。值得注意的是，这些法律法规的适用对象是整个保险市场，还没有专门的法律法规来管理健康保险市场的发展（见表4.1）。

1985年，国务院颁布了《保险企业管理暂行条例》，这项在中国保险监管历史中具有里程碑意义的行政法规，对保险企业的性质、组织、资本要求、准备金及再保险等做出了具体规定。为了进一步整顿保险市场，1989年国务院下发了《关于加强保险事业管理的通知》，在保险企业税收分配、新公司成立等方面做出了新的规定。1990年中国人民银行印发了《关于保险公司保险金存款问题的通知》，规定了吸收保险公司的保险金存款的具体单位，对保险金转存银行列入的会计科目、手续费、存款利率等做出了明确规定。1991年中国人民银行印制并下发了《关于对保险业务和机构进一步清理整顿和加强管理的通知》。

表4.1　　　　　　　萌芽期与健康保险相关的政策文件

文件名称	涉及健康保险的主要内容
《保险企业管理暂行条例》（国发〔1985〕33号）	• 国家保险管理机关是中国人民银行 • 设立保险企业、经营保险业务必须得到国家保险管理机关的批准并向工商行政管理机关申请营业执照 • 经营长期人身保险的保险企业应当具有最低偿付能力，不足时应增加资本补足差额 • 经营人身保险的保险企业应当按照规定提存准备金

第四章 中国健康保险的规制

续表

文件名称	涉及健康保险的主要内容
《关于加强保险事业管理的通知》（国办发〔1989〕11号）	• 中国人民保险公司是在全国经营各种保险、再保险业务的国家保险公司，在中国人民保险公司力量确实达不到的地区，可根据需要建立少数保险企业作为补充 • 中国人民保险公司国内保险业务营业税收入归地方财政，所得税、调节税由中央财政和地方财政"五五"分成
《关于保险公司保险金存款问题的通知》（银发〔1990〕5号）	• 规定了吸收保险公司的保险金存款的具体单位、保险金转存银行列入的会计科目、银行手续费、存款利率等
《关于对保险业务和机构进一步清理整顿和加强管理的通知》（银发〔1991〕92号）	• 一律撤销和停办未经国务院、中国人民银行批准擅自成立的保险机构和业务 • 保险机构的基本保险条款和基本保险费率，一律报经中国人民银行审批 • 基本保险费率可以在一定幅度内实行浮动，其上下浮动的最高幅度为30% • 保险机构开办资金运用业务，须在其内部设立专门机构，并报经中国人民银行批准，还对用于资金业务的资金来源、资金运用方式、资金运用额度等做出了规定 • 设立保险代理业务需经中国人民银行批准，规定了保险代理机构的设立条件 • 从1991年起，实行保险机构业务报表报送制度

二、初步发展期（1994~2002年）

（一）初步发展期的中国健康保险

这一时期，中国保险市场上的保险公司逐步增加，保险产品逐渐丰富，保险市场得以较快发展。1995年，我国首次推出个人附加定期重大疾病保险，提供包括癌症、脑中风、心肌梗死等7种重大疾病保障。此后，多家寿险公司相继推出了多款重大疾病保险产品。1996年泰康人寿、新华人寿等保险公司相继成立。自1998年以来，保险产品种类不断得以完善，保险公司逐步开发了失能收入损失保险和长期护理保险产品，有的还推出分红型重大疾病保险等产品。2002年，全国各保险公司开办的医疗保险险种约150种，到2003年底我国商业健康保险险种已超过300个。

（二）初步发展期的中国健康保险规制

在健康保险初步发展期，中国保险监管体系得以初步建立，保险业有了专门的监管机构和明确的法律法规（见表4.2）。尽管专门的健康保险监管法律还没有出现，但总体看健康保险规制工作比以往更加正规化、专业化。

1995年，《中华人民共和国保险法》正式颁布并施行，这是保险监管领域的第一部国家层面的法律，明确了保险规制活动的合法地位。该法律在保险公司、保险合同、保险经营规则、保险代理人和经纪人、保险监督管理等方面做出了比较详细的规定。

1996年，中国人民银行下发了《保险管理暂行规定》，它对保险机构的设立、变更和终止，保险公司的业务范围，保险资金管理及运用，保险条款和保险费率管理，保险公司偿付能力管理，保险经营行为管理和监督管理制度等方面，做出了较为详细的规定。

1998年，中国保险监督管理委员会成立，从此，中国人民银行退出对保险业的直接监管。

2000年，中国保险监督管理委员会印发了《关于〈人身保险产品定名暂行办法〉的通知》，对健康保险的定义和分类做出规定，还特别要求保险公司应该严格按照人寿保险（Life Insurance）、健康保险、意外伤害保险（Accident Injury Insurance）的分类分别开发保险产品。同年，中国保监会印发了《关于〈人身保险产品备案管理暂行办法〉的通知》，对精算责任人与法律责任人、报备产品等方面对健康保险的备案做出了明确规定。同年，中国保监会印发了《保险兼业代理管理暂行办法》，具体规定了保险兼业代理的代理资格和业务经营要求。

表4.2　　　　　　　　初步发展期与健康保险相关的政策文件

文件名称	涉及健康保险的主要精神和内容
《中华人民共和国保险法》（主席令8届第51号）	• 在保险合同方面，全面地对人身保险合同做出了详细规定 • 在保险公司方面，对保险公司组织形式、设立条件、审批流程、事项变更等做出规定 • 在保险经营方面规定，将健康保险归入人身保险业务，要求同一保险人不得同时兼营财产保险业务和人身保险业务，限定了资金运用形式和比例等 • 在保险业的监督管理方面，对保险条款和保险费率的制定、财务等信息公开、准备金的提取与结转、人身保险业务的精算制度等做出了规定 • 在保险代理人和保险经纪人方面，对经营资格、经营场所、经营行为等做出了规定
《保险管理暂行规定》（银发〔1996〕255号）	• 明确了中国人民银行的保险监管职责 • 依据《保险法》对保险公司业务范围、保险资金管理及运用、许可证管理、保险条款和保险费率管理、保险公司偿付能力管理、保险经营行为管理、监督管理等方面做出了详细规定
《人身保险产品定名暂行办法》（保监发〔2000〕42号）	• 为规范人身保险产品名称，明确人身保险产品的保险责任制定了本办法 • 人身保险产品按保险责任分为人寿保险、健康保险、意外伤害保险 • 按保险责任，健康保险分为疾病保险、医疗保险、收入保障保险，并明确了疾病保险、医疗保险、收入保障保险的定义 • 规定了人身保险产品名称应符合要求的格式

续表

文件名称	涉及健康保险的主要精神和内容
《人身保险产品备案管理暂行办法》（保监发〔2000〕20号）	• 规定了精算责任人、法律责任人的基本条件 • 规定了保险公司报备产品时应当报送的材料等
《保险兼业代理管理暂行办法》（保监发〔2000〕44号）	• 具体规定了保险兼业代理的代理资格 • 具体规定了业务经营要求

三、专业化发展期（2002年至今）

2002年以来，在监管部门的引导下，中国的健康保险逐步进入专业化发展时期，一批专门经营商业健康保险的企业相继成立并发展起来。

2005年，中国人民健康保险股份有限公司、平安健康保险股份有限公司成立；

2006年，和谐健康保险股份有限公司、瑞福德健康保险股份有限公司、昆仑健康保险股份有限公司成立；

2010年，中国保监会批准安邦财产保险股份有限公司对瑞福德进行重组，更名为和谐健康保险股份有限公司；

2014年，太保安联健康保险股份有限公司成立；

2015年，经中国保监会批准，泰康健康管理（北京）有限公司注册成立；

2017年，由复星集团等股东共同发起的复星联合健康保险股份有限公司宣布收到中国保险监督管理委员会的正式批复，并已在广东省广州市正式开业，具体信息见表4.3。

在专业经营健康保险业务过程中，保险公司的业务水平逐步提高，保费收入增长较快，2016年各专业保险公司在保费收入方面增速普遍明显。另外，从整体健康保险市场规模来看，这一时期中国健康保险总保费收入不断提高，2017年总保费收入为4 389.46亿元，是2010年总保费收入的近6.5倍。部分专业健康保险公司和中国健康保险业务总保费具体情况见表4.4。

表4.3　　　　　　　　中国专业健康保险公司信息表

公司名称	成立时间	注册资本（亿元）	注册地址	主营业务
中国人民健康保险股份有限公司	2005年	64.5	北京	

续表

公司名称	成立时间	注册资本（亿元）	注册地址	主营业务
平安健康保险股份有限公司	2005年	6.3	上海	各种人民币和外币的健康保险业务、意外伤害保险业务；与国家医疗保障政策配套、受政府委托的健康保险业务；上述业务的再保险业务；与健康保险有关的咨询服务业务及代理业务；国家法律、法规允许的资金运用业务；中国保监会批准的其他业务
和谐健康保险股份有限公司	2006年	89	成都	
瑞福德健康保险股份有限公司	2006年	3	上海	
昆仑健康保险股份有限公司	2006年	13.4	上海	
太保安联健康保险股份有限公司	2014年	10	上海	
复星联合健康保险股份有限公司	2017年	5	广州	
泰康健康管理（北京）有限公司	2015年	1	北京	健康管理（须经审批的诊疗活动除外）；健康咨询（须经审批的诊疗活动除外）；经济贸易咨询；软件开发；技术推广；技术服务；会议服务；承办展览展示；设计、制作广告；组织文化艺术交流活动（不含演出）；预防保健服务（须经审批的诊疗活动除外）；销售Ⅰ类医疗器械、Ⅱ类医疗器械

表 4.4　　中国健康保险保费收入情况

年份	人保健康总保费（亿元）	平安健康总保费（亿元）	和谐健康总保费（亿元）	昆仑健康总保费（亿元）	中国健康保险总保费（亿元）
2010	92.90	2.00	0.03	1.76	677.47
2011	45.84	1.31	0.02	0.83	691.73
2012	76.00	2.11	1.09	3.29	862.77
2013	76.40	3.08	1.32	4.16	1 123.50
2014	157.95	4.17	1.59	0.90	1 587.18
2015	160.98	5.23	308.06	1.36	2 410.47
2016	237.44	7.88	1 070.31	2.09	4 042.50
2017	192.50	21.47	360.86	16.05	4 389.46

资料来源：中国保险监督管理委员会网站，http：//www.circ.gov.cn。

在健康保险专业化发展期，为了健康保险业更加专业、更加快速的发展，政府部门多角度全方位地频出政策。从提出健康保险专业化发展的意见，出台专业化管理的规章制度，到扩大健康保险发展空间、促进健康保险更快发展的文件，再到税收优惠政策等，可以说，中国健康保险规制工作正向着专业化、全面化的方向扎实推进。

2002年，中国保监会颁布《关于加快健康保险发展的指导意见》，明确指出加快健康保险的发展，应树立专业化的经营管理理念，遵循健康保险的特点和发展规律，进行专业化经营。同年，中国保监会印发了《关于财产保险公司经营短期健康保险和意外伤害保险有关问题的通知》，对财产保险公司经营短期健康保险和意外伤害险在产品销售形式、授权公司分支机构经营、产品核算方式、产品备案等方面做出了明确要求。

2003年，中国保监会出台了《人身保险新型产品精算规定》，将分红保险的形式限定于终身寿险和两全保险，曾经一度占据人身险市场49.8%的分红健康险种，自2003年10月1日之后全部停售。

2004年，中国保监会出台了《人身保险产品审批和备案管理办法》，对健康保险产品在审批和备案材料、审批和备案程序、精算责任人和法律责任人等方面做出明确规定。2004年，为了规范人身保险产品的审批和备案管理，配合《人身保险产品审批和备案管理办法》的施行，中国保监会印发了《关于〈人身保险产品审批和备案管理办法〉若干问题的通知》。

2006年，中国保监会正式颁布《健康保险管理办法》，这部专门化的法规在健康保险公司的业务范围、风险管控、管理制度、监管等方面做出规定。该办法首次统一了保险公司在健康险业务经营上的监管标准。2006年，国务院印发了《关于保险业改革发展的若干意见》，要求大力推动健康保险发展，推动健康保险立法工作。

2008年，为了全面统计健康保险产品、服务等的发展情况，中国保监会陆续发布了《健康保险统计制度》，要求各公司按照"全科目、大集中"的方式，通过中国保险统计信息系统，向中国保监会报送健康保险统计数据，健康保险信息公开管理更加专业化。

2009年，为了规范保险专业代理机构的经营行为，中国保监会发布了《保险专业代理机构监管规定》，在保险专业代理人的设立、业务经营、市场退出、监督检查、从业人员等方面做出了详细要求。

2011年，中国保监会发布了《人身保险公司保险条款和保险费率管理办法》，对健康保险进行了分类和定义，并对费率和条款的制定、审批与备案、变更与停止使用、总精算师和法律责任人的责任与资格等做出了规定。同年，中国保监会发布了

《中国保险业发展"十二五"规划纲要》，鼓励发展专业健康保险公司，支持保险资金投资医疗机构，研究制定支持专业保险公司的政策。

2012年，中国保监会发布了《关于健康保险产品提供健康管理服务有关事项的通知》，明确了健康服务的内涵，规定了健康服务的定价以及销售方式等。

2013年，《中国保监会关于普通型人身保险费率政策改革有关事项的通知》发布，中国正式实施普通型人身保险费率政策改革。同年，国务院发布了《关于加快发展养老服务业的若干意见》，指出鼓励老年人投保健康保险、长期护理保险、意外伤害险等人身保险产品，鼓励和引导商业保险公司开展相关业务。2013年，国务院发布了《关于促进健康服务业发展的若干意见》，指出要积极发展商业健康保险、丰富商业健康保险产品、发展多样化健康保险服务、鼓励商业保险机构以多种形式投资医疗服务业、健全完善健康保险有关税收政策。2013年，中国保监会发布了《关于保险业支持经济结构调整和转型升级的指导意见》，鼓励保险公司根据新型城镇化过程中进城务工人员以及失地农民的特点为其提供医疗保险。

2014年，国务院印发了《关于加快发展现代保险服务业的若干意见》，明确提出，保险公司要大力开发各类医疗、疾病保险和失能收入损失保险等商业健康保险产品。同年，《国务院办公厅关于加快发展商业健康保险的若干发展意见》发布，提出充分发挥市场机制作用和商业健康保险专业优势，扩大健康保险产品供给，丰富健康保险服务，这进一步为健康保险业的发展松了绑。

2015年，财政部、国税总局、中国保监会联合印发《关于展开商业健康保险个人所得税政策试点工作的通知》，结束了我国个人购买商业保险没有税收优惠政策的历史。2016年，中国保监会发布了《中国保险业发展"十三五"规划纲要》，鼓励发展补充医疗保险（Supplementary Medical Insurance），大力开发各类商业健康保险产品，全面推开个人税收优惠型商业健康保险，积极开发和提供健康管理服务，探索管理式医疗，降低医疗费用支出。

2016年，中共中央、国务院印发《"健康中国2030"规划纲要》，提出要落实税收优惠等政策鼓励企业、个人参加商业健康保险及多种形式的补充保险。鼓励开发与健康管理服务相关的健康保险产品，鼓励商业保险公司与医疗、体检、护理等机构合作。

2017年，中国保监会发布了《健康保险管理办法（征求意见稿）》，对健康保险进行了更加科学的修订，并征求了社会各界的意见。

2018年，为了规范保险公估人、保险经纪人的行为，中国保监会先后发布了《保险公估人监管规定》《保险经纪人监管规定》，并从机构设立、业务经营、市场退出、监督检查、从业人员等方面对保险公估人、保险经纪人做出了详细要求。

与健康保险相关的政策文件见表4.5。

表 4.5　　　　　　　　　专业化发展期与健康保险相关的政策文件

文件名称	涉及健康保险的主要精神和内容
《关于印发加快健康保险发展的指导意见的通知》（保监发〔2002〕130号）	• 要加强健康保险的专业化经营和管理，建立专业管理机构，实行单独核算，建立完善的健康保险产品体系，建立专门的核保和核赔体系，建立专业的精算体系，建立专业的信息管理系统 • 加快健康保险专业人才的培养，采取多种途径培养健康保险专业人才，特别是要重点培养高级管理人员和精算、核保、核赔、健康管理等专业人才
《关于财产保险公司经营短期健康保险和意外伤害保险有关问题的通知》（保监发〔2002〕133号）	• 各财产保险公司如经营短期健康保险需向中国保监会申请，各财产保险公司分支机构根据总公司授权即可开办短期健康保险业务 • 短期健康保险产品应是单独成立的主险或附加险 • 短期健康保险应单独列账，单独核算
《关于印发人身保险新型产品精算规定的通知》（保监发〔2003〕67号）	• 分红保险可以采取终身寿险、两全保险或年金保险的形式，保险公司不得将健康保险设计为分红保险
《人身保险产品审批和备案管理办法》（保监会令〔2004〕6号）	• 规定了健康保险产品的审批和备案范围、审批和备案材料、审批和备案程序 • 规定了健康保险精算责任人和法律责任人的任职条件和应当承担的责任等
《健康保险管理办法》（保监令〔2006〕8号）	• 规定明确了健康保险的分类、定义 • 规定了经营健康保险的保险机构的条件 • 经营费用补偿型医疗保险，要加强与医疗服务机构和健康管理服务机构的合作，加强医疗服务成本管理 • 对健康保险的条款和费率做出了详细规定 • 在合同说明、保障说明、承保团体险等方面详细规定了健康保险的销售行为 • 详细提出了健康保险的精算要求
《国务院关于保险业改革发展的若干意见》（国发〔2006〕23号）	• 大力推动健康保险发展，支持相关保险机构投资医疗机构。努力发展适合农民的商业养老保险、健康保险和意外伤害保险 • 鼓励发展商业养老保险、健康保险、责任保险等专业保险公司 • 研究推动商业健康保险立法工作
《健康保险统计制度》（保监发〔2008〕25号）	• 要求保险公司应按照"全科目、大集中"的方式，通过中国保险统计信息系统，向中国保监会报送健康保险统计数据 • 规定了健康保险业务统计制度业务分类和指标等
《保险专业代理机构监管规定》（保监会令〔2009〕5号）	• 规定了设立保险专业代理人的要求 • 规定了保险专业代理人的业务经营要求 • 规定了保险专业代理人市场退出的要求 • 规定了对保险专业代理人监督检查的要求 • 规定了对保险专业代理人的从业人员的要求

续表

文件名称	涉及健康保险的主要精神和内容
《人身保险公司保险条款和保险费率管理办法》（保监会〔2011〕第3号）	• 健康保险可以包含全残责任 • 健康保险包含两种以上健康保障责任的，应当按照一般精算原理判断主要责任，并根据主要责任确定险种类别 • 长期健康保险中的疾病保险，可以包含死亡保险责任，但死亡给付金额不得高于疾病最高给付金额。其他健康保险不得包含死亡保险责任，但因疾病引发的死亡保险责任除外 • 医疗保险和疾病保险不得包含生存保险责任 • 具体规定健康保险条款和费率的审批与备案、变更与停止使用规则 • 具体规定了健康保险的精算师和法律负责人的任职条件和职责
《中国保险业发展"十二五"规划纲要》（保监发〔2011〕47号）	• 鼓励发展专业健康保险公司、研究制定支持专业保险公司的政策 • 鼓励大力发展健康保险业务 • 支持保险资金投资医疗机构 • 积极推进健康保险与健康管理相结合
《关于健康保险产品提供健康管理服务有关事项的通知》（保监发〔2012〕73号）	• 明确了健康管理服务的定义 • 规定了健康管理服务定价及销售方式
《中国保监会关于普通型人身保险费率政策改革有关事项的通知》（保监发〔2013〕62号）	• 明确了健康管理服务的定义 • 普通型人身保险预定利率由保险公司按照审慎原则自行决定 • 保险公司采用的法定责任准备金评估利率不得高于保单预定利率和中国保监会公布的法定评估利率的小者 • 2013年8月5日及以后签发的普通型人身保险保单法定评估利率为3.5% • 计算长期人身保险业务的最低资本时用到的健康保险责任因子为0.24%
《国务院关于加快发展养老服务业的若干意见》（国发〔2013〕35号）	• 鼓励老年人投保健康保险、长期护理保险、意外伤害保险等人身保险产品，鼓励和引导商业保险公司开展相关业务
《国务院关于加快发展养老服务业的若干意见》（国发〔2013〕35号）	• 丰富商业健康保险产品。鼓励发展与基本医疗保险相衔接的商业健康保险，推进商业保险公司承办城乡居民大病保险，扩大人群覆盖面。积极开发长期护理商业险以及与健康管理、养老等服务相关的商业健康保险产品。推行医疗责任保险、医疗意外保险等多种形式医疗执业保险 • 发展多样化健康保险服务。建立商业保险公司与医疗、体检、护理等机构合作的机制，加强对医疗行为的监督和对医疗费用的控制，促进医疗服务行为规范化，为参保人提供健康风险评估、健康风险干预等服务，并在此基础上探索健康管理组织等新型组织形式。鼓励以政府购买服务的方式委托具有资质的商业保险机构开展各类医疗保险经办服务

续表

文件名称	涉及健康保险的主要精神和内容
《中国保监会关于保险业支持经济结构调整和转型升级的指导意见》（保监发〔2013〕69号）	• 充分发挥保险长期资金优势，重点支持医疗健康、养老服务等领域和产业的发展 • 鼓励保险公司根据新型城镇化过程中进城务工人员、失地农民的特点，为其提供意外、养老、医疗、生育等多层次、多类别和长期均衡的保障 • 积极开办农民养老保险和健康保险，为农民生活提供全面风险保障
《关于加快发展现代保险服务业的若干意见》（国发〔2014〕29号）	• 鼓励保险公司大力开发各类医疗、疾病保险和失能收入损失保险等商业健康保险产品，并与基本医疗保险相衔接 • 发展商业性长期护理保险 • 提供与商业健康保险产品相结合的疾病预防、健康维护、慢性病管理等健康管理服务 • 支持保险机构参与健康服务业产业链整合，探索运用股权投资、战略合作等方式，设立医疗机构和参与公立医院改制 • 完善健康保险有关税收政策
《关于加快发展商业健康保险的若干意见》（国办发〔2014〕50号）	• 丰富商业健康保险产品。大力发展与基本医疗保险有机衔接的商业健康保险。鼓励商业保险机构积极开发与健康管理服务相关的健康保险产品，加强健康风险评估和干预，提供疾病预防、健康体检、健康咨询、健康维护、慢性病管理、养生保健等服务。支持商业保险机构针对不同的市场设计不同的健康保险产品。探索开发针对特需医疗、药品、医疗器械和检查检验服务的健康保险产品。开发药品不良反应保险。发展失能收入损失保险。加快发展多种形式的长期商业护理保险。开发中医药养生保健、治未病保险产品。积极开发满足老年人保障需求的健康养老产品，实现医疗、护理、康复、养老保障与服务的有机结合。鼓励开设残疾人康复、托养、照料和心智障碍者家庭财产信托等商业保险 • 提高医疗执业保险覆盖面。加快发展医疗责任保险、医疗意外保险，探索发展多种形式的医疗执业保险。支持医疗机构和医师个人购买医疗执业保险 • 支持健康产业科技创新。促进医药、医疗器械、医疗技术的创新发展，在商业健康保险的费用支付比例等方面给予倾斜支持。探索建立医药高新技术和创新型健康服务企业的风险分散和保险保障机制 • 全面推进并规范商业保险机构承办城乡居民大病保险 • 稳步推进商业保险机构参与各类医疗保险经办服务 • 完善商业保险机构和医疗卫生机构合作机制 • 加强管理制度建设。完善健康保险单独核算、精算、风险管理、核保、理赔和数据管理等制度。商业保险机构要建立独立的收入账户和赔付支出账户，加强独立核算，确保资金安全。加强行业服务评价体系建设，规范健康保险服务标准，尽快建立以保障水平和参保群众满意度为核心的考核评价制度，建立健全商业保险机构诚信记录制度，加强信用体系建设

续表

文件名称	涉及健康保险的主要精神和内容
《关于加快发展商业健康保险的若干意见》（国办发〔2014〕50号）	• 切实提升专业服务能力。商业保险机构要加强健康保险管理和专业技术人才队伍建设，强化从业人员职业教育，持续提升专业能力 • 努力提供优质服务。商业保险机构要精心做好参保群众就诊信息和医药费用审核、报销、结算、支付等工作，提供即时结算服务，简化理赔手续，确保参保群众及时、方便享受医疗保障待遇。发挥统一法人管理和机构网络优势，开展异地转诊、就医结算服务。通过电话、网络等多种方式，提供全方位的咨询、查询和投诉服务。运用现代技术手段，发挥远程医疗和健康服务平台优势，共享优质医疗资源，不断创新和丰富健康服务方式 • 提升信息化建设水平。鼓励商业保险机构参与人口健康数据应用业务平台建设。支持商业健康保险信息系统与基本医疗保险信息系统、医疗机构信息系统进行必要的信息共享。支持商业保险机构开发功能完整、安全高效、相对独立的全国性或区域性健康保险信息系统，运用大数据、互联网等现代信息技术，提高人口健康数据分析应用能力和业务智能处理水平 • 引导投资健康服务产业。发挥商业健康保险资金长期投资优势，鼓励商业保险机构遵循依法、稳健、安全原则，以出资新建等方式新办医疗、社区养老、健康体检等服务机构，承接商业保险有关服务 • 完善财政税收等支持政策。借鉴国外经验并结合我国国情，完善健康保险有关税收政策。研究完善城乡居民大病保险业务保险保障基金政策。落实和完善企业为职工支付的补充医疗保险费有关企业所得税政策
《关于开展商业健康保险个人所得税政策试点工作的通知》（财税〔2015〕56号）	• 对试点地区个人购买符合规定的商业健康保险产品的支出，允许在当年（月）计算应纳税所得额时予以税前扣除，扣除限额为2 400元/年（200元/月），试点地区企事业单位统一组织并为员工购买符合规定的商业健康保险产品的支出，应分别计入员工个人工资薪金，视同个人购买，按上述限额予以扣除 • 2 400元/年（200元/月）的限额扣除为个人所得税法规定减除费用标准之外的扣除
《中国保险业发展"十三五"规划纲要》（保监发〔2016〕74号）	• 鼓励发展与基本医疗保险相衔接的补充医疗保险，大力开发各类医疗、疾病保险和失能收入损失保险等商业健康保险产品，全面推开个人税收优惠型商业健康保险 • 鼓励发展多种形式的商业护理保险，积极参与国家长期护理保险制度建设和试点工作 • 积极开发和提供疾病预防、健康体检、健康咨询、健康维护、慢性病管理、养生保健等健康管理服务，探索管理式医疗，降低医疗费用支出 • 支持保险机构运用股权投资、战略合作等方式，设立医疗机构和参与公立医院改制。鼓励具有资质的商业保险机构深入参与各类医保经办，扩大经办服务覆盖范围，提升管理效率

第四章 中国健康保险的规制

续表

文件名称	涉及健康保险的主要精神和内容
《"健康中国2030"规划纲要》	• 落实税收等优惠政策，鼓励企业、个人参加商业健康保险及多种形式的补充保险 • 丰富健康保险产品，鼓励开发与健康管理服务相关的健康保险产品 • 促进商业保险公司与医疗、体检、护理等机构合作，发展健康管理组织等新型组织形式
《健康保险管理办法（征求意见稿）》	• 将医疗意外保险、医疗责任保险等医疗执业保险归入健康保险，并对医疗意外保险、医疗责任保险的内涵进行了界定 • 长期护理保险的保险期间不得少于5年或为终身责任 • 除专业健康保险公司外，保险公司经营健康保险业务需成立专门健康保险事业部，还要配备具有健康保险专业知识的精算人员、核保人员、核赔人员和医学教育背景的专业人员 • 享受税收优惠政策的健康保险产品在产品设计、赔付率等方面应当遵循相关政策要求 • 医疗意外保险可以包含死亡保险责任，但不得包含生存保险责任 • 长期健康保险产品的犹豫期不得少于15日 • 短期健康保险费率浮动范围不超过基准费率的30%，但不得基于被保险人除家族遗传病史之外的遗传信息、基因检测资料等进行费率浮动 • 保险公司可以在保险产品中约定对长期健康保险产品进行费率调整，并明确注明费率调整的触发条件 • 疾病保险、医疗保险、护理保险产品的等待期不得超过半年 • 医疗保险产品可以在定价、赔付条件、保障范围等方面对贫困人口适当倾斜 • 护理保险不得以日常生活能力障碍引发护理需要之外的情况作为给付条件 • 鼓励医疗保险产品对新药品、新医疗器械和新诊疗方法在医疗服务中的应用支出进行保障 • 允许保险公司在医疗机构场所内销售健康保险产品，不得强制搭配其他产品销售，不得以被保险人家族病史之外的遗传信息、基因检测资料作为核保条件 • 保险公司可以将健康保险产品与健康管理服务相结合，提供健康风险评估和干预，提供疾病预防、健康体检、健康咨询、健康维护、慢性病管理、养生保健等服务 • 健康保险产品提供健康管理服务，其分摊的成本不得超过净保险费的20%，超出以上限额的服务，应当单独定价，不计入保险费，并在合同中明示健康管理服务价格 • 保险公司经营医疗保险，应当加强与医疗机构、健康管理机构、康复服务机构等合作，积极介入医疗服务行为，监督医疗行为的真实性和合法性，加强医疗费用支出合理性和必要性管理 • 保险公司应当积极发挥作为医患关系的第三方作用，帮助缓解医患信息不对称和医患矛盾纠纷问题 • 鼓励保险公司与医疗机构、基本医保部门等信息互联和数据共享

续表

文件名称	涉及健康保险的主要精神和内容
《保险公估人监管规定》（保监会令〔2018〕2号）	• 规定了设立保险公估人的要求 • 规定了保险公估人的业务经营要求 • 规定了保险公估人市场退出的要求 • 规定了对保险公估人监督检查的要求 • 规定了对保险公估人的从业人员的要求
《保险经纪人监管规定》（保监会令〔2018〕3号）	• 规定了设立保险经纪人的要求 • 规定了保险经纪人的业务经营要求 • 规定了保险经纪人市场退出的要求 • 规定了对保险经纪人监督检查的要求 • 规定了对保险经纪人的从业人员的要求

第二节　中国健康保险规制的现状

一、中国健康保险规制组织体系

中国已经建立了相对完善的健康保险规制组织体系，主要包括立法机关、司法机关、监管机构以及行业协会，这些机构各司其职，不断推进中国健康保险业的规制工作。

（一）立法机关

在中国，与健康保险发展息息相关的立法机关主要包括全国人民代表大会及常务委员会、国务院及其部门。1995年，中华人民共和国第八届全国人民代表大会常务委员会第十四次会议通过并公布了《中华人民共和国保险法》，并在2002年、2009年、2014年、2015年分别对其进行了第一次、第二次、第三次、第四次修订。

另外，国务院及其部门（尤其是中国保监会）颁布了有关健康保险的行政法规。2014年，《国务院办公厅关于加快发展商业健康保险的若干发展意见》得以发布，2015年，财政部、国家税务总局、中国保监会联合印发《关于开展商业健康保险个人所得税政策试点工作的通知》。

（二）司法机关

各级检察院、法院、公安机关等可以行使有关健康保险司法的权力，对违反健康保险法律法规的行为进行有力的监督、审判和打击。健康保险相比一般的保险业务更具复杂性，存在较多的道德风险和逆向选择问题，导致各类欺诈等违法违规行为产生。处理这些案件、管理违法违规行为离不开中国"公检法"等机构的工作。另外，《中华人民共和国保险法》的司法解释是我国司法机关的一项非常重要的工作。

2009年，最高人民法院审判委员会通过了《最高人民法院关于适用〈中华人民共和国保险法〉若干问题的解释（一）》。其中，第四条规定："保险合同成立于保险法施行前，保险法施行后，保险人以投保人未履行如实告知义务或者申报被保险人年龄不真实为由，主张解除合同的，适用保险法的规定。"

2013年，最高人民法院审判委员会通过了《最高人民法院关于适用〈中华人民共和国保险法〉若干问题的解释（二）》。其中，第二条规定："人身保险中，因投保人对被保险人不具有保险利益导致保险合同无效，投保人主张保险人退还扣减相应手续费后的保险费的，人民法院应予支持。"第九条规定："保险人提供的格式合同文本中的责任免除条款、免赔额、免赔率、比例赔付或者给付等免除或者减轻保险人责任的条款，可以认定为保险法第十七条第二款规定的'免除保险人责任的条款'。"

2015年，最高人民法院审判委员会通过了《最高人民法院关于适用〈中华人民共和国保险法〉若干问题的解释（三）》。其中，第十八条规定："保险人给付费用补偿型的医疗费用保险金时，主张扣减被保险人从公费医疗或者社会医疗保险取得的赔偿金额的，应当证明该保险产品在厘定医疗费用保险费率时已经将公费医疗或者社会医疗保险部分相应扣除，并按照扣减后的标准收取保险费。"第十九条规定："保险合同约定按照基本医疗保险的标准核定医疗费用，保险人以被保险人的医疗支出超出基本医疗保险范围为由拒绝给付保险金的，人民法院不予支持；保险人有证据证明被保险人支出的费用超过基本医疗保险同类医疗费用标准，要求对超出部分拒绝给付保险金的，人民法院应予支持。"第二十条规定："保险人以被保险人未在保险合同约定的医疗服务机构接受治疗为由拒绝给付保险金的，人民法院应予支持，但被保险人因情况紧急必须立即就医的除外。"

（三）监管机构

中国健康保险的直接监管机构是中国保险监督管理委员会及地方保监局。中国保险监督管理委员会成立于1998年，是国务院直属事业单位。

根据国务院授权履行行政管理职能，依照法律、法规统一监督管理全国保险市场，维护保险业的合法、稳健运行。中国保险监督管理委员会内设16个职能机构和2个事业单位，并在全国各省、自治区、直辖市、计划单列市设有36个保监局，在苏州、烟台、汕头、温州、唐山市设有5个保监分局。

专栏 4.2

中国保监会的主要职责①

（1）拟订保险业发展的方针政策，制定行业发展战略和规划；起草保险业监管的法律、法规；制定业内规章。

（2）审批保险公司及其分支机构、保险集团公司、保险控股公司的设立；会同有关部门审批保险资产管理公司的设立；审批境外保险机构代表处的设立；审批保险代理公司、保险经纪公司、保险公估公司等保险中介机构及其分支机构的设立；审批境内保险机构和非保险机构在境外设立保险机构；审批保险机构的合并、分立、变更、解散，决定接管和指定接受；参与、组织保险公司的破产、清算。

（3）审查、认定各类保险机构高级管理人员的任职资格；制定保险从业人员的基本资格标准。

（4）审批关系社会公众利益的保险险种、依法实行强制保险的险种和新开发的人寿保险险种等的保险条款和保险费率，对其他保险险种的保险条款和保险费率实施备案管理。

（5）依法监管保险公司的偿付能力和市场行为；负责保险保障基金的管理，监管保险保证金；根据法律和国家对保险资金的运用政策，制定有关规章制度，依法对保险公司的资金运用进行监管。

（6）对政策性保险和强制保险进行业务监管；对专属自保、相互保险等组织形式和业务活动进行监管。归口管理保险行业协会、保险学会等行业社团组织。

（7）依法对保险机构和保险从业人员的不正当竞争等违法、违规行为以及对非保险机构经营或变相经营保险业务进行调查、处罚。

（8）依法对境内保险及非保险机构在境外设立的保险机构进行监管。

（9）制定保险行业信息化标准；建立保险风险评价、预警和监控体系，跟踪分析、监测、预测保险市场运行状况，负责统一编制全国保险业的数据、报表，并按照国家有关规定予以发布。

资料来源：中国保险监督管理委员会网站，http://www.circ.gov.cn。

---

① 2018年，第十三届全国人民代表大会第一次会议审议并通过了国务院机构改革方案的议案，据此中国将不再保留中国银行业监督管理委员会、中国保险监督管理委员会，将中国银行业监督管理委员会和中国保险监督管理委员会的职责整合，组建中国银行保险监督管理委员会。将中国银行业监督管理委员会和中国保险监督管理委员会拟订银行业、保险业重要法律法规草案和审慎监管基本制度的职责划入中国人民银行。

（四）行业协会

中国保险行业协会（以下简称中保协）对中国健康保险起规制作用，成立于2001年，是经中国保监会审查同意并在国家民政部登记注册的中国保险行业的全国性自律组织，是自愿结成的非营利性社会团体法人。中保协下设健康保险专业委员会等32个分支机构和16个常设办事机构。截至2017年5月31日，中保协共有会员396家。

专栏4.3

中保协会的主要行业自律职责

第一，督促会员依法合规经营。组织会员签订自律公约，制定自律规则，约束不正当竞争行为，维护公平有序的市场环境。

第二，组织制定行业标准。受政府有关部门委托，依据有关法律法规和保险业发展情况，组织制定行业的质量标准、技术规范、服务标准和行规行约。

第三，积极推进保险业信用体系建设。建立健全保险业诚信制度、保险机构及从业人员信用信息体系，探索建立行业信用评价体系。

第四，开展会员自律管理。对于违反协会章程、自律公约、自律规则和管理制度，损害投保人和被保险人合法权益，参与不正当竞争等致使行业利益和行业形象受损的会员，可按章程、自律公约和自律规则的有关规定，实施自律性惩罚，涉嫌违法的可提请监管部门或其他执法部门予以处理。

资料来源：中国保险行业协会网站，http://www.iachina.cn。

二、中国健康保险的主要规制工具

中国的规制机构主要通过禁止、特许、费率控制、产品或服务标准、税收优惠、信息提供、引导发展等手段实现对健康保险业的规制，中国健康保险业的规制工作不断完善，规制效果良好。

（1）禁止。《中华人民共和国保险法》明确规定保险人不得兼营人身保险业务和财产保险业务。

（2）特许。《中华人民共和国保险法》指出，经营财产保险业务的保险公司经国务院保险监督管理机构批准，可以经营短期健康保险业务和意外伤害保险业务。

（3）费率控制。2006年，中国保监会颁布的《健康保险管理办法》，明确规定保险公司拟定健康保险的保险条款和保险费率，应当按照中国保监会的有关规定报送审批或者备案。

（4）产品或服务标准。《关于健康保险产品提供健康管理服务有关事项的通知》提出，健康体检、紧急救援等支出类服务，计入理赔支出的，其分摊入净保险费中的成本不得超过保险费的10%。

（5）税收优惠。2015年，财政部、国家税务总局、中国保监会联合发布了《关于开展商业健康保险个人所得税政策试点工作的通知》，选取北京、上海等城市为试点地区，开展商业健康保险个人所得税政策试点工作，对个人购买符合规定的商业健康保险产品的支出，允许在当年（月）计算应纳税所得额时予以税前扣除，扣除限额为2 400元/年（200元/月）。2017年，财政部、国家税务总局、中国保监会联合发布了《关于将商业健康保险个人所得税试点政策推广到全国范围实施的通知》，旨在将个人税优型商业健康保险推向全国。

（6）信息提供。《健康保险统计制度》要求，各公司应严格按照本制度规定，及时报送统计信息，确保数据的真实、准确和完整。未经批准，不得迟报统计信息。

（7）引导发展。健康保险公司在发展方向上，受到规制机构的诸多引导。《关于加快健康保险发展的指导意见》指出，加快健康保险的发展，应遵循健康保险的特点和发展规律，进行专业化经营。受此影响，人保健康、平安健康、瑞福德健康、昆仑健康四家专业健康保险公司相继成立。现在中国保险市场上有人保健康、平安健康、和谐健康、昆仑健康、太保安联健康、复星联合健康、泰康健康管理等专业型健康保险公司开展健康保险业务，几乎所有的财产险公司和寿险公司都有健康保险出售。

三、中国健康保险规制的举措

中国健康保险规制工作随着健康保险的发展在逐渐改进，规制内容不断充实，这在健康保险机构、健康保险中介类机构等市场主体的规制上有着充分体现，主要包括机构设立资格、产品、销售、从业人员、精算、偿付能力、保险资金运用、市场退出、税收优惠政策、信息公开、互联网健康保险业务、引导发展等方面的规制。

（一）健康保险机构规制

1. 健康保险的机构设立资格的规制

《中华人民共和国保险法》第二章规定了保险机构成立的条件、申请要求等。在《保险法》的基础之上，《健康保险管理办法（征求意见稿）》更加详细地规定了经营健康保险的保险机构类型和条件。人寿保险公司、健康保险公司，经中国保监会核定，可以经营健康保险业务，其他类型的保险公司经中国保监会批准可以经营短期健康保险业务。除了专业的健康保险公司，经营健康保险要成立专门健康保险事业部。

《健康保险管理办法（征求意见稿）》第九条规定，经营健康保险还应该具备以下条件：

（1）建立健康保险业务单独核算制度；

（2）建立健康保险精算制度和风险管理制度；

（3）建立健康保险核保制度和理赔制度；

（4）建立健康保险数据管理制度；

（5）建立功能完整、相对独立的健康保险信息管理系统；

（6）配备具有健康保险专业知识的精算人员、核保人员、核赔人员和医学教育背景的管理人员；

（7）中国保监会规定的其他条件。

2. 产品规制

《中华人民共和国保险法》第一章第一节做了保险合同的一般规定，第一章第二节做了人身保险合同特殊规定，中国健康保险的保险合同必须遵循相关要求。在此基础之上，中国保监会等部门还出台了相关的文件对健康保险产品的审批与备案、条款、费率等做出了更加详细的规定。

（1）健康保险产品命名。关于健康保险产品的命名，中国保监会早在2000年就在《人身保险产品定名暂行办法》中做出了明确规定。目前，对于健康保险产品的命名，各保险公司主要遵循2011年中国保监会发布的《人身保险公司保险条款和保险费率管理办法》。该办法的第十五条明确了健康保险的命名格式，格式为"保险公司名称+吉庆、说明性文字+险种类别+（设计类型）"，其中，保险公司名称可用全称或者简称，吉庆、说明性文字的字数不得超过10个，附加保险的名称应当在"保险公司名称"后标注"附加"字样，团体保险应当在名称中标明"团体"字样。

（2）产品的审批与备案。《健康保险管理办法（征求意见稿）》第十二条规定："健康保险的保险条款和保险费率应当按照中国保监会的有关规定报送审批或者备案。"《人身保险公司保险条款和保险费率管理办法（2015年修订）》第十九条规定，"保险公司总公司负责将保险条款和保险费率报送中国保监会审批或者备案"，该办法的第二十一条、第二十二条、第二十三条、第二十四条、第二十五条、第二十六条规定了健康保险产品报送与审批时应该提交的材料和包含的内容，第三十五条、第三十六条、第三十七条、第三十八条规定了健康保险产品变更与停止使用。

（3）条款规制。

①重大疾病保险条款相应要求。《重大疾病保险的疾病定义使用规范》对重大疾病名称、疾病定义、除外责任、术语释义、重大疾病保险宣传材料都做出了明确规定。该规范要求重大疾病保险条款中的疾病名称、疾病定义、除外责任和术语释义应当符合该规范的具体规定。

②死亡与生存保险责任规定。《健康保险管理办法（征求意见稿）》第十四条规定医疗意外保险和长期疾病保险产品可以包含死亡保险责任，但长期疾病保险的死亡给付金额不得高于疾病最高给付金额，其他健康保险产品不得包含死亡保险责任。另外，医疗保险、疾病保险和医疗意外保险产品不得包含生存保险责任。

③犹豫期（Hesitate Period）的规定。《健康保险管理办法（征求意见稿）》第十五条规定，长期健康保险产品应当设置合同犹豫期，并在保险条款中列明投保人在犹豫期内的权利，犹豫期不得少于15日。

④保证续保条款（Guaranteed Renewable Item）要求。《健康保险管理办法（征求意见稿）》第二十一条规定，含有保证续保条款的健康保险产品要明确保证续保条款的生效时间，并不得约定在续保时保险公司有减少保险责任和增加责任免除范围的权利。另外，在报送审批或者备案的该类产品时，其精算报告要说明保证续保的定价处理方法和责任准备金计算办法。

⑤保险金给付要求。《健康保险管理办法（征求意见稿）》第二十二条规定，保险公司不得在条款中设置不合理的或者违背一般医学标准的要求作为给付保险金的条件；第二十三条规定，健康保险合同生效后，被保险人根据通行的医学诊断标准被确诊疾病的，保险公司不得以该诊断标准与保险合同约定不符为理由拒绝给付保险金；第二十六条规定，保险公司可以通过被保险人约定以被保险人在指定医疗服务机构网络中进行医疗为给付保险金的条件；第二十九条规定，只能以日常生活能力障碍引发护理需要作为给付条件。

⑥费用补偿型医疗保险相关要求。《健康保险管理办法（征求意见稿）》第二十四条规定，保险公司要在保险条款、费率或者赔付金额等方面对被保险人是否拥有公费医疗、基本医疗保险、其他费用补偿型医疗保险等做区别对待；第二十五条规定，拥有多份有效的费用补偿型医疗保险保险单时，被保险人可以自主决定理赔申请顺序。

⑦等待期规制。《健康保险管理办法（征求意见稿）》第二十七条规定，疾病保险、医疗保险、护理保险产品的等待期不得超过半年。

（4）费率要求。《健康保险管理办法（征求意见稿）》第十六条规定，短期个人健康保险产品费率浮动范围不超过基准费率的30%，且不得基于被保险人除家族遗传病史之外的遗传信息、基因检测资料等进行费率浮动；第二十条规定，保险公司可以约定对长期健康保险产品进行费率调整，但要注明费率调整的触发条件；第十九条规定，产品参数可调的短期团体健康保险产品，应当根据产品参数调整办法、投保团体的风险情况和自身风险管理水平计算相应的保险费率，且产品参数的调整不得改变费率计算方法以及费率计算需要的基础数据，如需改变费率计算方法或者费率计算需要的基础数据的，应当将该产品重新报送审批或者备案；第二十八条规定，在制定医疗保险产品费率等方面可以对贫困人口适当倾斜；第三十二条规定，保险公司应当根据实际经营情况及时修订新销售的健康保险产品费率。

(5) 参数调整。《健康保险管理办法（征求意见稿）》第十八条规定，短期团体健康保险产品可以对保险金额、起付金额、给付比例、除外责任、责任等待期等事项进行调整；第十九条规定，在报送审批或者备案产品参数可调的短期团体健康保险产品时，提交的申请材料中应当包含产品参数调整办法，并由精算责任人遵循审慎原则签字确认。

3. 销售规制

(1) 禁止的销售行为。《健康保险管理办法（征求意见稿）》第三十四条规定，保险公司不得拒绝提供经过审批或者备案的健康保险产品（除法定理由外），不得强制搭配其他产品销售；第三十五条规定，保险公司不得委托医疗机构或者医护人员销售健康保险产品；第三十六条规定，保险公司不得在销售保险产品时非法搜集、获取被保险人除家族病史之外的遗传信息、基因检测资料，也不得以被保险人家族病史之外的遗传信息、基因检测资料作为核保条件；第三十八条规定，保险公司不得夸大保险保障范围，不得隐瞒责任免除，不得误导投保人和被保险人，应该用清晰易懂的语言解释投保人和被保险人对专业术语的询问；第三十九条规定，保险公司不得诱导投保人重复购买保障功能相同或者类似的费用补偿型医疗保险产品。另外，《中华人民共和国保险法》第一百一十六条对保险公司和工作人员的销售行为做出了相应的规定。

(2) 规范的销售行为。《健康保险管理办法（征求意见稿）》第三十三条规定，保险公司要严格执行经审批或者备案的保险条款和保险费率；第三十七条规定，保险公司应当以书面或者口头等形式向投保人说明保险合同的内容，对下列事项做出明确告知，并由投保人确认：

①保险责任；

②责任免除；

③保险责任等待期；

④保险合同犹豫期以及投保人相关权利义务；

⑤是否提供保证续保以及续保有效时间；

⑥理赔程序以及理赔文件要求；

⑦组合式健康保险产品中各产品的保险期间；

⑧中国保监会规定的其他告知事项。

《健康保险管理办法（征求意见稿）》第三十九条规定，销售费用补偿型医疗保险时，应当向投保人询问被保险人是否拥有公费医疗、基本医疗保险或者其他费用补偿型医疗保险的情况，且投保人应当如实告知；第四十条规定，保险公司销售医疗保险,应当向投保人告知约定医疗服务机构的名单或者资质要求,若调整约定医疗服务机构网络的,也应当及时通知投保人或者被保险人;第四十一条规定,保险公司以附加险形式销售无保证续保条款的健康保险产品的,附加险的保险期限不得小于主险保险期限;第四十二条规定,长期费用补偿型个人医疗保险产品,保险公司应该在犹豫期对投保人进行回访,若发现投保人被误导的,应当做好解释工作,并明确告知投保人有依法解除保险合同的权利;第四十三条规定,保险公司承保团体健康保险,应当以书面或者口头等形式告知每个被保险人其参保情况以及相关权益;第四十四条规定,投保人解除团体健康保险合同的,保险公司应当要求投保人提供已通知被保险人退保的有效证明,并按照中国保监会有关团体保险退保的规定将退保金通过银行转账或者原投保资金汇入路径退至投保人缴费账户或者其他账户。

2017年,中国保监会印发了《保险销售行为可回溯管理暂行办法》,要求经营人身保险业务的保险公司、保险中介机构通过录音录像等技术手段采集视听资料、电子数据的方式,记录和保存保险销售过程关键环节,实现销售行为可回放、重要信息可查询、问题责任可确认。

4. 精算规制

(1) 精算报告或者准备金评估报告的提交。《健康保险管理办法(征求意见稿)》第四十五条规定,经营健康保险业务的保险公司应当按照中国保监会有关规定提交上一年度的精算报告或者准备金评估报告。中国保监会2007年发布了《关于印发精算报告编报规则》的通知,要求保险公司按照《精算报告编报规则》编制精算报告。

(2) 赔款准备金的提取。《健康保险管理办法(征求意见稿)》第四十六条规定,对已经发生保险事故并已提出索赔、保险公司尚未结案的赔案,保险公司应当提取已发生已报案未决赔款准备金;第四十七条规定,对已经发生保险事故但尚未提出的赔偿或者给付,保险公司应当提取已发生未报案未决赔款准备金。对于以上赔款准备金的提取方法,该办法做出了详细规定。

(3) 未到期责任准备金的提取。《健康保险管理办法(征求意见稿)》第四十八条规定,对于短期健康保险业务,保险公司应当提取未到期责任准备金,并对短期健康保险未到期责任准备金的提取金额和提取方法做出了详细规定。

5. 从业人员规制

从业人员是健康保险业的根本,从业人员分布于健康保险业务运行的各个环节,加强对从业人员的规制,对健康保险业的健康发展、维护投保人和被保险人的权益等至关重要。

(1) 对董事、监事、高级管理人员的规制。《中华人民共和国保险法》第八十一条规定,保险公司的董事、监事和高级管理人员应熟悉与保险相关的法律、行政法规,具有履行职责所需的经营管理能力,并在任职前取得保险监督管理机构核准的任职资格，还规定高级管理人员的范围由国务院保险监督管理机构规定；第八十二条还规定了不得担任保险公司的董事、监事、高级管理人员的情形。

对于任职资格，中国保监会 2014 年发布修改后的《保险公司董事、监事和高级管理人员任职资格管理规定》做出了详细规定。该规定的第二章规定了董事、监事和高级管理人员的任职资格条件，主要包括工作经验、学历、专业知识和能力、中国保监会不予核准其任职资格的情形等。该管理规定还规定了相关的任职资格核准工作要求。任职资格考试是评价保险机构拟任董事、监事和高级管理人员是否具备任职所必需的知识和能力水平的制度安排。2016 年中国保监会发布了《保险机构董事、监事和高级管理人员任职资格考试管理暂行办法》，对任职资格考试做出了详细的规定。

2010 年，中国保监会发布了《保险公司董事及高级管理人员审计管理办法》。该办法第三条明确了保险公司董事及高级管理人员审计对象的范围；第四条规定了审计内容主要包括审计对象在特定期间及职权范围内对经营成果真实性、经营行为合规性、内部控制有效性所应承担的责任。

2016 年中国保监会发布的《保险公司合规管理办法》具体规定了董事会、监事会和总经理的合规职责，还规定合规负责人应是保险公司的高级管理人员。合规负责人不得兼管公司的业务、财务、资金运用和内部审计部门等可能与合规管理存在职责冲突的部门，保险公司总经理兼任合规负责人的除外。保险公司合规负责人对董事会负责，接受董事会和总经理的领导，并履行一定职责。

（2）对财务负责人的规制。2008 年，中国保监会发布了《保险公司财务负责人任职资格管理规定》。该规定要求保险公司要设立财务负责人，在任命前要向中国保监会申请核准拟任财务负责人的任职资格，还规定了财务负责人的任职条件、职责、不得担任财务负责人的情形。

（3）对销售人员的规制。健康保险销售人员在实现保险交易中起关键作用，销售人员具有信息优势，规范其销售行为、保证消费者利益是规制机构的一项重要工作。2013 年中国保监会制定了《保险销售从业人员监管办法》，该办法第六条规定了从事保险销售的人员应当通过中国保监会组织的保险销售从业人员资格考试并取得"保险销售从业人员资格证书"；第七条规定了参加资格考试的条件；第九条规定了注销资格证书的情形；第十三条规定保险公司、保险代理机构应当为取得资格证书且符合要求的人员在中国保监会保险中介监管信息系统中办理执业登记，并发放"保险销售从业人员执业证书"；第十五条和第十八条分别规定了不得发放执业证书、注销执业证书的情形。另外，本办法还规定了保险销售人员的禁止行为。

（4）对总精算师的规制。精算师对于保险机构开发保险产品、计算公司经营风险等都十分重要。2007 年中国保监会发布了《保险公司总精算师管理办法》，对总精算师实施规制。该办法要求总精算师的任职需要经过中国保监会的审批,并规定了总精算师的任职条件、不得任职的情形,以及具体职责等。

6. 偿付能力规制

偿付能力是规制机构对健康保险公司非常看重的一个指标,它反映的是保险人履行赔偿或给付责任的能力。中国在健康保险公司的偿付能力规制方面经历了探索阶段和"偿一代"阶段,目前正处于"偿二代"阶段。

早在1985年,国务院颁布的《保险企业管理暂行条例》就对保险公司偿付能力有所规定,对长期人身保险业务和非长期人身保险业务应具有的最低偿付能力进行了说明,并规定在偿付能力不足时,保险公司需增加资本进行偿付能力的补充。

1995年,第八届全国人民代表大会常务委员会第十四次会议通过《中华人民共和国保险法》,第九十七条规定:保险公司应当具有与其业务规模相适应的最低偿付能力,保险公司的实际资产减去实际负债的差额不得低于金融监督管理部门规定的数额,低于规定数额的,应当增加资本金,补足差额。

1996年,中国人民银行颁布了《保险管理暂行规定》,其中第七章,对偿付能力管理做了细致的规定,明确了最低偿付能力的概念,规定了相关指标的计算方法及偿付能力出现不足时的处理办法。

2000年,保监会出台了《保险公司管理规定》,该规定借鉴了欧洲偿付能力Ⅰ的标准体系,引入了偿付能力额度这一概念,并对其额度的计算方式、资产评估标准等做了详细规定。

2002年,第九届全国人民代表大会常务委员会第三十次会议审议通过了《全国人民代表大会常务委员会关于修改〈中华人民共和国保险法〉的决定》,新的保险法于2003年正式实施。新保险法的第一百零八条规定,保险监督管理机构应当建立健全保险公司偿付能力监管指标体系,对保险公司的最低偿付能力实施监控。

2003年,中国保监会积极响应新《保险法》的要求,在广泛听取业界意见的基础上,结合已有的偿付能力管理规定发布了《保险公司偿付能力额度及监管指标管理规定》,这标志着中国偿付能力规制进入偿一代阶段。

2004年之后,中国保监会又陆续发布了16个偿付能力报告编报规则和相关实务指南,偿一代制度体系日渐完整。

2008年,中国保监会发布了《保险公司偿付能力管理规定》,该规定进一步明确了偿付能力监管机制,建立了以风险为基础的偿付能力监管框架,明确提出了分类监管的要求,进一步完善了我国第一代偿付能力监管体系。

中国第一代偿付能力监管制度主要包括保险公司内部风险管理制度、偿付能力报告制度、财务分析和财务检查制度、适时监管干预制度和破产救济制度。该制度以规模为导向,注重定量指标以及资产负债评估,最低资本额度、偿付能力充足率以及其他各项监管指标值的波动范围都有明确的定量取值标准,是一套定量标准体系。但该制度存在明显的缺点,它难以提升保险公司风险管理能力,难以强化监管机构在风险摄入环节的风险防范,缺乏定性指标,难以应对保险市场上的新型风险等。

2012 年,中国保监会正式发布《中国第二代偿付能力监管制度体系建设规划》,这标志着中国开始在第二代偿付能力监管制度建设上发轫。

2013 年,经过对偿二代建设中基础性、全局性问题进行深入研究和细致分析,中国保监会正式发布了《中国第二代偿付能力监管制度体系整体框架》,此后,在该框架和建设规划的指导下,中国保监会又陆续组织了 18 个项目组制定技术标准并进行多轮次的定量测试和定性分析。

2015 年,中国保监会发布了《保险公司偿付能力监管规则(1~17 号)》,并宣布我国保险业进入偿二代体系试运行阶段,在此阶段,偿一代和偿二代双轨并行,保险公司需向监管部门同时报送偿一代和偿二代两个口径下的偿付能力监管报告。

专栏 4.4

第二代偿付能力监管规则对健康保险公司偿付能力指标的影响

1. 健康保险公司实际资本指标值变化情况

受第一代偿付能力监管规则和第二代偿付能力监管规则下对认可资产与认可负债的计量变动的影响,据统计,在 2015 年末,市场上的已披露 2015 年末偿二代口径数据的四家健康保险公司在偿二代监管规则下的实际资本计量均较偿一代下有不同程度的增长(见表 4.6)。

表 4.6　　　　　健康保险公司实际资本指标值变动情况

	偿一代下的实际资本(万元)	偿二代下的实际资本(万元)	增长比率(%)
人保健康	319 100	455 076	29.88
平安健康	26 639	32 367	17.70
昆仑健康	48 730	108 423	55.06
太保安联健康	88 624	91 161	2.78

2. 健康保险公司最低资本指标变化情况

在第二代偿付能力监管规则中,最低资本由三部分组成:(1)量化风险最低资本;(2)控制风险最低资本;(3)附加资本。据统计,在 2015 年末,市场上的已披露 2015 年末偿二代口径数据的四家健康保险公司在偿二代监管规则下的最低资本要求与偿一代相比有大幅度的增长（见表4.7）。

表4.7　　　　　　　　健康保险公司最低资本情况

	偿一代下的最低资本（万元）	偿二代下的最低资本（万元）	增长比率（%）
人保健康	182 600	221 978	21.57
平安健康	8 162	12 935	58.48
昆仑健康	17 714	86 513	388.39
太保安联健康	2 312	4 625	100.04

3. 偿付能力充足率变化呈现差异

受认可资产、认可负债、最低资本的计量方式发生变化的影响，健康保险公司的综合偿付能力充足率在偿二代口径下变化较大。据统计，2015年末，四家公司中人保健康有17.14%的增长外，其余三家在偿二代监管口径下的综合偿付能力充足率较偿一代口径均出现了较大幅度的下降（见表4.8）。

表4.8　　　　　　　健康保险公司偿付能力充足率指标值情况

	偿一代偿付能力充足率（%）	偿二代综合偿付能力充足率（%）	增长比率（%）
人保健康	175	205	17.14
平安健康	326	250	-23.24
昆仑健康	275	125	-54.56
太保安联健康	3 833	1 971	-48.58

资料来源：各商业健康保险公司2015年度报告及2016年一季度偿付能力报告。

2016年第一季度起，偿二代监管体系结束试运行，我国正式步入偿二代阶段。第二代偿付能力监管体系选择性借鉴了当前国际上具有较大影响力的巴塞尔协议Ⅲ（The Basel Ⅲ Accord）、欧盟偿付能力Ⅱ（Solvency Ⅱ）以及美国风险基础资本额制度（RBC），核心监管框架采用国际通行的三支柱框架，包含定量资本要求、定性监管要求和市场约束机制三方面。定量资本要求是偿二代体系中的第一支柱，主要对应偿付能力监管规则的第1~9号，包括实际资本评估、最低资本计量、寿险合同负债评估、保险风险最低资本（非寿险业务）、保险风险最低资本（寿险业务）、保险风险最低资本（再保险公司）、市场风险最低资本、信用风险（Credit Risk）最低资本、压力测试，其监管和防范的目标风险主要是可以量化的风险。定性监管要求是偿二代体系中的第二支柱，主要针对难以量化的风险进行监管，主要对应偿付能力监管规则的第10~12号，包括风险综合评级（IRR）、偿付能力风险管理要求与评估（SARM-

RA)、流动性风险。市场约束机制是偿二代体系中的第三支柱,其主要通过引导和敦促保险公司加大公开信息披露力度,提高公司经营透明度,借助公开市场中消费者、评级机构、科研机构的力量对保险公司进行监督,让偿付能力管理在阳光下运行,对应偿付能力监管规则的第1~9号,包括偿付能力信息公开披露、偿付能力信息交流、保险公司信用评级、偿付能力报告(见图4.1)。

图4.1 偿二代三支柱体系构成

7. 保险资金运用规制

保险公司通过健康保险产品汇集的保费,在某种程度上是对投保人的债务,资金安全性通过影响保险公司偿付能力对投保人的切身利益发挥作用。

(1) 资金运用形式要求。《中华人民共和国保险法》第一百零五条规定,保险公司的资金运用必须稳健,遵循安全性原则,并保证资产的保值增值。保险公司的资金运用,限于银行存款、买卖政府债券、金融债券和国务院规定的其他资金运用形式。保险公司的资金不得用于设立证券经营机构,不得用于设立保险业以外的企业。

2018年,中国保监会公布的《保险资金运用管理办法》第六条规定了保险资金运用形式,要求资金运用仅限于银行存款、买卖债券、股票、证券投资基金份额等有价证券,投资不动产,投资股权,国务院规定的其他资金运用形式。若保险资金从事境外投资的,应当符合中国保监会、中国人民银行和国家外汇管理局的相关规定。另外,该办法对办理存款的银行、投资的债券、投资的股票、投资的基金、投资的不动产、投资的股权等做了具体规定。第十五条规定了保险资金可以投资资产证券化产品。第十六条规定了保险资金可以投资创业投资基金等私募基金。第十八条规定了保险资金运用的禁止行为。

（2）资金运用比例规制。对于保险资金的运用比例，《中国保监会关于加强和改进保险资金运用比例监管的通知》做出了明确规定。该通知对保险资产进行了分类和定义，并规定了大类资产监管比例、集中度风险监管比例、风险监测比例、内控比例。

（3）资金运用模式规制。《保险资金运用管理办法》第二节对资金运用模式做了具体要求。该办法第十八条规定，保险资金应当由法人机构统一管理和运用，分支机构不得从事保险资金运用业务。第十九条规定，保险集团（控股）公司、保险公司应当选择符合条件的商业银行等专业机构，实施保险资金运用第三方托管和监督。该办法规定了托管机构对保险资金的托管职责、禁止行为，还规定了受托管理保险资金的保险资产管理机构的禁止行为，明确了保险集团和保险公司禁止的委托行为，制定了资金运用流程、风险管控要求等。

8. 税收优惠政策

促进健康保险健康较快的发展，是政府实施规制实践的重要目标之一，科学的税收优惠政策对于健康保险发展会起到较大的推动作用。

2015年5月，中国保监会联合财政部、国家税务总局共同发布了《关于开展商业健康保险个人所得税政策试点工作的通知》，指出对试点地区个人购买符合规定的商业健康保险产品的支出，允许在当年（月）计算应纳税所得额时予以税前扣除，扣除限额为2 400元/年（200元/月）；试点地区企事业单位统一组织并为员工购买符合规定的商业健康保险产品的支出，应分别计入员工个人工资薪金，视同个人购买，按上述限额予以扣除。这结束了中国商业健康保险没有税收优惠政策的历史，对大力推动健康保险发展意义深远。同年8月，中国保监会发布了《个人税收优惠型健康保险业务管理暂行办法》，明确了税优健康保险业务经营资质、产品管理、业务管理、财务管理、系统管理、信息披露等方面的要求。同年12月，中国财政部、中国国家税务总局、中国保监会联合发布了《关于实施商业健康保险个人所得税政策试点的通知》，确定了税优健康保险的试点地区、示范条款、最低保险责任、个人所得税税前扣除征管等事宜。

2017年4月，中国财政部、中国国家税务总局、中国保监会联合发布了《关于将商业健康保险个人所得税试点政策推广到全国范围的通知》，规定自2017年7月1日起，将税优健康保险试点政策推广到全国范围实施（见表4.9～表4.11）。

专栏 4.5

表 4.9　　　　　　　不同收入对应的税率及个人健康险税优额度

级数	每月应纳税所得额（元）	税率（%）	最高税优额度（元）
1	3 500 以下	0	0
2	3 500~5 000	3	72
3	5 000~8 000	10	240
4	8 000~12 500	20	480
5	12 500~38 500	25	600
6	38 500~58 500	30	720
7	58 500~83 500	35	840
8	超过 83 500	45	1 080

表 4.10　　　　　　　个人税优健康险的保险责任情况

保险责任	保险责任范围	保险金额
住院医疗费用保险金	住院期间实际发生的药品费、住院手术费、床位费和其他费用之和	首次投保未罹患既往症的被保险人年保险金额 20 万元；首次投保罹患既往症，被保险人年保险金额 4 万元
住院前后门诊费用保险金	医生诊断、处方、药品、检查、护理、医疗用品等在医疗机构内发生的费用	
特定门诊治疗费用保险金	以门诊方式接受恶性肿瘤放射治疗、恶性肿瘤静脉注射化学治疗、血液透析、腹膜透析、肾移植术后抗排异治疗或肝硬化治疗的，对其每次门诊实际发生的医疗必需且合理的特定门诊治疗费用	首次投保未罹患既往症的被保险人年保险金额 2 万元；首次投保罹患既往症，被保险人年保险金额 0.5 万元
慢性病门诊治疗费用保险金	进行高血压病、糖尿病、冠心病门诊治疗的，对其每次门诊实际发生的医疗必需且合理的门诊治疗费用	首次投保未罹患既往症的被保险人年保险金额 0.3 万元；首次投保罹患既往症，被保险人年保险金额 0.1 万元

表 4.11　　　　　　　中国首批税优健康保险产品保障情况①

产品名称	人保健康税优 A 款/爱健康 A 款	泰康康乐保 A/B 款	阳光岁康保 A/D 款
社保外药品、材料保障范围	不限药品器材	设包含清单	A 款设包含清单 D 款设包含清单

---

①　魏巍：首批税优健康险产品对比分析，和讯保险 http://insurance.hexun.com/2016-04-05/183130128.html。

续表

产品名称	人保健康税优A款/爱健康A款	泰康康乐保 A/B款	阳光岁康保 A/D款
报销比例	社保内100% 社保外80%	社保内100% 社保外80%	社保内100% 社保外80%
特别约定赔付比例	未从基本医疗补偿50% 非定点医院80% 进口药30% —	未从基本医疗补偿50% 未从补充医疗补偿70% 非定点医院80% 进口药30%	未从基本医疗补偿50% 未从补充医疗补偿50% 非定点医院80% 进口药30%
万能账户保证利率	0.025	0.03	0.025
年度给付限额	健康人群20万元 既往症人群4万元	健康人群20万元 既往症人群4万元	健康人群25万元 靶向药健康人群10万元，既往症人群4万元
终身给付限额	健康人群80万元 既往症人群15万元	健康人群80万元 既往症人群15万元	健康人群80万元 既往症人群15万元，靶向药10万元

另外，多个政策文件要求完善和落实税收优惠政策。《关于加快发展现代保险服务业的若干意见》指出，要完善健康保险有关税收政策；《关于加快发展商业健康保险的若干意见》指出，要完善财政税收等支持政策，研究完善城乡居民大病保险业务保险保障基金政策，落实和完善企业为职工支付的补充医疗保险费有关企业所得税政策；《"健康中国2030"规划纲要》则要求落实税收等优惠政策，鼓励企业、个人参加商业健康保险及多种形式的补充保险。

政府部门出台的多个文件，明确鼓励商业健康保险公司发展健康风险管理业务，如《"健康中国2030"规划纲要》提出，要促进商业保险公司与医疗、体检、护理等机构合作，发展健康管理组织等新型组织形式；《健康保险管理办法（征求意见稿）》提出，保险公司可以将健康保险产品与健康管理服务相结合，提供健康风险评估和干预，提供疾病预防、健康体检、健康咨询、健康维护、慢性病管理、养生保健等服务。商业健康保险公司也都在尝试开拓健康风险管理业务，并取得了一定成果。但目前的税收优惠政策仅限于商业保险，缺乏健康风险管理业务方面的税收政策支持，这可能不利于推动商业保险公司开展健康风险管理业务。

9. 信息公开规制

及时了解保险公司的真实信息，对于保障投保人、被保险人和受益人的合法权益、促进保险业健康发展非常重要。为了规范保险公司的信息披露行为，2008年中国保监会印发了《健康保险统计制度》，要求各保险公司按照"全科目、大集中"的方式，通过中国保险统计信息系统，向中国保监会报送健康保险的月报、季报、半年报和年报统计指标统计数据，健康保险统计数据应与现行统计数据合并报送。

为了进一步规范保险公司的信息披露行为，2010年中国保监会出台了《保险公司信息披露管理办法》。该办法要求保险公司披露基本信息、财务会计信息、风险管理状况信息、保险产品经营信息、偿付能力信息、重大关联交易信息、重大事项信息，并规定了在具体内容、方式、时间等方面的披露要求；还要求保险公司应当建立信息披露管理制度，由董事会秘书负责管理公司信息披露事务，应当在公司互联网站主页的显著位置设置信息披露专栏等。

10. 互联网健康保险业务规制

近年，中国互联网健康保险日益兴起，这对未来保险业将产生重大影响。对于互联网健康保险的规制主要体现在2015年中国保监会印发的《互联网保险业务监管暂行办法》。该办法指出，互联网保险业务应由保险机构总公司建立统一集中的业务平台和处理流程，规定之外的其他机构或个人不得经营互联网保险业务。保险机构开展互联网保险业务的自营网络平台和第三方网络平台要符合一定的条件。

在信息披露方面，要求保险机构在开展互联网保险业务的相关网络平台、官方网站上披露保险产品及服务等信息，第三方网络平台应在醒目位置披露合作保险机构信息及第三方网络平台备案信息，并提示保险业务由保险机构提供。

在费用支付方面，该办法第十三条规定投保人交付的保险费应直接转账支付至保险机构的保费收入专用账户，第三方网络平台不得代收保险费并进行转账支付；第二十一条规定，保险公司向保险专业中介机构及第三方网络平台支付相关费用时，应当由总公司统一结算，统一授权转账支付。

在活动促销方面，第十四条规定，保险机构及第三方网络平台以赠送保险或与保险直接相关物品和服务的形式开展促销活动的，应符合中国保监会有关规定，不得以现金或同类方式向投保人返还所交保费。

在交易信息和客户信息管理方面，第十五条规定，保险机构应完整记录和保存互联网保险业务的交易信息，确保能够完整、准确地还原相关交易流程和细节；第十八条规定，保险机构应加强客户信息管理，确保客户资料信息真实有效，保证信息采集、处理及使用的安全性和合法性；第二十条规定，保险机构应建立健全客户身份识别制度，加强对大额交易和可疑交易的监控和报告，严格遵守反洗钱有关规定。

11. 引导发展

引导发展是中国政府对健康保险发展产生重要影响的一种办法。近年来中国频出文件引导健康保险发展，主要体现在引导投资、引导发展适合农民的健康保险、引导专业化发展、引导健康保险与健康管理相结合、引导健康保险机构与医疗机构合作、引导丰富健康保险产品、引导提高信息化水平、引导保险反欺诈工作建设等方面。

（1）引导保险机构向健康医疗和养老领域投资。中国近年出台的诸多政策，鼓励保险资金投资医疗健康、养老领域。《国务院关于保险业改革发展的若干意见》《中国保险业发展"十二五"规划纲要》均指出要大力推动健康保险发展，支持相关保险机构投资医疗机构。《中国保监会关于保险业支持经济结构调整和转型升级的指导意见》《关于加快发展商业健康保险的若干意见》《关于加快发展现代保险服务业的若干意见》指出要发挥保险资金长期优势，以各种方式投资办理医疗健康、养老等机构。

（2）引导健康保险与健康管理相结合。近年政府推动引导健康保险与健康管理相结合，其中《健康保险管理办法（征求意见稿）》对健康保险与健康管理相结合的方式、内容等的表述最为明确和完整。该办法第五十二条规定，保险公司可以将健康保险产品与健康管理服务相结合，提供健康风险评估和干预，提供疾病预防、健康体检、健康咨询、健康维护、慢性病管理、养生保健等服务。在健康管理服务条款方面，该办法第五十三条规定，关于健康管理服务内容可以在保险合同条款中列明，也可以另行签订健康管理服务合同；第五十四条规定，健康保险产品提供健康管理服务，其分摊的成本不得超过净保险费的20%，超出以上限额的服务，应当单独定价，不计入保险费，并在合同中明示健康管理服务价格。这些规定给经营健康保险的保险公司以更大的业务空间，能够较好地带动健康保险业务发展。

另外，《中国保险业发展"十二五"规划纲要》《国务院关于加快发展养老服务业的若干意见》《关于加快发展现代保险服务业的若干意见》《关于加快发展商业健康保险的若干意见》《关于加快发展商业健康保险的若干意见》《"健康中国2030"规划纲要》等文件和政策也在不同程度上从不同的角度提出了鼓励将健康保险与健康管理相结合、提供相关服务的措施。

（3）引导保险机构与医疗机构合作。政府逐步引导保险机构与医疗机构合作，《健康保险管理办法（征求意见稿）》对此做了较为明确和全面的表述。该办法第五十五条规定，保险公司经营医疗保险，应当加强与医疗机构、健康管理机构、康复服务机构等合作，还要按照有关政策文件规定，积极介入医疗服务行为，监督医疗行为的真实性和合法性，加强医疗费用支出合理性和必要性管理；第五十六条规定，保险公司应当积极发挥健康保险费率调节机制对医疗费用和风险管控的作用，降低不合理的医疗费用支出；第五十七条规定，保险公司应当积极发挥作为医患关系的第三方作用，帮助缓解医患信息不对称和医患矛盾纠纷问题。另外，《"健康中国2030"规划纲要》还提出，要促进商业保险公司与医疗、体检、护理等机构合作，发展健康管理组织等新型组织形式。

（4）引导专业化发展。中国健康保险业务正在朝着愈加专业化的方向发展，这在一定程度上得益于政府多年的引导。《健康保险管理办法（征求意见稿）》规定除了专业的健康保险公司，经营健康保险要成立专门健康保险事业部，规定经营健康保险还应该具备建立健康保险业务单独核算制度，建立功能完整、相对独立的健康保险信息管理系统，配备具有健康保险专业知识的精算人员、核保人员、核赔人员和医学教育背景的管理人员等条件。《中国保险业发展"十二五"规划纲要》《国务院关于保险业改革发展的若干意见》指出，要鼓励发展专业健康保险公司，研究制定支持专业保险公司的政策。

（5）引导丰富健康保险产品。

①引导开发长期护理险。长期护理保险是商业健康保险的重要组成部分，但在我国发展得还不够充分，还不能满足大众对相关产品的各种需求，近年，政府一直引导保险公司大力开发此业务。《关于加快发展现代保险服务业的若干意见》《国务院关于加快发展养老服务业的若干意见》《关于加快发展商业健康保险的若干意见》《中国保险业发展"十三五"规划纲要》《国务院关于加快发展养老服务业的若干意见》要鼓励和引导商业保险公司积极开展长期护理险业务。

②引导开发特需健康保险产品。国家鼓励保险公司开发某些特殊但又较为关键的保险产品。例如《关于加快发展商业健康保险的若干意见》探索开发了针对特需医疗、药品、医疗器械和检查检验服务的健康保险产品；《健康保险管理办法（征求意见稿）》第三十条，鼓励医疗保险产品对新药品、新医疗器械和新诊疗方法在医疗服务中的应用支出进行保障。

③引导发展医疗执业保险。医疗执业保险对于医生十分重要，它能缓解医疗风险给医生带来的压力，在一定程度上缓解了医患关系。《国务院关于加快发展养老服务业的若干意见》指出，要推行医疗责任保险、医疗意外保险等多种形式医疗执业保险。《关于加快发展商业健康保险的若干意见》提高了医疗执业保险覆盖面，支持医疗机构和医师个人购买医疗执业保险。

2017年12月，中国保险行业协会发布了《责任保险承保指引（第一部分医疗责任保险）》，并于2018年6月12日起实施。该文件在保险责任与责任免除、风险调查与评估、风险控制、承保方案等方面做了具体指引。其中，风险调查与评估指引主要包括：医疗机构合法合规性；医疗机构经营类别、经营范围、经营规模及所在地；医疗机构运营和盈利能力状况；医疗服务人员数量、所在科室、技术水平、个人素质及职业道德状况；医疗机构病床数量、病床利用率、住院人数、门诊量情况；内部规章制度建立和执行情况；以往医疗纠纷情况和其他赔付因素；医疗机构对医疗事故处理能力等方面的调查与评估的指引。风险控制指引主要包括客户选择、客户应具备的管理能力、责任限额、投保方式、保费的计算、保险人的风险管理等方面的风险控制指引。

④引导发展适合农民及农民工的健康保险。尽管农民及农民工的收入和生活水平已经有所提高,"新农合"等制度已给其重要的医疗保障,但农民应对健康风险的能力依然不足,国家不断引导保险机构开发适合农民及农民工的健康保险。《国务院关于保险业改革发展的若干意见》指出,要努力发展适合农民的商业养老保险、健康保险和意外伤害保险。《中国保监会关于保险业支持经济结构调整和转型升级的指导意见》鼓励保险公司根据新型城镇化过程中进城务工人员、失地农民的特点,为其提供意外、养老、医疗、生育等多层次、多类别和长期均衡的保障,积极开办农民养老保险和健康保险,为农民生活提供全面风险保障。

(6) 引导提高信息化水平。提高信息化水平在保险机构解决健康保险信息不对称问题、提高运作效率等方面十分重要。《关于加快发展商业健康保险的若干意见》鼓励健康保险机构提升信息化建设水平;鼓励商业保险机构参与人口健康数据应用业务平台建设;支持商业健康保险信息系统与基本医疗保险信息系统、医疗机构信息系统进行必要的信息共享;支持商业保险机构开发功能完整、安全高效、相对独立的全国性或区域性健康保险信息系统,运用大数据、互联网等现代信息技术,提高人口健康数据分析应用能力和业务智能处理水平。《健康保险管理办法(征求意见稿)》鼓励保险公司与医疗机构、基本医保部门等实现信息互联和数据共享。

(7) 引导推进反保险欺诈建设。保险欺诈在中国保险业界比较突出,造成了较多负面影响,政府引导企业加强反欺诈工作建设。《反保险欺诈指引(征求意见稿)》规定,保险机构应当承担欺诈风险管理的主体责任,建立健全欺诈风险管理制度和机制,规范操作流程,妥善处置欺诈风险,履行报告义务。保险机构欺诈风险管理体系应包括以下基本要素:

①董事会、监事会、管理层的有效监督和管理;
②与业务性质、规模和风险特征相适应的制度机制;
③欺诈风险管理组织架构和流程设置;
④职责、权限划分和考核问责机制;
⑤欺诈风险识别、计量、评估、监测和处置程序;
⑥内部控制和监督机制;
⑦欺诈风险管理信息系统;
⑧报告和危机处理机制。

(二) 健康保险中介类机构规制

健康保险中介类机构在保险人与被保险人之间扮演者十分重要的角色,科学的规范健康保险中介类机构的行为,对保护被保险人的合法权益、促进健康保险市场良性发展大有裨益。

1. 健康保险专业代理人规制

2009 年，中国保监会制定并实施了《保险专业代理机构监管规定》，后来对该文件进行了两次修订，2015 年，中国保监会发布了《保险专业代理机构监管规定（2015 年修订）》，下文以此文件为主介绍健康保险专业代理人规制。

（1）健康保险专业代理机构设立的规制。《保险专业代理机构监管规定（2015 年修订）》第五条规定，除中国保监会另有规定外，保险专业代理机构应当采取有限责任公司或者股份有限公司；第六条规定了设立保险专业代理公司，应当具备的条件；第七条规定设立保险专业代理公司，其注册资本的最低限额为人民币 5 000 万元，注册资本必须为实缴货币资本；第九条规定保险专业代理机构的名称中应当包含"保险代理"或者"保险销售"字样，且字号不得与现有的保险中介机构相同，中国保监会另有规定除外；第十一条规定了保险专业代理公司分支机构包括分公司、营业部。保险专业代理公司设立分支机构应当具备的条件；第十三条规定中国保监会依法批准设立保险专业代理公司的，应当向申请人颁发许可证，申请人收到许可证后，方可开展保险代理业务；第十四条规定了保险专业代理机构应当对特定事项（文件已具体列出）发生之日起 5 日内，以书面形式向中国保监会报告；第十五条规定保险专业代理公司变更事项涉及许可证记载内容的，应当交回原许可证，领取新许可证，并按照《保险许可证管理办法》有关规定进行公告；第十六条规定保险专业代理公司许可证的有效期为 3 年，保险专业代理公司应当在有效期届满 30 日前，向中国保监会申请延续。

（2）健康保险专业代理机构业务经营规范。《保险专业代理机构监管规定（2015 年修订）》第二十六条规定了保险专业代理机构的业务范围；第二十七条规定保险专业代理公司在注册地以外的省、自治区或者直辖市开展保险代理活动，应当设立分支机构；第二十九条规定保险专业代理机构应当对本机构的从业人员进行保险法律和业务知识培训及职业道德教育，还具体规定了培训时间；第三十条规定保险专业代理机构应当建立专门账簿，记载保险代理业务收支情况，若代收保险费，还应当开立独立的代收保险费账户进行结算；第三十一条规定保险专业代理机构应当建立完整规范的业务档案，明确列出了业务档案应当至少包括的内容；第三十三条规定保险专业代理机构从事保险代理业务，应当与被代理保险公司签订书面委托代理合同，依法约定双方的权利义务及其他事项，委托代理合同不得违反法律、行政法规及中国保监会有关规定；第三十五条规定保险专业代理机构应当向投保人明确提示保险合同中免除责任或者除外责任、退保及其他费用扣除、现金价值、犹豫期等条款；第三十六条规定保险专业代理公司应当自取得许可证之日起 20 日内投保职业责任保险或者缴存保证金，并对其投保的职业责任保险做了详细规定；第三十八条规定保险专业代理公司缴存保证金的，应当按注册资本的 5% 缴存，若增加注册资本，应当相应增加保证金数额，若保证金缴存额达到人民币 100 万元，可以不再增加保证金；第三十九条规定了保险专业代理公司可以动用保证金的情形。

(3) 健康保险专业代理机构的禁止行为。《保险专业代理机构监管规定（2015年修订）》第四十条规定保险专业代理公司不得伪造、变造、出租、出借、转让许可证；第四十二条保险专业代理机构从事保险代理业务不得超出被代理保险公司的业务范围和经营区域；从事保险代理业务涉及异地共保、异地承保和统括保单，中国保监会另有规定的，从其规定；第四十三及四十四条具体规定了保险专业代理机构及其从业人员在开展保险代理业务过程中不得出现的欺骗投保人、被保险人、受益人或者保险公司等方面的行为；第四十五条规定保险专业代理机构不得以捏造、散布虚假事实等方式损害竞争对手的商业信誉，不得以虚假广告、虚假宣传或者其他不正当竞争行为扰乱保险市场秩序；第四十七条规定保险专业代理机构不得坐扣保险佣金；第四十八条规定保险专业代理机构不得代替投保人签订保险合同；第四十九条规定保险专业代理机构不得以缴纳费用或者购买保险产品作为招聘业务人员的条件，不得承诺不合理的高额回报，不得以直接或者间接发展人员的数量或者销售业绩作为从业人员计酬的主要依据。

(4) 健康保险专业代理机构退出市场的规制。《保险专业代理机构监管规定（2015年修订）》第五十条规定保险专业代理公司若有特定情形（文件已详细列出），中国保监会不予延续许可证有效期；第五十一条规定保险专业代理公司因许可证有效期届满，中国保监会依法不予延续有效期，或者许可证依法被撤回、撤销、吊销的，应当依法组织清算或者对保险代理业务进行结算，向中国保监会提交清算报告或者结算报告；第五十二条规定保险专业代理公司解散的，应当依法成立清算组进行清算，并自解散事由出现之日起 10 日内书面报告中国保监会。第五十三条规定保险专业代理公司解散，在清算中发现已不能清偿到期债务，并且资产不足以清偿全部债务或者明显缺乏清偿能力的，应当依法提出破产申请，其财产清算与债权债务处理，按照法定破产程序进行；第五十四条规定保险专业代理公司被依法吊销营业执照、被撤销、责令关闭或者被人民法院依法宣告破产的，应当依法成立清算组，依照法定程序组织清算，并向中国保监会提交清算报告；第五十五条规定了中国保监会依法注销许可证的一些情形。

(5) 对健康保险专业代理机构监督监察方面的规制。《保险专业代理机构监管规定（2015年修订）》第五十六条规定保险专业代理机构应当依照中国保监会有关规定及时、准确、完整地报送有关报告、报表、文件和资料，并根据中国保监会要求提交相关的电子文本；第五十七条规定保险专业代理机构应当妥善保管业务档案、会计账簿、业务台账以及佣金收入的原始凭证等有关资料，保管期限自保险合同终止之日起计算，保险期间在 1 年以下的不得少于 5 年，保险期间超过 1 年的不得少于 10 年；

第五十八条规定保险专业代理机构应当按规定将监管费交付到中国保监会指定账户；第五十九条规定保险专业代理公司应当在每一会计年度结束后3个月内聘请会计师事务所对本公司的资产、负债、利润等财务状况进行审计，并向中国保监会报送相关审计报告；第六十一条具体规定了对保险专业代理机构进行现场检查的内容；第六十二条规定保险专业代理机构因特定情形（文件已具体列出）接受中国保监会调查的，在被调查期间中国保监会有权责令其停止部分或者全部业务；第六十五条规定中国保监会可以在现场检查中，委托会计师事务所等社会中介机构提供相关服务，但应当签订书面委托协议。

（6）健康保险专业代理机构从业人员规制。《保险专业代理机构监管规定（2015年修订）》第十八条规定了保险专业代理机构拟任董事长、执行董事和高级管理人员应当具备的条件；第十九条规定了不得担任保险专业代理机构董事长、执行董事或者高级管理人员的特定情形；第二十条规定未经股东会或者股东大会同意，保险专业代理机构的董事和高级管理人员不得在存在利益冲突的机构中兼任职务；第二十一条规定保险专业代理机构向中国保监会提出董事长、执行董事和高级管理人员任职资格核准申请的，应当如实填写申请表、提交相关材料；第二十二条规定保险专业代理机构董事长、执行董事和高级管理人员在保险专业代理机构内部调任、兼任同级或者下级职务，无须重新核准任职资格；第二十三条规定保险专业代理机构的董事长、执行董事和高级管理人员因涉嫌经济犯罪被起诉的，保险专业代理机构应当自其被起诉之日起5日内和结案之日起5日内，书面报告中国保监会；第六十条规定中国保监会根据监管需要，可以对保险专业代理机构的董事长、执行董事或者高级管理人员进行监管谈话，要求其就经营活动中的重大事项做出说明。

2. 健康保险兼业代理人规制

对保险兼业代理人规制的较早的文件是中国人民银行于1992年颁布的《保险代理机构管理暂行办法》，首次提出保险代理分专职保险代理和兼职保险代理两种类型，兼职保险代理被命名为"保险代办站"。1996年，中国人民银行颁布的《保险代理人管理暂行规定》设立了专门章节提出对兼业代理人的具体监管要求。2000年，中国保监会下发了《保险兼业代理管理暂行办法》，这是中国第一个专门规制保险兼业代理人的文件，后来被多次完善，但其基本内容沿用至今。下文此文件为主，介绍健康保险兼业代理人的规制内容。

（1）健康保险兼业代理人经营资格规制。《保险兼业代理管理暂行办法》第五条规定保险兼业代理人资格申报及有关内容的变更，应由被代理的保险公司报中国保险监督管理委员会核准；第六条规定了申请保险兼业代理资格应具备的具体条件；第七条规定申请保险兼业代理资格，应向中国保监会提交的具体材料；第九条规定"保险兼业代理许可证"有效期限为3年，保险兼业代理人应在有效期满前两个月申请办理换证事宜；第十条规定保险兼业代理人由于名称或主营业务范围变更而需变更《保险兼业代理许可证》的内容时，应在3个月内向中国保监会申请办理变更事宜；第十一条规定保险兼业代理人在发生合并或撤销、解散等事宜而不再具备保险兼业代理资格时，应在1个月内向中国保监会交回《保险兼业代理许可证》。

（2）健康保险兼业代理人业务经营规范。《保险兼业代理管理暂行办法》第十三条规定保险兼业代理人代理业务范围以"保险兼业代理许可证"核定的代理险种为限；第十四条规定保险兼业代理人应将"保险兼业代理许可证"放置于营业场所的明显位置；第二十条规定保险兼业代理合同的代理期限以合同订立时保险兼业代理人持有的"保险兼业代理许可证"有效期为限；第二十一条规定保险兼业代理合同应列明代理险种、代理权限、手续费标准和支付方式、保费划转期限等内容；第二十二条规定保险兼业代理人应设立独立的保费收入账户并对保险兼业代理业务进行单独核算；第二十五条规定保险公司应建立、健全保险兼业代理人档案资料，并以保险兼业代理人为单位建立代理业务台账。

（3）健康保险兼业代理人的禁止行为。《保险兼业代理管理暂行办法》第十七条①规定保险兼业代理人只能在其主业营业场所内代理保险业务，不得在营业场所外另设代理网点；第十八条具体规定了保险兼业代理人从事保险代理业务，不得有的行为；第十九条规定保险兼业代理人向保险公司投保自身的财产保险或人身保险，视为保险公司直接承保业务，保险兼业代理人不得提取代理手续费；第二十四条规定保险公司不得以直接冲减保费或现金方式向保险兼业代理人支付代理手续费。

3. 健康保险经纪人规制

在健康保险经纪人规制方面，中国保监会早在2004年就出台了专门的文件——《保险经纪机构管理规定》；2009年出台了《保险经纪机构监管规定》，并于2013年、2015年进行了修订，《保险经纪机构管理规定》被逐步替代；2018年，中国保监会发布了《保险经纪人监管规定》，于同年5月1日起实施。下文以《保险经纪人监管规定》为主，介绍健康保险经纪人的规制内容。

（1）健康保险经纪人的设立规制。《保险经纪人监管规定》第六条规定除中国保监会另有规定外，保险经纪人应当采取有限责任公司、股份有限公司的组织形式；第七条具体规定了保险经纪公司经营保险经纪业务应当具备的条件；第八条规定单位或者个人有特定情形（文件已详细列出）之一的，不得成为保险经纪公司的股东；第十条规定经营区域不限于工商注册登记地所在省、自治区、直辖市、计划单列市的保险经纪公司的注册资本最低限额为5 000万元，经营区域为工商注册登记地所在省、

---

① 2005年，中国保监会出台《关于执行〈保险兼业代理管理暂行办法〉有关问题的通知（废止）》，规定《保险兼业代理管理暂行办法》第十七条按以下口径掌握：保险兼业代理人只能分别为一家财险公司和一家寿险公司代理保险业务，但不得同时代理两家财险公司或两家寿险公司的业务。

自治区、直辖市、计划单列市的保险经纪公司的注册资本最低限额为1 000万元；第十一条规定保险经纪人的名称中应当包含"保险经纪"字样；第十四条规定申请人取得许可证后，方可开展保险经纪业务，并应当及时在中国保监会规定的监管信息系统中登记相关信息；第十五条规定经营区域不限于工商注册登记地所在省、自治区、直辖市、计划单列市的保险经纪公司可以在中华人民共和国境内从事保险经纪活动；第十六条具体规定了保险经纪公司新设分支机构经营保险经纪业务应当符合的条件；第十七条规定保险经纪公司分支机构应当在营业执照记载的登记之日起15日内，书面报告中国保监会派出机构，在中国保监会规定的监管信息系统中登记相关信息，按照规定进行公开披露，并提交主要负责人的任职资格核准申请材料或者报告材料；第十八条规定保险经纪人有特定情形（文件已详细列出）之一的，应当自该情形发生之日起5日内，通过中国保监会规定的监管信息系统报告，并按照规定进行公开披露。

（2）健康保险经纪人业务经营规制。《保险经纪人监管规定》第三十五条规定保险经纪公司应当将许可证、营业执照置于住所或者营业场所显著位置；第三十六条规定了保险经纪人的经营业务范围；第三十七条规定保险经纪人从事保险经纪业务不得超出承保公司的业务范围和经营区域，从事保险经纪业务涉及异地共保、异地承保和统括保单，中国保监会另有规定的，从其规定；第三十八条规定保险经纪人及其从业人员不得销售非保险金融产品，经相关金融监管部门审批的非保险金融产品除外；第三十九条规定保险经纪人应当建立完善的公司治理结构和制度，构建合规体系；第四十三条规定保险经纪人应当开立独立的客户资金专用账户，特定款项（文件已详细列出）只能存放于客户资金专用账户；第四十四条规定保险经纪人应当建立完整规范的业务档案，并规定了业务档案至少应当包括的内容；第四十六条规定保险经纪人从事再保险经纪业务，应当建立完整规范的再保险业务档案，并规定了业务档案至少应当包括的内容；第四十八条规定保险经纪人从事保险经纪业务，应当与委托人签订委托合同，依法约定双方的权利义务及其他事项，委托合同不得违反法律、行政法规及中国保监会有关规定；第四十九条规定保险经纪人从事保险经纪业务，涉及向保险公司解付保险费、收取佣金的，应当与保险公司依法约定解付保险费、支付佣金的时限和违约赔偿责任等事项；第五十条规定保险经纪人在开展业务过程中，应当制作并出示规范的客户告知书，并规定了客户告知书至少应当包括的事项；第五十一条规定保险经纪人应当妥善保管业务档案、会计账簿、业务台账、客户告知书以及佣金收入的原始凭证等有关资料，保管期限自保险合同终止之日起计算，保险期间在1年以下的不得少于5年，保险期间超过1年的不得少于10年；第五十二条规定保险经纪人为政策性保险业务、政府委托业务提供服务的，佣金收取不得违反中国保监会的规定；第五十三条规定保险经纪人向投保人提出保险建议的，应当根据客户的需求和风险承受能力等情况，在客观分析市场上同类保险产品的基础上，推荐符合其利益的保险产品；第五十四条规定保险经纪公司应当按规定将监管费交付到中国保监会指定账户；第五十五条规定保险经纪公司应当自取得许可证之日起 20 日内投保职业责任保险或者缴存保证金；第五十六条规定保险经纪公司投保职业责任保险的，并对所投保的职业责任保险做了具体规定；第五十七条规定保险经纪公司缴存保证金的，应当按注册资本的 5% 缴存，保险经纪公司增加注册资本的，应当按比例增加保证金数额；第五十八条规定保险经纪公司可以动用保证金的具体情形；第五十九条规定保险经纪公司应当在每一会计年度结束后聘请会计师事务所对本公司的资产、负债、利润等财务状况进行审计，并在每一会计年度结束后 4 个月内向中国保监会派出机构报送相关审计报告；第六十一条规定保险经纪人不得委托未通过本机构进行执业登记的个人从事保险经纪业务；第六十二条规定保险经纪人应当对保险经纪从业人员进行执业登记信息管理，及时登记个人信息及授权范围等事项以及接受处罚、聘任关系终止等情况；第六十三条规定了保险经纪人及其从业人员在办理保险业务活动中不得有特定行为（文件已详细列出）；第六十四条规定保险经纪人及其从业人员在开展保险经纪业务过程中，不得索取、收受保险公司或者其工作人员给予的合同约定之外的酬金、其他财物，或者利用执行保险经纪业务之便牟取其他非法利益；第六十五条规定保险经纪人不得以捏造、散布虚假事实等方式损害竞争对手的商业信誉，不得以虚假广告、虚假宣传或者其他不正当竞争行为扰乱保险市场秩序；第六十七条规定保险经纪人不得以缴纳费用或者购买保险产品作为招聘从业人员的条件，不得承诺不合理的高额回报，不得以直接或者间接发展人员的数量或者销售业绩作为从业人员计酬的主要依据；第七十四条规定保险经纪人自愿加入保险中介行业自律组织。

（3）健康保险经纪人退出规制。《保险经纪人监管规定》第六十八条规定保险经纪公司经营保险经纪业务许可证的有效期为 3 年；第六十九条规定保险经纪公司申请延续许可证有效期的，中国保监会派出机构在许可证有效期届满前对保险经纪人前 3 年的经营情况进行全面审查和综合评价，并做出是否准予延续许可证有效期的决定，决定不予延续的，应当书面说明理由；第七十条规定保险经纪公司应当自收到不予延续许可证有效期的决定之日起 10 日内向中国保监会派出机构缴回原证，准予延续有效期的，应当自收到决定之日起 10 日内领取新许可证；第七十一条规定了中国保监会派出机构依法注销保险经纪公司许可证的特定情形；第七十二条规定有特定情形（文件已详细列出）之一的，保险经纪人应当在 5 日内注销保险经纪从业人员执业登记。

（4）健康保险经纪人监督检查规制。《保险经纪人监管规定》第七十七条规定中国保监会派出机构按照属地原则负责辖区内保险经纪人的监管；第七十八条规定中国保监会及其派出机构根据监管需要，可以对保险经纪人高级管理人员及相关人员进行监管谈话，要求其就经营活动中的重大事项做出说明；第七十九条规定中国保监会及其派出机构根据监管需要,可以委派监管人员列席保险经纪公司的股东会或者股东大会、董事会;第八十条规定保险经纪公司分支机构经营管理混乱,从事重大违法违规活动的,保险经纪公司应当根据中国保监会及其派出机构的监管要求,对分支机构采取限期整改、停业、撤销等措施;第八十一条规定了中国保监会及其派出机构依法对保险经纪人进行现场检查的主要内容;第八十三条规定中国保监会及其派出机构可以在现场检查中,委托会计师事务所等社会中介机构提供相关服务,委托上述中介机构提供服务的,应当签订书面委托协议。

(5) 健康保险经纪人从业人员规制。《保险经纪人监管规定》第九条规定保险公司的工作人员、保险专业中介机构的从业人员投资保险经纪公司的,应当提供其所在机构知晓投资的书面证明;保险公司、保险专业中介机构的董事、监事或者高级管理人员投资保险经纪公司的,应当根据有关规定取得股东会或者股东大会的同意;第二十一条规定了保险经纪人高级管理人员应当具备的条件;第二十二条规定有特定情形(文件已详细列出)之一的人员,不得担任保险经纪人高级管理人员和省级分公司以外分支机构主要负责人;第二十四条规定保险经纪人高级管理人员和省级分公司以外分支机构主要负责人不得兼任2家以上分支机构的主要负责人;第二十五条规定非经股东会或者股东大会批准,保险经纪人的高级管理人员和省级分公司以外分支机构主要负责人不得在存在利益冲突的机构中兼任职务;第二十七条规定保险经纪人高级管理人员应当通过中国保监会认可的保险法规及相关知识测试;第二十八条规定保险经纪人的高级管理人员在同一保险经纪人内部调任、兼任其他职务,无须重新核准任职资格;第二十九条规定保险经纪人的高级管理人员和省级分公司以外分支机构主要负责人因涉嫌犯罪被起诉的,保险经纪人应当自其被起诉之日起5日内和结案之日起5日内在中国保监会规定的监管信息系统中登记相关信息;第三十条规定保险经纪人高级管理人员和省级分公司以外分支机构主要负责人有特定(文件已详细列出)情形之一,保险经纪人已经任命的,应当免除其职务,经核准任职资格的,其任职资格自动失效;第三十一条规定保险经纪人出现下列情形之一,可以任命临时负责人,但临时负责人任职时间最长不得超过3个月,并且不得就同一职务连续任命临时负责人;第三十二条规定保险经纪人应当聘任品行良好的保险经纪从业人员,有特定情形(文件已详细列出)之一的,保险经纪人不得聘任;第三十三条规定保险经纪从业人员应当具有从事保险经纪业务所需的专业能力,保险经纪人应当加强对保险经纪从业人员的岗前培训和后续教育,培训内容至少应当包括业务知识、法律知识及职业道德;第三十四条规定保险经纪人应当按照规定为其保险经纪从业人员进行执业登记;第四十条 保险经纪从业人员应当在所属保险经纪人的授权范围内从事业务活动。

4. 健康保险公估人(Insurance Surveyor)规制

在健康保险公估人规制方面,中国保监会早在2009年发布了《保险公估机构监管规定》，后来在2013年、2015年经过修订；2018年，中国保监会发布了《保险公估人监管规定》，于同年5月1日起实施。下文以《保险公估人监管规定》为主介绍健康保险公估人规制的内容。

(1) 健康保险公估人的设立规制。《保险公估人监管规定》第九条规定保险公估人应当依法采用合伙或者公司形式，聘用保险公估从业人员开展保险公估业务；第十二条规定单位或者个人有特定情形（文件已列出）之一的，不得成为保险公估人的股东或者合伙人；第十三条规定保险公司的工作人员、保险专业中介机构的从业人员投资保险公估人的，应当提供其所在机构知晓其投资的书面证明，另外，保险公司、保险专业中介机构的董事、监事或者高级管理人员投资保险公估人的，应当根据有关规定取得任职公司股东会或者股东大会的同意；第十四条规定保险公估人的名称中应当包含"保险公估"字样；第十五条规定保险公估机构分为全国性保险公估机构和区域性保险公估机构，并分别规定了两者在区域上的经营范围；第十六条规定了保险公估机构经营保险公估业务，应当具备的条件；第十七条规定保险公估机构在工商注册登记地以外的省、自治区、直辖市、计划单列市设立分支机构的，应当指定一家分支机构作为省级分支机构，负责办理辖区内分支机构设立及备案、提交监管报告和报表等相关事宜，并负责管理其他分支机构；第十八条规定了保险公估机构新设分支机构经营保险公估业务应当符合的条件；第十九条规定保险公估机构经营保险公估业务，应当自领取营业执照之日起30日内，通过中国保监会规定的监管信息系统向中国保监会及其派出机构备案，同时按规定提交纸质材料；第二十条规定保险公估机构分支机构应当自领取分支机构营业执照之日起10日内，通过中国保监会规定的监管信息系统向中国保监会派出机构备案，同时按规定提交纸质材料；第二十三条规定了保险公估人有特定情形（文件已详细列出）之一的，应当自工商登记变更或者变更决议做出之日起5日内，通过中国保监会规定的监管信息系统报告，并按照规定进行公开披露；第二十四条规定合伙形式的保险公估机构转为公司形式的保险公估机构，或者公司形式的保险公估机构转为合伙形式的保险公估机构，办理变更手续应当提供合伙人会议或股东（大）会审议通过的转制决议；第二十五条规定了保险公估人在开展公估业务过程中不得有的特定行为。

(2) 健康保险公估人业务经营规制。《保险公估人监管规定》第四十二条规定保险公估机构应当将备案表、营业执照置于住所或者营业场所显著位置；第四十三条规定了保险公估人业务经营范围；第四十四条规定保险公估人应当建立完善的公司治理结构和制度，构建合规体系；第四十五条规定对受理的保险公估业务，保险公估人应当指定至少2名保险公估从业人员承办；第四十七条规定保险公估报告应当由至少2名承办该项业务的保险公估从业人员签名并加盖保险公估机构印章；第四十八条规定保险公估人应当建立专门账簿，记载保险公估业务收支情况；第四十九条规定保险公估人应当开立独立的资金专用账户，用于收取保险公估业务报酬；第五十条规定保险公估人应当建立完整规范的公估档案，并详细规定了公估档案至少应当包括的内容；第五十三条规定保险公估人在开展业务过程中，应当制作规范的客户告知书，并在开展业务时向客户出示；第五十四条规定保险公估人应当在每一会计年度结束后聘请会计师事务所对本机构的资产、负债、利润等财务状况进行审计，并在每一会计年度结束后4个月内向中国保监会派出机构报送相关审计报告；第五十五条规定保险公估人为政策性保险业务、政府委托业务及社会团体委托业务提供服务的，报酬收取不得违反中国保监会的规定；第五十七条规定保险公估人应当建立健全内部管理制度，对本机构的保险公估从业人员遵守法律、行政法规和保险公估基本准则的情况进行监督，并对其从业行为负责；第五十八条规定保险公估人应当按规定将监管费交付到中国保监会指定账户；第五十九条规定保险公估人应当在备案公告之日起20日内，根据业务需要建立职业风险基金，或者办理职业责任保险，完善风险防范流程；第六十一条规定保险公估人建立职业风险基金的，应当按上一年主营业务收入的5%缴存，年度主营业务收入增加的，应当相应增加职业风险基金数额；保险公估人职业风险基金缴存额达到人民币100万元的，可以不再增加职业风险基金；第六十二条规定保险公估人投保的职业责任保险对一次事故的赔偿限额不得低于人民币100万元，一年期累计赔偿限额不得低于人民币1 000万元，且不得低于保险公估人上年度的主营业务收入；第六十四条规定保险公估人不得委托未通过该机构进行执业登记的个人从事保险公估业务；第六十五条规定保险公估人应当对保险公估从业人员进行执业登记信息管理，及时登记个人信息及授权范围等事项以及接受处罚、聘用关系终止等情况；第六十六条规定保险公估人不得与非法从事保险业务或者保险中介业务的机构或者个人发生保险公估业务往来；第六十七条还规定了保险公估人及其从业人员在开展公估业务过程中不得有的其他四类行为（文件已详细列出）。

（3）健康保险公估人退出规制。《保险公估人监管规定》第六十八条规定有特定情形（文件已详细列出）之一的，保险公估人应当在5日内注销保险公估从业人员执业登记；第六十九条规定保险公估机构实行年度报告制度，保险公估机构应当于每年1月31日前向中国保监会及其派出机构提交上一年度报告；第七十条规定保险公估机构分支机构经营管理混乱，从事重大违法违规活动的，保险公估机构应当根据中国保监会及其派出机构的监管要求，对分支机构采取限期整改、停业、撤销等措施。

（4）健康保险经纪人监督检查规制。《保险公估人监管规定》第七十八条规定中国保监会及其派出机构根据监管需要，可以对保险公估人董事长、执行董事和高级管理人员进行监管谈话，要求其就经营活动中的重大事项做出说明；第七十九条规定中国保监会及其派出机构根据监管需要，可以委派监管人员列席保险公估人的股东（大）会、合伙人会议、董事会；第八十条规定了中国保监会及其派出机构依法对保险公估人进行现场检查的主要内容;第八十二条规定中国保监会及其派出机构可以在现场检查中,委托会计师事务所等社会中介机构提供相关服务,委托上述中介机构提供服务的,应当签订书面委托协议。

(5)健康保险公估人从业人员规制。《保险公估人监管规定》第二十六条规定保险公估人应当聘用品行良好的保险公估从业人员,有特定情形(文件已详细列出)之一的,保险公估人不得聘用;第二十七条规定保险公估从业人员应当具有从事保险公估业务所需的专业能力,保险公估人应当加强对保险公估从业人员的岗前培训和后续教育,培训内容至少应当包括业务知识、法律知识及职业道德;第二十八条规定保险公估从业人员从事保险公估业务,应当加入保险公估人,保险公估人应当按照规定为其保险公估从业人员进行执业登记;第二十九条规定了保险公估从业人员享有的特定权利;第三十条规定了保险公估从业人员应当履行特定义务;第三十一条规定了保险公估从业人员在开展公估业务过程中不得有的特定行为;第三十三条规定了保险公估人聘用的董事长、执行董事和高级管理人员应当具备的特定条件;第三十四条规定有特定情形(文件已详细列出)之一的人员,不得担任保险公估人董事长、执行董事和高级管理人员;第三十六条规定保险公估人董事长、执行董事和高级管理人员不得兼任2家以上分支机构的主要负责人;第三十七条规定非经股东(大)会或者合伙人会议批准,保险公估人的董事和高级管理人员不得在存在利益冲突的机构中兼任职务;第三十九条规定中国保监会派出机构可以对保险公估人聘用的董事长、执行董事和高级管理人员进行考察或者谈话,可以要求保险公估人撤换不符合任职条件的董事长、执行董事和高级管理人员;第四十条规定保险公估人的董事长、执行董事和高级管理人员因涉嫌犯罪被起诉的,保险公估人应当自其被起诉之日起5日内和结案之日起5日内分别在中国保监会规定的监管信息系统中登记相关信息;第四十一条规定保险公估人出现特定情形(文件已详细列出)之一,可以任命临时负责人,但临时负责人任职时间最长不得超过3个月,并且不得就同一职务连续任命临时负责人。

中国保险行业协会于2017年12月发布了《保险经代公司服务规范 人身保险部分》,并于2018年6月12日起实施。该文件对健康保险的经纪公司和专业代理公司在服务流程、基础能力(如机构设置、队伍建设、硬件配备、产品采购、系统支持、信息安全、内部控制等)、销售与经纪服务、投保流程、协助保全服务、协助理赔服务、续期服务、增值服务、咨询投诉等方面做了相应规定。

为提高保险中介市场透明度和保险中介监管效率,中国保监会组织开发了保险中介监管信息系统,并于2009年在河北、广西两省启动保险专业中介机构非现场监管、保险专业中介机构和高管人员管理、保险专业中介机构从业人员管理三个子系统和资格考试管理、资格证书管理两个功能模块的试点工作,后来在全国推广实施该系统。该系统是保监会向社会提供的公益性监管服务的重要服务窗口,主要开展保险专业中介机构的保险营销员信息查询、保险中介从业人员资格查询、针对保险中介机构的投诉等客户服务工作。社会公众可通过互联网、声讯电话、手机短信等方式查询保险专业中介机构、兼业代理机构、保险中介从业人员、行业协会等方面的信息。

第三节 中国健康保险规制的特征

通过与典型国家健康保险规制的横向比较以及中国健康保险规制自身发展的纵向比较发现，中国健康保险的规制具有以下特征。

一、规制高度统一

中国健康保险的规制具有高度统一的特征。首先，在中国有关保险的基本法只有一部，即《中华人民共和国保险法》，所有的健康保险经营活动都必须在该法律要求的框架之内。美国不同，其健康保险机构应遵循所在州的保险法。其次，中国保监会及地方保监局是中国唯一的健康保险监管机构，它具有制定健康保险行政法规、监督健康保险机构经营活动、对健康保险机构违法违规行为进行处罚等一系列权力。所有健康保险机构都在中国保监会的监管范围之内[1]，接受中国保监会的监督与管理。美国不同，其健康保险机构主要服从所在州保险监管局的监管。

二、规制全面且严格

中国对健康保险的经营活动的规制比较全面并且严格。中国的规制机构对经营健康保险的机构、保险费率、资金运用、从业人员、偿付能力、信息公开、保险精算等涉及健康保险的各个方面都提出了明确而十分严格的要求。英国政府对保险业的监管一直相对宽松，监管机构不会对保险机构的每种行为细节做出具体规定，只是会对其偿付能力做出严格的评价、规定和监管[2]，不对保险费率和条款进行过多干预。

三、规制的层次结构较完整

中国健康保险规制的内容在层次结构上比较完整，这对全方位规制健康保险和健

---

[1] 地方健康保险机构直接的监管机构是所在地的保监局，但各地保监局隶属于中国保监会。
[2] 王姝："主要发达国家保险监管制度比较研究"，吉林大学，2013年，45页。

康保险规制本身的发展都非常有利。中国健康保险规制的文件包括基本法、行政法规、规范性文件,在结构上比较完整。不同级别的规制文件具有不同的功能和效力,基本法和行政法规的强制性较强,健康保险机构必须遵守,而行业规范性文件的引导性较强,为健康保险机构的发展探索提供了方向。另外,健康保险在不同的发展阶段,对同一项经营活动的规制强度需求可能不同,规制政策的出台就需要选择恰当的规制层次。

四、行业协会规制力量较弱

中国保险行业协会是主要的保险行业协会,尽管它担负着行业自律的职责,但实际上对整个行业的规制力量仍然比较薄弱。纵观中国健康保险规制实践,《重大疾病保险的疾病定义使用规范》《保险经代公司服务规范(人身保险部分)》《保险经代数据交换标准(人身保险部分)》《责任保险承保指引(第1部分:医疗责任保险)》是中国保险行业协会对健康保险行业影响较大的规制成果,中国保险行业协会在其他方面对健康保险行业的规制力量有待加强。

在美国,健康保险行业的相关协会的规制力量明显较强,例如,美国健康保障反欺诈协会(NHCAA)。该协会成立于1985年,致力于提高保险公司和政府部门保险反欺诈的能力,以减少健康保险欺诈造成的负面影响。NHCAA从反保险欺诈的角度为保险公司提供了健康保险保单设计的建议,收集健康保险欺诈案例,促进保险人与执法机构在欺诈调查方面的信息分享,还设立了健康保障欺诈防范学院,以提供健康保险反欺诈的职业教育和训练[①]。

五、规制逐渐专业化

中国健康保险的规制逐渐专业化。有关健康保险的规制,最初散落于各项保险规制政策中,没有一项规制是专门针对健康保险的。但是,健康保险十分复杂,具有自身特点,使用笼统的规制政策管理健康保险难免会出现种种问题。2006年,中国保监会正式颁布《健康保险管理办法》,结束了中国没有专门健康保险规制政策的历史。2008年,中国保监会陆续发布了《健康保险统计制度》,2014年《国务院办公厅关于加快发展商业健康保险的若干发展意见》发布,2015年,财政部、国家税务总局、中国保监会联合印发《关于展开商业健康保险个人所得税政策试点工作的通知》。目前,中国保监会对《健康保险管理办法》做出了修订,制定了《健康保险管

---

① 李虹:"美国健康保险反欺诈概况及启示",《保险研究》,2008年,102~106页。

理办法（修订意见稿）》向全国各界人士征求意见。可见，中国规制机构在不断提高对健康保险规制的专业化水平。

第四节　中国健康保险规制的优势与不足

中国健康保险的规制有着自身优势，规范并促进了健康保险业的发展，保障了消费者的利益，规制效果良好。同时，健康保险的规制也存在一定的不足，有待优化。

一、中国健康保险规制的优势

（一）风险控制严格

规制机构对于中国健康保险的经营风险控制得比较严格，这既有利于健康业务长期稳定发展，又能够保障投保人和被保险人的权益。规制机构对健康保险的偿付能力有着严格控制，尤其是"偿二代"政策的实施，更加注重对风险的控制。另外，规制机构还对保险资金的运用范围和比例等做出了限定，降低了由于资金不合理运用造成的风险。与英国宽松式的管理相比，中国的规制措施更加严格，对风险控制更强。

（二）对从业人员的规制比较充分

人是实现健康保险发展的根本，其经营行为决定着健康保险发展的方向、发展的质量等，充分规制从业人员的行为对规范健康保险市场经营活动、保障投保人和被保险人的利益尤为重要。规制机构对各类从业人员在任职资格、职责范围、权利与义务、禁止的行为等提出了充分要求。例如：《保险销售从业人员监管办法》主要对保险销售人员的从业资格、销售活动等做出明确规定；《保险公司总精算师管理办法》对负责精算以及相关事务的高级管理人员的任职资格、工作职责等做出详细规定；《保险公司财务负责人任职资格管理规定》主要对财务人员的任职资格、工作职责等做出明确要求；《保险公司董事、监事和高级管理人员任职资格管理规定》《保险公司董事及高级管理人员审计管理办法》《保险机构董事、监事和高级管理人员任职资格考试管理暂行办法》主要对董事和监事以及高级管理人员的任职资格、职责、任职资格的考试、工作审计等方面做出了规定。

二、中国健康保险规制的不足

（一）规制的专业性仍不强

尽管中国陆续出台了《健康保险办法》《健康保险统计制度》和健康保险税收优惠政策等规制文件，健康保险规制在逐渐专业化，但其专业性仍然有待提高。健康保险的法律法规与制度，仍多散落于诸多保险规制文件中，许多健康保险的规制内容对于各类保险具有普适性，专门针对健康保险量身定做的内容全面的规制文件尚未形成体系。与财险、寿险等其他类别的保险相比，健康保险有着明显的区别与特点，普适性的保险规制不再适应健康保险的发展，提高健康保险规制的专业性，众望所归。

（二）对健康保险专业化发展拉动力不够

健康保险十分复杂，在产品开发定价、核保核赔、信息系统、数据统计和分析、经营流程、客户服务和客户管理、医院管理等诸多方面与财产险和寿险存在区别，非常适合专业化经营。但规制机构只是鼓励健康保险的专业化发展，力道不足，导致大部分的健康保险业务还是与寿险等人身险混合经营，专业健康保险公司数量少，市场占有率低。另外，中国健康保险规制比较注重规范保险经营活动，对健康险业发展起直接拉动作用的规制政策的数量不多，强度不够。

德国非常注重健康保险的专业化经营，其《保险监督法》明确规定，人寿保险、财产保险和健康保险必须分业经营。专业健康险公司在法律允许范围内经营健康保险。经营健康险的公司不得经营寿险和财产险业务，寿险公司和财产险公司也不得经营健康险业务。美国则非常注重拉动健康保险的发展，通过法律规定全民参保，要求拥有一定数量员工的企业必须为员工购买健康保险。国外的经验值得参照。

（三）医疗费用控制力量薄弱

尽管《健康保险管理办法》要求保险机构"应当加强与医疗服务机构和健康管理服务机构的合作，加强对医疗服务成本的管理，监督医疗费用支出的合理性和必要性"，但中国健康保险机构仍然作为没有改变为医疗费用第三方支付的状况，保险机构对医疗服务的介入程度、对医疗费用的控制力量非常薄弱。美国则通过管理式医疗的办法有效降低了医疗费用支出，提高了医疗服务质量。德国制定专门的健康保险支付标准以及干预费用额度的确定等办法，减少医疗费用的支出。

（四）资金运用管理制度有待优化

中国规制机构在保险资金运用方面主要采取的措施是规定资金使用的范围、比例等，不同的保险机构的资产质量、资产类型都有所不同，笼统地规定所有的保险机构在运用资金的方式不够科学。应当优化现有资金运用制度，依据经营健康保险的保险机构的实际资产情况，确定更具有针对性的资金运用方式。这样既能够提高拥有优质资产的健康保险机构的资金运用水平，又能降低资产情况不够乐观的健康保险机构由于资金运用带来的经营风险，还能通过与资产类型匹配的方式确定合适的资金运用方案。

（五）总体规制层次较低

中国健康保险的规制总体上看层次较低。一方面，体现为立法不足。对健康保险的规制，除了《中华人民共和国保险法》外没有任何其他上升到法律层面的文件，规制文件多以法规、规范、指引等形式出现。这意味着较多影响健康保险健康发展的诸多行为被判定为违规或者更低层次的非合理行为。相对于法律责任当事人只需要承担较弱的后果，其震慑力、规范力不够，规制效果受到影响。反观日本，在其健康保险业发展的历程中，日本曾经制定了《健康保险法》《国民健康保险法旧法》《国民健康保险法新法》等多部法律，从法律的层面对健康保险行为进行了规制，解决健康保险发展中存在的问题，使其健康事业得以较快、较好发展。我国台湾亦是如此，1994年通过了"全民健康保险法"，曾在台湾地区较快且成功地铺开了健康保险，提高了台湾民众的健康保障水平。

另一方面，体现为对违法违规行为的处罚力度不够。在健康保险规制中，规制机构对于违法违规行为的处罚多采取罚金、警告，以及"可以"采取某种措施的方式。罚金多是几千元人民币或者几万元人民币，大体上不超过50万元人民币，这对于收入较高的保险机构及其从业人员来讲，违法违规成本较低。在实际经营中，"警告"对于违法违规的影响力十分有限。"可以"采取某种措施的方式，表现为罚则不明确，执行与否均可，这在历史悠久的人情社会、关系社会的现实面前，往往会弱化其执行力。

本章小结

本章主要回顾了中国健康保险规制演变历程，描述了中国健康保险规制的现状，以此为基础并结合第三章内容，总结了中国健康保险规制的特征、优势与不足。

中国健康保险的规制经历了从无到有、从有到优的过程，对健康保险的规制越来越专业化、全面化。中国有着完整的规制机构体系，包括立法机构、司法机构、监督机构、行业协会；有着完整的规制层次结构，包括基本法、行政法规、规范性文件；有着多种规制工具，包括禁止、特许、费率控制、产品或服务标准、税收优惠、信息提供、引导发展等；有着全方位的规制内容，包括经营资格规制、产品规制、销售规制、从业人员规制、精算规制、偿付能力规制、保险资金运用规制、税收优惠政策、信息公开规制、互联网健康保险业务规制、引导发展等。

中国健康保险规制呈现出规制高度统一、规制全面且严格、规制的层次结构较完整、行业协会规制力量较弱、规制逐渐专业化的特征，具有风险控制严格、对从业人员的规制比较充分的优势，存在规制的专业性不强、对健康保险专业化发展拉动力不够、医疗费用控制力量薄弱、资金运用管理制度有待优化、总体规制层次较低等不足。

思考题

1. 试论述中国健康保险规制的演变历程。
2. 简述中国健康保险规制机构及其职责。
3. 试论述中国健康保险规制内容。
4. 试分析中国健康保险规制优势与不足。

专业术语

1. 人寿保险（Life Insurance）：是人身保险的一种，简称寿险，以被保险人的寿命为保险标的，且以被保险人的生存或死亡为给付条件的人身保险。

2. 意外伤害保险（Accident Injury Insurance）：是以意外伤害而致身故或残疾为给付保险金条件的人身保险。

3. 补充医疗保险（Supplementary Medical Insurance）：是相对于基本医疗保险而言的，包括企业补充医疗保险、商业医疗保险、社会互助和社区医疗保险等多种形式，是基本医疗保险的有力补充，也是多层次医疗保障体系的重要组成部分。

4. 犹豫期（Hesitate Period）：投保人在收到保险合同后一定期限内内，如不同意保险合同内容，可将合同退还保险人并申请撤销。

5. 保证续保条款（Guaranteed Renewable Item）：在前一保险期间届满后，投保人提出续保申请,保险公司必须按照约定费率和原条款继续承保的合同约定。

6. 保险公估人（Insurance Surveyor）：依照法律规定设立,受保险公司、投保人或被保险人委托办理保险标的的查勘、鉴定、估损以及赔款的理算,并向委托人收取酬金的公司。

7. 信用风险（Credit Risk）：交易对方不履行到期债务的风险。由于结算方式的不同,场内衍生交易和场外衍生交易各自所涉的信用风险也有所不同。

第五章

中国健康保险规制与卫生体制改革

第一节 中国的医疗卫生体制改革

改革开放以来,中国的医疗卫生体制改革大体上经历了"推行市场化"和"回归公益性"两个阶段。"推行市场化"改革阶段包括1978~2006年的医疗卫生体制改革,"回归公益性"改革阶段包括2006年至今的医疗卫生体制改革。第一阶段的改革在一定程度上促进了中国医疗卫生事业的发展,但也引致了"看病难""看病贵"等诸多社会问题和经济问题,改革总体上不成功[①]。第二阶段的改革定调要"回归公益性",中国政府等多方力量正为之"上下求索"。

毋庸置疑,医疗卫生体制改革是健康保险发展的大环境,对商业健康保险的发展起着决定性的重要影响,同时,医改通过确定社会医疗保险和商业健康保险的地位、发展方向、税收政策等方式对健康保险的发展进行规制。"推行市场化"阶段医疗体制改革忽视了健康保险的发展地位,健康保险在实际发展中只在医疗保障体系中起简单的补充作用。"回归公益性"阶段的医疗卫生体制改革明确了商业健康保险的定位和发展方向等,不断引导商业健康保险在中国医疗保障体系中发挥重要作用,健康保险的发展前景逐渐明朗。

---

① 2005年国务院发展研究中心有关课题组发表了《中国医疗卫生体制改革》的研究报告,指出"从总体上讲,中国医疗卫生体制改革是不成功的"。

第五章
中国健康保险规制与卫生体制改革

本章主要介绍了中国的医疗卫生体制改革,以及医改中的健康保险规制。第一节介绍中国的医疗卫生体制改革,包括"推行市场化"阶段的医疗卫生体制改革,"回归公益性"阶段的医疗卫生体制改革。第二节介绍了中国医疗卫生体制改革中健康保险规制。第三节推测了中国医疗卫生体制改革和健康保险规制的可能趋向。

一、"推行市场化"阶段的中国医疗卫生体制改革

(一) 改革的酝酿

改革开放以前,中国农村建立农村合作医疗制度,城市建立了公费、劳保医疗制度,因此能够以极低的制度成本、最大限度地向人民提供医疗保障。其中,农村合作医疗制度集合了相互保险和政府配置资源双重优势,在新中国成立后,实现了农村居民医疗卫生状况的巨大改观,解决了近十亿农村人口的医疗卫生问题,成为世界上的一个成功典范。城市的公费和劳保医疗的效率尚可,但公平性在逐渐变弱。1978年改革开放后较长的一段时期内,这一状态没有改变,国家和企业包揽医疗经费,民众过度医疗,引致卫生资源浪费。

随着分税制等财税政策的实施,卫生事业经费和投资严重不足,加之20世纪60年代以来的三次大幅度降低收费标准,致使医疗收费标准过低,医疗机构亏损严重[1]。另外,改革开放以来,整个卫生领域响应党中央将全党工作的重点转移到现代化建设上来的号召,致力于革除计划经济弊端,强化医院的经济意识,增强医疗卫生机构活力[2]。

在上述背景下,卫生部联合相关部委,开始酝酿医疗卫生体制改革,并相继发布了《医院经济管理暂行办法(修改稿)》《关于加强医院经济管理试点工作的通知》《关于加强卫生机构经济管理的意见》《关于允许个体医生开业行医问题的请示报告》等文件。

(二) 改革的启动与演变

1985年4月,国务院批转原国家卫生部的《关于卫生工作改革若干政策问题的报告》,并指出当前面临的主要问题是卫生事业发展缓慢,与我国经济建设和人民群众的医疗需要不相适应。该报告提出,"为了加快卫生事业的发展,中央和地方应逐步增加卫生经费和投资;同时,必须进行改革,放宽政策,简政放权,多方集资,开

---

[1] 朱凤梅:"1985~2015年我国医疗卫生体制改革逻辑评述",《中国卫生经济》,2016:5~9页。
[2] 孙祁祥、郑伟、王国军等著:《商业健康保险与中国医改——理论探讨、国际借鉴与战略构想》,经济科学出版社2010年版,17页。

阔发展卫生事业的路子,把卫生工作搞好"。这一标志性的改革文件开启了第一阶段的中国医疗卫生体制改革之路。

1985年8月,原国家卫生部下发的《关于开展卫生改革中需要划清的几条政策界限》中指出:"医疗卫生单位在保证完成各项任务的前提下,从扩大服务项目和服务范围中增加的合理收入,其纯收入部分用于改善其工作和生活条件,应允许和支持。"

1989年国务院批转了原国家卫生部、财政部等部门的《关于扩大医疗卫生服务有关问题的意见》,提出:积极推行各种形式的承包责任制;允许有条件的单位和医疗卫生人员从事有偿业余服务;进一步调整医疗卫生服务收费标准;医疗卫生事业单位实行"以副补主",组织多余人员举办直接为医疗卫生工作服务的第三产业或小型工副业,实行独立核算,自负盈亏。

1992年9月,《卫生部关于深化卫生改革的几点意见》确立了"建设靠国家、吃饭靠自己"的体制。这一阶段医改的特点是给政策不给钱,核心思想是放权让利,扩大医院自主权。

2000年2月,国务院公布了《关于城镇医疗卫生体制改革的指导意见》,提出"鼓励各类医疗机构合作、合并","共建医疗服务集团、营利性医疗机构","医疗服务价格放开,依法自主经营,照章纳税"等。同年7月,原国家卫生部联合相关部委颁布了《关于城镇医疗机构分类管理的实施意见》,提出,"非营利性和营利性医疗机构按机构整体划分","政府举办的非营利性医疗机构享受同级政府给予的财政补助,其他非营利性医疗机构不享受政府财政补助。非营利性医疗机构执行政府规定的医疗服务指导价格,享受相应的税收优惠政策。营利性医疗机构医疗服务价格放开,依法自主经营,照章纳税。"这一阶段的改革,更快地推进了医疗服务的市场化。

为了解决农村医疗卫生保障的问题,2002年,中共中央、国务院组织召开了全国农村工作会议,做出了《关于进一步加强农村卫生工作的决定》,首次提出要在全国建立新型农村合作医疗制度。2003年,国务院办公厅转发了由卫生部等部门联合制定的《关于建立新型农村合作医疗制度的意见》,指出新型农村合作医疗制度是由政府组织、引导、支持,农民自愿参加,个人、集体和政府多方筹资,以大病统筹为主的农民医疗互助共济制度。坚持以收定支、适度保障的原则。在筹资方面,实行个人缴费、集体扶持和政府资助相结合的筹资机制。还对农村合作医疗基金的管理做出了规定。在医疗服务管理方面提出要加强农村卫生服务网络建设,强化对农村医疗卫生机构的行业管理,积极推进农村医疗卫生体制改革,不断提高医疗卫生服务能力和水平,使农民得到较好的医疗服务。要完善并落实各种诊疗规范和管理制度,保证服务质量,提高服务效率,控制医疗费用。

"推行市场化"阶段医疗卫生体制改革中的机关政策见表5.1。

表 5.1　　　"推行市场化"阶段医疗卫生体制改革中的相关政策

文件名称	政策主要内容
《关于加强医院经济管理试点工作的意见》	• 为搞好医院的经济管理,给医院较大的自主权和机动权,以便充分发挥医疗单位的主观能动作用 • 实行定额管理制度,对医院可以实行"五定",即定任务、定床位、定编制、定业务技术指标、定经费补助 • 医院的经费补助准备实行"全额管理、定额补助,结余留用"的制度。医院增收节支的结余,主要用于改善医疗条件,也可以拿出一部分用于集体福利和个人奖励 • 要搞好药品管理的改革和科室核算,扩大医疗服务,组织合理收入,节约支出
《医院经济管理暂行办法（修改稿）》	• 实行计划管理和定额管理制度。医院要在国家和地方政府的计划指导下,上下结合实行"五定",即定任务、定床位、定人员编制、定业务技术指标、定经费补助,并制定相应的定额标准和管理制度 • 对药品要实行"金额管理、数量统计、实耗实销"的管理办法 • 医院要组织合理的医疗收入,把应收的费用收回来,做到应收不漏;收入要符合政策,防止片面追求经济收入的倾向 • 医院在定经费补助的基础上,当年收支相抵确有结余,可以用于发展事业、改善集体福利和个人奖励 • 医院在财务管理上应有一定自主权,在上级核定年度预算后,在符合相关规定的情况下,有决定各项经费开支的权力
《关于卫生工作改革若干政策问题的报告》	• 要鼓励工交企业和其他部门建立卫生机构,并向社会开放,卫生部门在技术方面给予帮助和支援。企业和其他部门也可与卫生部门联合办卫生机构,实行互惠互利 • 国家对医院的补助经费,除大修理和大型设备购置外,实行定额包干,补助经费定额确定后,单位有权自行支配使用 • 积极发展集体卫生机构。要鼓励和支持集体经济组织、城镇和街道组织举办医疗卫生设施,鼓励民主党派、群众团体办卫生机构,鼓励离退休医务人员集资办卫生机构 • 在农村村一级卫生机构的设置方面实行多种形式办医 • 对现行不合理的收费制度要逐步进行改革
《关于扩大医疗卫生服务有关问题的意见》	• 积极推行各种形式的承包责任制 • 允许有条件的单位和医疗卫生人员在保质保量完成承包任务,确保医疗卫生服务质量,坚持把社会效益放在首位的前提下,从事有偿业余服务,有条件的项目也可进行有偿超额劳动 • 医疗卫生服务的收费,要根据不同的设施条件、医疗技术水平拉开档次 • 对各项卫生检验、监测和咨询工作实行有偿服务的收入,应全部留给单位,在扣除必要的物质材料消耗和适当的仪器设备折旧后,用于改善职工的工作条件和生活待遇 • 医疗卫生事业单位实行"以副补主",组织多余人员举办直接为医疗卫生工作服务的第三产业或小型工副业,应按国家规定办理工商登记手续,内部应实行独立核算,自负盈亏。全民所有制企业或经营单位,1988年至1990年底国家暂免征收所得税;集体所有制企业或经营单位,需要在税收上予以照顾的,由纳税人提出申请,按税收管理权限,由税务部门酌情减征或免征所得税

续表

文件名称	政策主要内容
《卫生部关于深化卫生改革的几点意见》	• 各级政府加强对卫生工作的统一管理和宏观调控，提高卫生行政部门的综合协调能力和管理水平。按照精简、统一、高效的原则，逐步改变条块分割、政出多门的状况，对机构重叠、业务交叉的有关部门应进行调整 • 鼓励采取部门和企业投资、单位自筹、个人集资、银行贷款、社团捐赠、建立基金等多种形式，多渠道筹集社会资金，用于卫生建设 • 在财政补助政策上，要向农村和预防保健倾斜 • 遵循价值规律，改革医疗卫生服务价格体系，调整收费结构，保证基本医疗预防保健服务，放开特殊医疗预防保健服务价格 • 进一步扩大医疗卫生单位的自主权，使单位真正拥有劳动人事安排权、业务建设决策权、经营开发管理权和工资奖金分配权 • 医疗卫生单位应积极兴办医疗卫生延伸服务的工副业或其他产业，以工助医，"以副补主"。新办工副业争取按国发〔1989〕10 号文件精神，继续免征所得税 • 改革现行公费、劳保医疗制度，逐步建立起医药费用由国家、单位、个人适量分担，社会化程度较高的健康保障体系
《关于城镇医疗卫生体制改革的指导意见》国办发〔2000〕16 号	• 改革的目标是建立适应社会主义市场经济要求的城镇医药卫生体制，促进卫生机构和医药行业健康发展，让群众享有价格合理、质量优良的医疗服务，提高人民的健康水平 • 卫生行政部门要转变职能，政事分开，打破医疗机构的行政隶属关系和所有制界限，积极实施区域卫生规划，用法律、行政、经济等手段加强宏观管理，并逐步实行卫生工作全行业管理 • 合理划分卫生监督和卫生技术服务的职责，理顺和完善卫生监督体制，依法行使卫生行政监督职责，禁止各种非法行医 • 有关部门要建立和完善医疗机构、从业人员、医疗技术应用、大型医疗设备等医疗服务要素的准入制度 • 将医疗机构分为非营利性和营利性两类进行管理 • 建立健全社区卫生服务组织、综合医院和专科医院合理分工的医疗服务体系 • 加快实施区域卫生规划，采取多种措施调整和控制卫生资源的存量和增量 • 扩大公立医疗机构的运营自主权，实行公立医疗机构的自主管理，建立健全内部激励机制与约束机制 • 实行医药分开核算、分别管理。解决当前存在的以药养医问题，必须切断医疗机构和药品营销之间的直接经济利益联系 • 对非营利性医疗机构的收入实行总量控制，结构调整。在总量控制幅度内，综合考虑医疗成本、财政补助和药品收入等因素，调整不合理的医疗服务价格，体现医务人员的技术劳务价值 • 推进药品流通体制改革，整顿药品流通秩序。加强药品执法监督管理。要对药品的研制、生产、流通、使用全过程依法实行监督，对药品批发、零售企业分类监管，保证用药安全有效 • 基本医疗保险用药目录中的药品、预防用药、必要的儿科用药、垄断经营的特殊药品实行政府指导价或政府定价，有条件的可以制定全国统一零售价，其他药品价格由生产企业按照国家规定的作价办法自主定价。要引入市场机制，降低"虚高"价格

续表

文件名称	政策主要内容
《关于城镇医疗机构分类管理的实施意见》卫医发〔2000〕233号	• 政府举办的非营利性医疗机构主要提供基本医疗服务并完成政府交办的其他任务，其他非营利性医疗机构主要提供基本医疗服务，这两类非营利性医疗机构也可以提供少量的非基本医疗服务；营利性医疗机构根据市场需求可自主确定医疗服务项目 • 政府举办的非营利性医疗机构享受同级政府给予的财政补助，其他非营利性医疗机构不享受政府财政补助。非营利性医疗机构执行政府规定的医疗服务指导价格，享受相应的税收优惠政策。营利性医疗机构医疗服务价格放开，依法自主经营，照章纳税 • 非营利性医疗机构在我国医疗服务体系中占主体和主导地位 • 明确了规范非营利性医疗机构职工工资等收入的分配办法 • 各级卫生行政部门是政府依法管理卫生工作的职能部门，要合理划分中央和地方的事权，打破医疗机构行政隶属关系和所有制界限，加强全行业管理
《关于建立新型农村合作医疗制度的意见》国办发〔2003〕3号	• 坚持自愿参加，多方筹资，以收定支，保障适度，先行试点，逐步推广的原则 • 新型农村合作医疗制度是由政府组织、引导、支持，农民自愿参加，个人、集体和政府多方筹资，以大病统筹为主的农民医疗互助共济制度 • 新型农村合作医疗制度实行个人缴费、集体扶持和政府资助相结合的筹资机制 • 规定了农村合作医疗基金的管理办法 • 加强农村卫生服务网络建设，强化对农村医疗卫生机构的行业管理，积极推进农村医疗卫生体制改革，不断提高医疗卫生服务能力和水平，使农民得到较好的医疗服务 • 要完善并落实各种诊疗规范和管理制度，保证服务质量，提高服务效率，控制医疗费用

（三）改革的效果[①]

这一阶段的医疗卫生体制改革取得了一定的成效，主要体现在：人民健康水平不断提高；基本建立起遍及城乡的医疗卫生服务体系；初步建立了城镇职工医疗保险制度；开展了新型农村合作医疗制度试点；进一步提高了妇女儿童卫生保健水平；拉动了内需，带动了居民消费，促进了相关产业的发展[②]。通过竞争以及民间经济力量的广泛介入，医疗服务领域的供给能力全面提高；医疗服务机构的数量、医生数量以及床位数量都比计划经济时期有了明显的增长，技术装备水平全面改善，医务人员的业务素质迅速提高，能够开展的诊疗项目不断增加；所有制结构上的变动、管理体制方面的变革以及多层次的竞争，明显地提高了医疗服务机构及有关人员的积极性，内部

[①] 孙祁祥、郑伟、王国军等著："商业健康保险与中国医改——理论探讨、国际借鉴与战略构想"，经济科学出版社2010年版，16~18页。

[②] 迟福林：《2006中国改革评估报告》，中国经济出版社2006年版。

运转效率有了普遍提高①。

但是,这一阶段的医疗卫生体制改革也存在一些问题,突出表现为"看病难"与"看病贵"②,医疗纠纷频发、医患冲突升级,医疗机构趋利现象严重等。

1. "看病难"与"看病贵"

这一时期,中国医疗资源的分布特点是城乡分割、城乡两极分化,医疗卫生体制在保障性与公平性方面出现问题,"看病难"的现象比较严重。较多的医疗资源汇集在城市和三级医疗机构,农村人口可以获得的医疗资源数量非常有限。农村医疗资源的质量差,医护人员技术水平、医疗设备先进程度较低,难以保障老百姓有效就诊。农村人口进城看病,医疗负担大大提高。2003年,中国爆发"非典",广大农村的卫生防疫网络由于机构不全、设施落后、技术低下,控制疫情的应急能力极为低下。

此阶段的医疗卫生体制改革,还导致了医疗费用普遍上涨,给老百姓造成了"看病贵"的巨大困扰。这一阶段改革的特点是政府政策支持力度大,资金支持力度小。政府支持医疗机构扩大服务项目和服务范围,通过有偿服务增加收入,自负盈亏,而在医疗卫生事业上的财政支出非常有限。政策倒逼医疗机构增加药物、检查等项目的价格和销售数量,以此维持运营,甚至谋求高额利润。不断上升的医疗费用,最终由老百姓和政府买单。数据显示,与1993年相比,1998年县医院每诊次费用和每床日费用分别上涨了232.48%和208.07%;乡镇卫生院每诊次费用和每床日费用分别上涨了141.00%和156.72%;与1980年相比,1997年政府财政支出增长7.5倍,公费医疗和劳保医疗费用支出却增长18.2倍③。

2. 医疗纠纷频发,医患冲突升级

医患纠纷是改革开放以来产生的新的社会矛盾。医患纠纷小则影响家庭的幸福与医院的工作环境,大则危及和谐社会的建设。

医患纠纷产生的原因主要有以下几点:一是政府对医院的投入减少,促使医院不得不进行创收。二是医务人员的收入与社会其他行业相比偏低。三是部分医生、护士的职业操守、医疗技术与护理水平确实存在问题。四是部分患者缺乏医疗知识,或者感情上不能接受亲属残疾或死亡的结果。

3. 医疗机构趋利现象严重

医疗机构的趋利现象根据其隐蔽程度,可以分为两类:一类是隐蔽性不强的红

---

① 2005年国务院发展研究中心与世界卫生组织合作的研究报告《中国医疗卫生体制改革》。

② 社会各界对"看病难"和"看病贵"的看法有争议,存在两种不同的论断。一种论断认为"看病难"和"看病贵"是不争的事实,理由是医疗卫生资源总量有限、在城乡及区间配置失衡,城市优质资源较多,农村及偏远地区优质资源较少;医疗保障水平不高,居民个人医疗费用负担较重;政府财政投入严重不足,医院逐利倾向严重;药品及医疗器械生产流通秩序混乱,层层加价。另一种论断认为看病不难也不贵,理由是公众过度追求优质的医疗资源及疗效使其感觉"看病难"和"看病贵",适当降低对医疗资源水平(如去一般的医院、选择知名度一般的医生等)和疗效的要求,则看病就会不难也不贵;与美国等诸多发达国家相比,在中国看病确实不难也不贵。

③ 朱凤梅:"1985~2015年我国医疗卫生体制改革逻辑评述",《中国卫生经济》,2016:5~9页。

包、回扣现象;另一类是隐蔽性、迷惑性极强的"过度检查""大处方"等现象。红包、回扣现象是不合法的内容披着不合理的外衣,而"过度检查""大处方"等现象则是不合理的内容披着合法的外衣,具有极大的隐蔽性。

医疗机构是公益性极强的行业,素有"良心行业"之称,医护这个职业对从业者的道德要求比其他职业更高。然而,一旦"白衣天使"为了红包与回扣等好处而置医德医风不顾,置救死扶伤的宗旨不理,进行权钱交易等腐败堕落行为,其不仅会造成社会资源的浪费,并且会给社会造成极大的视觉冲击、心理冲击与道德冲击,产生恶劣的社会影响,甚至激化社会矛盾。另外,在趋利动机的驱使下,"过度检查""大处方"等现象直接导致"看病难、看病贵"等医疗行业的顽症,造成医疗行业口碑的下降。

医疗机构的趋利现象有多方面的原因:一是政府卫生投入不足,医疗机构主要依靠以药养医和医疗服务收费维持运行,实行创收归己、自行支配的政策,直接导致医疗机构的趋利行为。二是受社会上不良风气的影响,医疗行业职业道德建设薄弱,同时,与社会的高收入行业相比,医护人员的收入水平偏低,导致不平衡感强,使得部分医护人员放弃了职业操守,为了追逐个人私利而不顾公共利益。三是医疗机构激励机制不科学。在医护人员的收入结构中,绩效工资是很重要的一块。绩效是以工作人员的创收利润来核定的。在这样的利益驱动之下,医生倾向于开大处方,多做检查。四是医院、医生与患者之间存在着严重的信息不对称现象。医患关系中医院、医生处于强势的地位,这为医疗机构的趋利行为大开方便之门。

2005年,国务院发展研究中心与世界卫生组织合作的研究报告《中国医疗卫生体制改革》指出,"医疗卫生体制出现商业化、市场化的倾向是完全错误的,违背了医疗卫生事业的基本规律","目前中国的医疗卫生体制改革基本上是不成功的"。

二、"回归公益性"阶段的中国医疗卫生体制改革

2006年9月,成立了由11个相关部委组成的医改协调小组,国家发改委主任和卫生部部长共同出任组长,新一轮的医改正式启动。2007年年初,医改协调小组委托6家机构进行独立、平行的研究,为决策提供参考,后来增加到9家机构。2007年5月底,国家发改委等部门组织召开中国医药卫生体制改革国际研讨会对医改方案进行评审。

2007年10月召开的中共十七大报告提出,"人人享有基本医疗卫生服务""坚持公共医疗卫生的公益性质""强化政府责任和投入",明确了医改的指导原则。

2008年10月,《关于深化医药卫生体制改革的意见(征求意见稿)》开始在网络上征求意见。

2009年1月,在时任国务院总理的温家宝主持召开的国务院常务会议上,新医改方案获原则通过。2009年4月,《中共中央、国务院关于深化医药卫生体制改革的

意见》正式公布。本次医疗卫生体制改革，针对过去医疗卫生体制存在的弊端，严格遵循了十七大报告提出的医改指导原则，力图破除"看病难"和"看病贵"的困局，主要体现在以下几点。

（一）医改"坚持公共医疗卫生的公益性质"

本次医疗卫生体制改革的指导思想明确提出，"坚持公共医疗卫生的公益性质"，在医改基本原则中提出："从改革方案设计、卫生制度建立到服务体系建设都要遵循公益性的原则，把基本医疗卫生制度作为公共产品向全民提供，着力解决群众反映强烈的突出问题，努力实现全体人民病有所医。"

（二）医改坚持"强化政府责任和投入"

本次医疗卫生体制改革的指导思想明确提出"强化政府责任和投入"，医改基本原则要求："坚持公平与效率统一，政府主导与发挥市场机制作用相结合。强化政府在基本医疗卫生制度中的责任，加强政府在制度、规划、筹资、服务、监管等方面的职责，维护公共医疗卫生的公益性，促进公平公正。同时，注重发挥市场机制作用，动员社会力量参与，促进有序竞争机制的形成，提高医疗卫生运行效率、服务水平和质量，满足人民群众多层次、多样化的医疗卫生需求。"

（三）医改坚持"人人享有基本医疗卫生服务"

本轮医疗卫生体制改革着重提出"人人享有基本医疗卫生服务"这一指导原则，在医改目标中有明确体现："新医改的总体目标是建立健全覆盖城乡居民的基本医疗卫生制度，为群众提供安全、有效、方便、价廉的医疗卫生服务。到2011年，基本医疗保障制度全面覆盖城乡居民，基本药物制度初步建立，城乡基层医疗卫生服务体系进一步健全，基本公共卫生服务得到普及，公立医院改革试点取得突破，明显提高基本医疗卫生服务可及性，有效减轻居民就医费用负担，切实缓解'看病难、看病贵'问题。到2020年，覆盖城乡居民的基本医疗卫生制度基本建立。普遍建立比较完善的公共卫生服务体系和医疗服务体系、比较健全的医疗保障体系、比较规范的药品供应保障体系、比较科学的医疗卫生机构管理体制和运行机制，形成多元办医格局，人人享有基本医疗卫生服务，基本适应人民群众多层次的医疗卫生需求，人民群众健康水平进一步得到提高。"

（四）医改坚持的主要举措

本次医改主要着力于完善医药卫生体系和完善体制机制。完善医药卫生体系的具体做法是："建设覆盖城乡居民的公共卫生服务体系、医疗服务体系、医疗保障体系、药品供应保障体系，形成四位一体的基本医疗卫生制度。"完善体制机制的具体做法是："完善医药卫生的管理、运行、投入、价格、监管体制机制，加强科技与人才、信息、法制建设，保障医药卫生体系有效规范运转。"

为配合医改新方案的贯彻落实，2009年，国务院发布了《医药卫生体制改革近期重点实施方案（2009~2011年）》，提出了2009~2011年医药卫生体制改革工作的五个重点：

（1）建设基本医疗保障制度。城镇职工基本医疗保险、城镇居民基本医疗保险和新型农村合作医疗参保（合）率达到90%以上；进一步健全城乡医疗救助制度，明显减轻城乡居民个人医药费用负担。

（2）初步建立国家基本药物制度。规范基本药物的生产和配送，基层医疗卫生机构基本药物直接配送覆盖面力争达到80%。合理确定基本药物的价格，完善基本药物的医保报销政策，提高合理用药水平，减轻群众基本用药费用负担。

（3）健全基层医卫服务体系。实现基层医疗卫生服务网络的全面覆盖，农村居民小病不出乡，城市居民享有便捷有效的社区卫生服务。城乡居民基本医疗卫生服务费用负担减轻，利用基层医疗卫生服务量明显增加。

（4）促进基本卫生服务均等化。完善公共卫生服务经费保障机制，加强绩效考核，提高服务效率和质量。

（5）推进公立医院改革试点。采取有效方式改革以药补医机制，加大政府投入，规范收支管理，使药品、检查收入比重明显下降。明显缩短病人等候时间，实现检查结果互认。

2012年国务院印发了《"十二五"期间深化医药卫生体制改革规划暨实施方案》，提出从如下四个方面着手进一步深化医药卫生体制改革：

（1）加快健全全民医保体系。巩固扩大基本医保覆盖面，提高基本医疗保障水平，完善基本医保管理体制，提高基本医保管理服务水平，改革完善医保支付制度，完善城乡医疗救助制度，积极发展商业健康保险，探索建立重特大疾病保障机制。

（2）巩固完善基本药物制度和基层医疗卫生机构运行新机制。深化基层医疗卫生机构综合改革，扩大基本药物制度实施范围，完善国家基本药物目录，规范基本药物采购机制，提高基层医疗卫生机构服务能力，推进全科医生制度建设，促进人才向基层流动，加快推进基层医疗卫生机构信息化。

（3）积极推进公立医院改革。落实政府办医责任，推进补偿机制改革，控制医疗费用增长，推进政事分开、管办分开。强化卫生行政部门规划、准入、监管等全行业管理职能，建立现代医院管理制度，开展医院管理服务创新，全面推进县级公立医院改革，拓展深化城市公立医院改革。

（4）统筹推进相关领域改革。提高基本公共卫生服务均等化水平。推进医疗资源结构优化和布局调整，大力发展非公立医疗机构，创新卫生人才培养使用制度，推进药品生产流通领域改革，加快推进医疗卫生信息化，健全医药卫生监管体制。

2016年，国务院印发了《"十三五"深化医药卫生体制改革规划》，提出从以下六个方面着手进一步深化医药卫生体制改革。

(1) 建立科学合理的分级诊疗制度。坚持居民自愿、基层首诊、政策引导、创新机制,以家庭医生签约服务为重要手段,鼓励各地结合实际情况推行多种形式的分级诊疗模式,推动形成基层首诊、双向转诊、急慢分治、上下联动的就医新秩序。主要从健全完善医疗卫生服务体系、提升基层医疗卫生服务能力、引导公立医院参与分级诊疗、推进形成"诊疗—康复—长期护理"连续服务模式、科学合理引导群众就医需求等方面着手建立科学合理的分级诊疗制度。

(2) 建立科学有效的现代医院管理制度。深化县级公立医院综合改革,加快推进城市公立医院综合改革。主要从完善公立医院管理体制度,建立规范高效的运行机制,建立符合医疗卫生行业特点的编制人事和薪酬制度,建立以质量为核心、公益性为导向的医院考评机制,控制公立医院医疗费用不合理增长等方面着手建立科学有效的现代医院管理制度。

(3) 建立高效运行的全民医疗保障制度。按照保基本、兜底线、可持续的原则,围绕资金来源多元化、保障制度规范化、管理服务社会化三个关键环节,加大改革力度,建立高效运行的全民医疗保障体系。坚持精算平衡,完善筹资机制,以医保支付方式改革为抓手推动全民基本医保制度提质增效。建立起较为完善的基本医保、大病保险、医疗救助(Medical Assistance)、疾病应急救助、商业健康保险和慈善救助衔接互动、相互联通机制。主要从健全基本医保稳定可持续筹资和报销比例调整机制、深化医保支付方式改革、推动基本医疗保险制度整合、健全重特大疾病保障机制、推动商业健康保险发展等方面建立高效运行的全民医疗保障制度。

(4) 建立规范有序的药品供应保障制度。实施药品生产、流通、使用全流程改革,调整利益驱动机制,破除以药补医,推动各级各类医疗机构全面配备、优先使用基本药物,建设符合国情的国家药物政策体系,理顺药品价格,促进医药产业结构调整和转型升级,保障药品安全有效、价格合理、供应充分。主要从深化药品供应领域改革、深化药品流通体制改革、完善药品和高值医用耗材集中采购制度、巩固完善基本药物制度、完善国家药物政策体系等方面着手建立规范有序的药品供应保障制度。

(5) 建立严格规范的综合监管制度。健全医药卫生法律体系,加快转变政府职能,完善与医药卫生事业发展相适应的监管模式,提高综合监管效率和水平,推进监管法治化和规范化,建立健全职责明确、分工协作、运行规范、科学有效的综合监管长效机制。主要从深化医药卫生领域"放管服"改革、构建多元化的监管体系、强化全行业综合监管、引导规范第三方评价和行业自律等方面着手建立严格规范的综合监管制度。

(6) 统筹推进相关领域改革。主要从健全完善人才培养使用和激励评价机制、加快形成多元办医格局、推进公共卫生服务体系建设等方面统筹推进相关领域改革。

专栏 5.1
新一轮医疗卫生体制改革的成效

2009年启动深化医改后,特别是党的十八大以来,坚持把基本医疗卫生制度作为公共产品向全民提供的核心理念,坚持保基本、强基层、建机制的基本原则,坚持统筹安排、突出重点、循序推进的基本路径,攻坚克难,扎实推进改革各项工作,深化医改取得了重大进展和明显的成效。

一是基本建立全民医保制度。以基本医疗保障为主体的多层次医疗保障体系逐步健全,保障能力和管理水平逐步提高。职工医保、城镇居民医保和新农合参保人数超过13亿,参保覆盖率稳固在95%以上。城乡居民基本医保财政补助标准由改革前2008年的人均80元提高到2016年的420元。全面实施城乡居民大病保险,推动建立疾病应急救助制度,不断完善医疗救助制度。大力推进支付制度改革,加快推进基本医保全国联网和异地就医结算工作。支持商业健康保险加快发展。我国在较短的时间内织起了全世界最大的全民基本医保网,为实现人人病有所医提供了制度保障。

二是全面深化公立医院改革。县级公立医院改革已全面推开。国家联系试点城市扩大到200个,省级综合改革试点扩大到11个。改革地区紧紧围绕破除以药补医、创新体制机制、调动医务人员积极性三个关键环节,落实政府的领导责任、保障责任、管理责任、监督责任,探索建立现代医院管理制度,推动医院管理模式和运行方式转变,着力建立维护公益性、调动积极性、保障可持续的公立医院运行新机制,同时积极促进健康服务业和社会办医发展。

三是有序推进分级诊疗制度建设。加快建立"基层首诊、双向转诊、急慢分治、上下联动"的分级诊疗制度。提升基层医疗卫生服务能力,支持县级医院和基层医疗卫生机构标准化建设,加强以全科医生为重点的基层卫生人才队伍培养。完善医疗卫生机构间分工协作机制。推动大医院和基层形成利益共同体、责任共同体、发展共同体。开展多种形式的家庭医生签约服务试点。以高血压、糖尿病为重点开展分级诊疗试点工作,探索结核病分级诊疗综合防治服务模式。

四是逐步健全药品供应保障体系。不断完善基本药物遴选、生产、流通、使用、定价、报销、监测评价等环节的管理制度,加强国家基本药物制度与公共卫生、医疗服务、医疗保障体系的衔接。改革完善公立医院药品和高值医用耗材集中采购办法。对部分专利药品、独家生产药品,完善药品价格谈判策略。构建药品生产流通新秩序。大力推进药品价格改革,绝大多数药品实际交易价格主要由市场竞争形成。

五是大力实施公共卫生服务项目。基本公共卫生服务项目的政府补助标准不断提高。人均基本公共卫生服务经费补助从2009年的15元提高到2016年的45元，项目类别达到了12大类，基本覆盖居民生命全过程。重大公共卫生服务项目覆盖范围不断扩大。

六是不断完善综合监管制度。在深化医改中着力用法治思维建立政府为主体、社会多方参与的医药卫生监管体制。加强医疗卫生服务属地化和全行业监管，重点强化医疗卫生服务行为和质量监管，不断完善医疗卫生服务标准和质量控制评价评估体系。强化事中和事后监管。

通过不懈努力，群众负担实现"一优两降"，即医院收入结构持续优化，全国公立医院药占比已从2010年的46.33%降至40%左右，政府办医疗机构收入增幅由2010年的18.97%降至10%左右，个人卫生支出占卫生总费用的比重降到30%以下，为近二十年来的最低水平。与此同时，人民健康水平实现"一升两降"，即人均期望寿命从2010年的74.83岁提高到2015年的76.34岁，提高了1.51岁，孕产妇死亡率从31.9/10万降为20.1/10万，婴儿死亡率从13.8‰降为8.1‰，人民健康水平总体上优于中高收入国家的平均水平，用较少的投入取得了较高的健康绩效。实践证明，我们坚持用中国式办法解决医改这个世界性难题，方向正确、路径清晰、措施得力、成效显著，改革成果广泛惠及人民群众，对解决看病就医问题，提高人民群众健康素质，维护社会公平正义，促进经济社会发展发挥了重要作用。

当前，人民生活水平不断提高，健康需求日益增长，但我国卫生资源总量不足、结构不合理、分布不均衡、供给主体相对单一、基层服务能力薄弱等问题仍比较突出，维护和促进人民健康的制度体系仍需不断完善。

资料来源：解读"十三五"深化医药卫生体制改革规划，国家卫计委网站，http://www.nhfpc.gov.cn/tigs/s7847/201701/e09e4b8159b341959652f1fd07cbfb93.shtml，2017年1月9日。

"回归公益性"阶段的中国医疗卫生体制改革政策总结见表5.2。

表5.2　　　　"回归公益性"阶段的中国医疗卫生体制改革政策

文件名称	政策主要内容
《中共中央、国务院关于深化医药卫生体制改革的意见》中发〔2009〕6号	• 医改坚持公共医疗卫生的公益性质、坚持强化政府责任和投入、坚持人人享有基本医疗卫生服务 • 全面加强公共卫生服务体系建设 • 进一步完善医疗服务体系 • 加快建设医疗保障体系 • 建立健全药品供应保障体系

续表

文件名称	政策主要内容
《国务院关于印发医药卫生体制改革近期重点实施方案（2009~2011年）的通知》国发〔2009〕12号	• 建设基本医疗保障制度 • 初建国家基本药物制 • 健全基层医卫服务体系 • 健全基层医卫服务体系 • 推进公立医院改革试点
《"十二五"期间深化医药卫生体制改革规划暨实施方案》国发〔2012〕11号	• 加快健全全民医保体系 • 巩固完善基本药物制度和基层医疗卫生机构运行新机制 • 积极推进公立医院改革 • 提高基本公共卫生服务均等化水平。推进医疗资源结构优化和布局调整，大力发展非公立医疗机构，创新卫生人才培养使用制度，推进药品生产流通领域改革，加快推进医疗卫生信息化，健全医药卫生监管体制
《"十三五"深化医药卫生体制改革规划》国发〔2016〕78号	• 建立科学合理的分级诊疗制度 • 建立科学有效的现代医院管理制度 • 建立高效运行的全民医疗保障制度 • 建立规范有序的药品供应保障制度 • 建立严格规范的综合监管制度 • 从健全完善人才培养使用和激励评价机制、加快形成多元办医格局、推进公共卫生服务体系建设等方面统筹推进相关领域改革

第二节 中国医疗卫生体制改革中的健康保险规制

一、"推行市场化"阶段的医改中的健康保险规制

在这一阶段的医疗卫生体制改革中，中国逐步废止了旧的医疗保障制度①，新的医疗保障制度②逐步确立。商业健康保险仅被用来充当小的补充角色，发展十分受限。

在社会医疗保险体系中，假设不同的投保人有着相同的边际成本（Marginal Cost）。而影响投保人边际收益（Marginal Revenue）的因素有很多，比如收入、对健康的重视程度、性别、年龄等都会使健康状况相同的人的边际收益有所不同。

---

① 旧的医疗保险制度指的是改革以前确立的劳保制度、公费医疗制度、农村合作医疗制度等。
② 新的医疗保险制度指的是1998年以后确立的城镇职工医疗保险制度、新型农村合作医疗制度、城镇居民医疗保险制度等。

为说明问题并不失一般性,仅以收入为例:在统计学意义上,在同样的边际成本下,高收入者和低收入者的边际收益有很大的不同,高收入者比低收入者更加重视医疗保健,因为健康的身体可以使他们的高收入得到持续,或者更能让他们享受高收入带来的高质量的生活。因此,高收入者和低收入者的医疗服务的消费量将会不同(见图 5.1)。

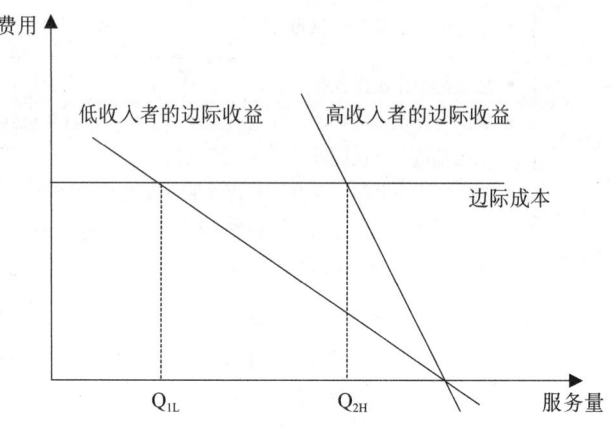

图 5.1 不同收入者的医疗卫生服务需求

在社会医疗的范围内,公平分配医疗卫生资源和让每个人享有自由(使其边际成本等于边际收益)这两种要求之间的矛盾是客观存在的。

在社会医疗体系中,这种冲突不可避免。因为在社会医疗保险体系中,如果允许高收入者在医疗保险体系中获得了更多的医疗服务,将造成参加者之间实质上的"劫贫济富",与社会保险济弱助贫、消弭贫富差距的社会再分配功能相悖;相反,若高收入者不能在医疗保险体系中享有基本自由(边际成本等于边际收益),那么保险将失去他们的支持,逆向选择的存在使相对富有者退出医疗保险,剩下的投保人中相对富裕者的连续退出将摧毁整个保险制度。对此,社会医疗保险制度机构必须采取相应措施,比如加强医疗保险的强制性,使这种矛盾得到部分缓解。但无论如何,这些矛盾在社会医疗保险的层面上是无法得到有效化解的,因为过高的强制性最终将损失社会效率。市场经济国家近年来的改革实践证明:社会医疗保险之内化解不了的矛盾需要商业性的健康保险来解决。社会医疗保险只能保基本,商业健康保险能提供更高层次的保障。

在当时的规制背景下,因为商业健康保险在当时的医疗保障体系中只能充当两种小的补充角色,一是提供基本医疗保险以外健康保险产品,二是提供基本医疗保险的承办服务。基本医疗保险以外的医疗保险产品主要包括补充医疗保险和商业健康保险,而大部分补充医疗保险业务实际上还是被政府机构垄断,商业健康保险的实际有效需求非常有限。商业保险公司承办政府机构委托的城镇职工和居民医疗保险以及"新农合"等基本医疗保险,在承办过程中主要提供方案设计、咨询建议、委托基金管理、医疗服务调查、医疗费用审核、医疗费用报销支付、健康管理等服务，不承担保障基金盈亏风险。

专栏 5.2

"厦门模式"

厦门大病保险等采用"政府主导、集体投保、市场化运行"的方式实施，社保中心作为集体投保人，代表投保人统一向商业保险公司投保大病保险等保险，投保人员发生的超过基本医保最高支付限额的医疗费用由商业保险公司赔付。政府部门通过公开招投标的方式选择商业保险公司办理大病保险业务，厦门市保监局负责审定商业保险公司的准入资格。政府部门在选择保险公司时兼顾价格与质量，在适当的价格水平上选择最优质量的服务，这能有效避免了因恶性价格竞争而造成的服务质量水平下降的问题。这就是著名的"厦门模式"。

早在1997年，厦门市社保局就代表参保的城镇职工以投保人的身份向保险公司统一投保补充医疗保险，医疗费用超出社会医疗保险统筹基金最高支付限额的部分，由保险公司赔付。厦门市职工医疗保险管理中心以24元（每人每年）的标准向太平洋人寿投保职工大病补充医疗保险。

2001年，厦门市开始在农村地区开展新型农村合作医疗保险的试点工作，将"新农合"业务委托给商业保险公司经营，厦门市卫生局则负责与商业保险公司签订保险协议。

2006年，厦门市开展了城镇居民基本医疗保险试点工作，厦门市的每个城镇居民的基本医疗保险费用限额为5.3万元，超出限额的部分由补充医疗保险报销。政府采用公开招标的方式将补充医疗保险业务委托给中标的商业保险公司办理。

2010年，厦门市城镇和农村居民以及大学生实现了均等化的医疗保险保障，建立起了城乡居民大病保险制度，率先在全国实现了大病保险的全覆盖。

从2012年开始，厦门市城乡居民只需每年缴纳100元基本医疗保险费，就可以享受城乡居民基本医疗保险以及城乡居民补充医疗保险的"双重待遇"。厦门市城乡居民每年可以报销的基本医疗费用限额为10万元，超出10万元的部分则由城乡补充医疗保险解决，城乡补充医疗保险报销限额是21万元，后来调整为35万元。

实践证明，厦门大病保险中呈现的商业保险机制，即政府主导和商保运营相结合的政企合作方式，城镇职工和城乡居民相结合的城乡一体化管理方式，专业风险管控和"一站式"即时结算相结合的服务方式，在提升参保人员的医疗保障水平、提高医保基金的使用效率方面显示了强大的推动作用。

资料来源：厦门网，http://news.xmnn.cn/a/xmxw/201508/t20150807_4589738.htm。徐雄勇："我国社会医疗保险委托经办管理研究"，西南财经大学，2013年。

二、"回归公益性"阶段的医改中的健康保险规制

在新一轮的医疗卫生体制改革中,健康保险的发展地位、发展方向、发展要求、政策支持等逐渐被明确,政府不断引导健康保险参与到医疗保障事业的建设中来。

(一) 明确发展地位

《关于深化医药卫生体制改革的意见》指出,要加快建立和完善以基本医疗保障为主体,其他多种形式补充医疗保险和商业健康保险为补充,覆盖城乡居民的多层次医疗保障体系,要积极发展商业健康保险,从而明确了商业健康保险在医疗保障体系中的补充地位。

(二) 鼓励开发并提供丰富的产品与服务

《关于深化医药卫生体制改革的意见》提出鼓励商业保险机构开发适应不同需要的健康保险产品,简化理赔手续,方便群众,满足多样化的健康需求。

《"十三五"深化医药卫生体制改革规划》提出要加快发展医疗责任保险、医疗意外保险,探索发展多种形式的医疗执业保险。丰富健康保险产品,大力发展消费型健康保险,促进发展各类健康保险,强化健康保险的保障属性。鼓励保险公司开发中医药养生保健等各类商业健康保险产品,提供与其相结合的中医药特色健康管理服务。

《国务院办公厅关于支持社会力量提供多层次多样化医疗服务的意见》提出医保管理机构与社会办医疗机构签订服务协议,在程序、时限、标准等方面与公立医疗机构同等对待。要丰富健康保险产品,大力发展与基本医疗保险有序衔接的商业健康保险。加强多方位鼓励引导,积极发展消费型健康保险。建立经营商业健康保险的保险公司与社会办医疗机构信息对接机制,方便患者通过参加商业健康保险解决基本医疗保险覆盖范围之外的需求。鼓励商业保险机构和健康管理机构联合开发健康管理保险产品,加强健康风险评估和干预。支持商业保险机构和医疗机构共同开发针对特需医疗、创新疗法、先进检查检验服务、利用高值医疗器械等的保险产品。加快发展医疗责任保险、医疗意外保险等多种形式的医疗执业保险。推动商业保险机构以战略合作、收购、新建医疗机构等方式整合医疗服务产业链,探索健康管理组织等新型健康服务提供形式。

(三) 引导参与医疗保障事业

《关于深化医药卫生体制改革的意见》《医药卫生体制改革近期重点实施方案(2009~2011年)》均提出:在确保基金安全和有效监管的前提下,积极提倡以政府

购买医疗保障服务的方式，探索委托具有资质的商业保险机构经办各类医疗保障管理服务。

《"十二五"期间深化医药卫生体制改革规划暨实施方案》指出，要探索建立重特大疾病保障机制，充分发挥基本医保、医疗救助、商业健康保险、多种形式补充医疗保险和公益慈善的协同互补作用，切实解决重特大疾病患者的因病致贫问题。在提高基本医保最高支付限额和高额医疗费用支付比例的基础上，统筹协调基本医保和商业健康保险政策，积极探索利用基本医保基金购买商业大病保险或建立补充保险等方式，有效提高重特大疾病保障水平。

《关于商业保险机构参与新型农村合作医疗经办服务的指导意见》指出，商业保险机构参与新农合经办服务是保险业服务医药卫生体制改革和医疗保障体系建设的重要方式和途径，是引入竞争机制，改革政府公共服务提供方式、创新社会事业管理的有益探索。

《关于开展城乡居民大病保险工作的指导意见》指出，城乡居民大病保险的承办采取向商业保险机构购买大病保险的方式，并通过招标（Invitation to Tender）的方式来选择合适的保险机构。

《"十三五"深化医药卫生体制改革规划》提出要积极发挥商业健康保险机构在精算技术、专业服务和风险管理等方面的优势，鼓励和支持其参与医保经办服务，形成多元经办、多方竞争的新格局。在确保基金安全和有效监管的前提下，以政府购买服务方式委托具有资质的商业保险机构等社会力量参与基本医保的经办服务，承办城乡居民大病保险。按照政府采购的有关规定，选择商业保险机构等社会力量参与医保经办服务。

（四）商业保险机构参与新型农村合作医疗经办服务的具体规制

《关于商业保险机构参与新型农村合作医疗经办服务的指导意见》在商业保险机构参与新农合经办服务应当具备的条件、新农合基金管理、经办服务质量与效率、监督管理、新农合经办服务费用等方面做出了明确的规定。

1. 商业保险机构参与新农合经办服务应当具备的条件

（1）当地政府和商业保险机构均有合作意愿，并明确各自权利、义务和责任。

（2）商业保险机构应当取得健康保险业务资质。

（3）商业保险机构应当在统筹地区设有分支机构，具备完善的服务网络，能够组建具有医学等专业背景的专管员队伍，并在定点医疗机构设立即时结报点，具备远程即时结报条件的医疗机构可以不设立结报点。

（4）商业保险机构总部同意分支机构参与当地"新农合"业务经办服务工作，并承诺提供相关支持。

2. 新农合基金管理规制

新农合基金全部纳入财政专户，实行收支两条线管理，做到专款专用，封闭运行，确保基金安全。新农合基金和利息收入全部用于参合人员的医疗保障，不得挪作他用。商业保险机构可在财政、卫生部门认定的国有或国有控股商业银行设立新农合基金支出户，但一个统筹地区至多开设一个新农合基金支出户，新农合基金支出户除用于向定点医疗机构结算医药费用、向参合人员支付补偿费用和向财政专户划拨该账户资金利息外，不得发生其他支出业务。商业保险机构要建立健全内控制度，加强参合人员医药费用审核，因商业保险机构违规操作、审核不严造成新农合基金损失的，商业保险机构要承担相应的经济责任。

3. 经办服务质量与效率规制

要针对新农合业务特点，不断完善经办业务管理和服务流程，加强新农合信息共享，规范服务标准，提高服务水平，缩短结报时限。要做好医疗费用报销的调查、审核，并自觉接受参合人员和社会各界的监督。经办过程中发现定点医疗机构存在不当医疗行为时，商业保险机构要及时向卫生部门报告，并按有关规定进行处理。要积极探索利用商业保险机构统一的信息系统平台和垂直管理体系，为参合人员异地就医结算、费用审核提供便利，为统筹区域外定点医疗机构开展集中审核、支付，减轻定点医疗机构的工作压力。在委托商业保险机构经办的基础上，鼓励各地进一步积极探索多种合作方式，形成商业保险机构共担风险的机制，发挥新农合与商业保险的协同作用。保险公司可在参合人员自愿的基础上，提供商业补充医疗保险，提高农村居民医疗保障水平，满足农村居民多层次医疗保障需求，但新农合专管员不得从事商业补充医疗保险产品的营销工作，不得利用新农合报销补偿推销或者变相推销商业补充医疗保险产品。对违规从事商业补充医疗保险营销的新农合专管员，要按有关规定严肃处理。

4. 监督管理

政府有关部门要健全新农合监管队伍，强化对商业保险机构的监督管理。要定期对商业保险机构经办服务质量开展考核，可以通过建立经办服务质量保证金等措施，约束商业保险机构经办服务行为。统筹地区卫生部门要对商业保险机构审核医药费用进行随机抽查，住院患者的抽查比例不低于10%，门诊患者的抽查比例不低于3%。商业保险机构要主动接受当地卫生、财政、审计等部门对新农合经办工作的指导和监督；要按要求定期向卫生、财政等部门提供有关报表和报告，并及时移交相关档案材料；做好参合人员个人信息安全保障，防止信息外泄和滥用。商业保险机构总公司要把分支机构经办新农合的情况和经办服务质量纳入年度考核。

5. 新农合经办服务费用规制

合理确定新农合经办服务费用。要根据当地经济社会发展水平，坚持"保本微利"的原则，综合考虑委托经办商业保险机构的服务成本、内容、质量等因素，合理确定委托经办服务费用标准，并建立经办服务费用形成和常规调整机制。在商业保险市场发育较为充分的地区，应当按照政府采购法的有关规定，公开招标确定经办机构和服务费用。公开招标应当遵循"公开、公平、公正"的原则，在综合考虑商业保险机构经办服务能力、承诺、价格等因素的基础上确定商业保险机构。在其他地区，应当采用邀请招标、竞争性谈判等方式遴选商业保险机构，并合理确定经办服务费用。经办服务费用应当按时、足额支付。

（五）商业保险机构承办城乡居民大病保险的具体规制

《关于开展城乡居民大病保险工作的指导意见》在准入条件、大病保险招标投标与合同、大病保险管理服务的能力和水平、监督管理等方面对商业保险机构承办城乡居民大病保险做了具体规制。

1. 准入条件

（1）符合中国保监会规定的经营健康保险的必备条件在中国境内经营健康保险专项业务5年以上，具有良好市场信誉。

（2）具备完善的服务网络和较强的医疗保险专业能力。

（3）配备医学等专业背景的专职工作人员。

（4）商业保险机构总部同意分支机构参与当地大病保险业务，并提供业务、财务、信息技术等支持；能够实现大病保险业务单独核算。

2. 大病保险招标投标与合同

要坚持公开、公平、公正和诚实信用的原则，建立健全招标机制，规范招标程序。商业保险机构要依法投标。招标人应与中标商业保险机构签署保险合同，明确双方的责任、权利和义务，合作期限原则不低于3年。要遵循收支平衡、保本微利的原则，合理控制商业保险机构盈利率，建立起以保障水平和参保（合）人满意度为核心的考核办法。为有利于大病保险长期稳定运行，切实保障参保（合）人实际受益水平，可以在合同中对超额结余及政策性亏损建立相应动态调整机制。各地要不断完善合同内容，探索制定全省（区、市）统一的合同范本。因违反合同约定，或发生其他严重损害参保（合）人权益的情况，合同双方可以提前终止或解除合作，并依法追究责任。

3. 大病保险管理服务的能力和水平

规范资金管理，商业保险机构承办大病保险获得的保费实行单独核算，确保资金安全，保证偿付能力。加强与城镇居民医保、新农合经办服务的衔接，提供"一站式"即时结算服务，确保群众方便、及时享受大病保险待遇。经城镇居民医保、新农合经办机构授权，可依托城镇居民医保、新农合信息系统，进行必要的信息交换和数据共享，以完善服务流程，简化报销手续。发挥商业保险机构全国网络等优势，为参保（合）人提供异地结算等服务。与基本医疗保险协同推进支付方式改革，按照诊疗规范和临床路径，规范医疗行为，控制医疗费用。

商业保险机构要切实加强管理，控制风险，降低管理成本、提升服务效率，加快结算速度，依规及时、合理向医疗机构支付医疗费用。鼓励商业保险机构在承办好大病保险业务的基础上，提供多样化的健康保险产品。

4. 监督管理

（1）加强对商业保险机构承办大病保险的监管。各相关部门要各负其责，配合协同，切实保障参保（合）人权益。卫生、人力资源社会保障部门作为新农合、城镇居民医保主管部门和招标人，通过日常抽查、建立投诉受理渠道等多种方式进行监督检查，督促商业保险机构按合同要求提高服务质量和水平，维护参保（合）人信息安全，防止信息外泄和滥用，对违法违约行为及时处理。保险业监管部门应做好从业资格审查、服务质量与日常业务监管，加强偿付能力和市场行为监管，对商业保险机构的违规行为和不正当竞争行为加大查处力度。财政部门对利用基本医保基金向商业保险机构购买大病保险明确相应的财务列支和会计核算办法，加强基金管理。审计部门按规定进行严格审计。

（2）强化对医疗机构和医疗费用的管控。各相关部门和机构要通过多种方式加强监督管理，防控不合理医疗行为和费用，保障医疗服务质量。卫生部门要加强对医疗机构、医疗服务行为和质量的监管。商业保险机构要充分发挥医疗保险机制的作用，与卫生、人力资源社会保障部门密切配合，加强对相关医疗服务和医疗费用的监控。

（3）建立信息公开、社会多方参与的监管制度。将与商业保险机构签订协议的情况，以及筹资标准、待遇水平、支付流程、结算效率和大病保险年度收支情况等向社会公开，接受社会监督。

（六）税收支持政策

《关于开展城乡居民大病保险工作的指导意见》规定，商业保险机构承办大病保险的保费收入，按现行规定免征营业税。

《"十三五"深化医药卫生体制改革规划》提出要制定和完善财政税收等相关优惠政策，支持商业健康保险加快发展。

"回归公益性"阶段的医疗改革政策中涉及健康保险规制见表5.3。

表5.3　　"回归公益性"阶段医改政策中涉及的健康保险规制内容

文件名称	政策主要内容
《中共中央、国务院关于深化医药卫生体制改革的意见》中发〔2009〕6号	• 加快建立和完善以基本医疗保障为主体，其他多种形式补充医疗保险和商业健康保险为补充，覆盖城乡居民的多层次医疗保障体系 • 鼓励商业保险机构开发适应不同需要的健康保险产品，简化理赔手续，方便群众，满足多样化的健康需求 • 鼓励企业和个人通过参加商业保险及多种形式的补充保险解决基本医疗保障之外的需求 • 在确保基金安全和有效监管的前提下，积极提倡以政府购买医疗保障服务的方式，探索委托具有资质的商业保险机构经办各类医疗保障管理服务

续表

文件名称	政策主要内容
《关于商业保险机构参与新型农村合作医疗经办服务的指导意见》卫农卫发〔2012〕27号	• 明确了商业保险机构参与新农合经办服务的准入条件 • 合理确定新农合经办服务费用 • 制定了新农合基金管理办法 • 规定了提高经办服务质量和效率的具体要求 • 明确了相关监督管理要求
《"十二五"期间深化医药卫生体制改革规划暨实施方案》国发〔2012〕11号	• 积极发展商业健康保险,完善补充医疗保险制度。完善商业健康保险产业政策,鼓励商业保险机构发展基本医保之外的健康保险产品,满足多样化的健康需求 • 鼓励企业、个人参加商业健康保险及多种形式的补充保险 • 充分发挥基本医保、医疗救助、商业健康保险、多种形式补充医疗保险和公益慈善的协同互补作用,切实解决重特大疾病患者的因病致贫问题 • 在提高基本医保最高支付限额和高额医疗费用支付比例的基础上,统筹协调基本医保和商业健康保险政策,积极探索利用基本医保基金购买商业大病保险或建立补充保险等方式,有效提高重特大疾病保障水平
《关于开展城乡居民大病保险工作的指导意见》发改社会〔2012〕2605号	• 城乡居民大病保险的承办采取向商业保险机构购买大病保险,并通过招标的方式来选择合适的保险机构,确定了招标投标与合同管理制度 • 商业保险机构承办大病保险的保费收入,按现行规定免征营业税 • 规定了商业保险机构基本准入条件 • 明确了大病保险管理服务的能力和水平提升要求 • 明确了相关的监督管理要求
《"十三五"深化医药卫生体制改革规划》国发〔2016〕78号	• 推动商业健康保险发展。积极发挥商业健康保险机构在精算技术、专业服务和风险管理等方面的优势,鼓励和支持其参与医保经办服务,形成多元经办、多方竞争的新格局 • 在确保基金安全和有效监管的前提下,以政府购买服务方式委托具有资质的商业保险机构等社会力量参与基本医保的经办服务,承办城乡居民大病保险 • 按照政府采购的有关规定,选择商业保险机构等社会力量参与医保经办 • 加快发展医疗责任保险、医疗意外保险,探索发展多种形式的医疗执业保险 • 丰富健康保险产品,大力发展消费型健康保险,促进发展各类健康保险,强化健康保险的保障属性。鼓励保险公司开发中医药养生保健等各类商业健康保险产品,提供与其相结合的中医药特色健康管理服务 • 制定和完善财政税收等相关优惠政策,支持商业健康保险加快发展 • 鼓励企业和居民通过参加商业健康保险,解决基本医保之外的健康需求

续表

文件名称	政策主要内容
《国务院办公厅关于支持社会力量提供多层次多样化医疗服务的意见》国办发〔2017〕44号	• 将社会办医疗机构纳入到医疗保险定点范围的有关规定，医保管理机构与社会办医疗机构签订服务协议，在程序、时限、标准等方面与公立医疗机构同等对待 • 丰富健康保险产品，大力发展与基本医疗保险有序衔接的商业健康保险 • 加强多方位鼓励引导，积极发展消费型健康保险 • 建立经营商业健康保险的保险公司与社会办医疗机构信息对接机制，方便患者通过参加商业健康保险解决基本医疗保险覆盖范围之外的需求 • 鼓励商业保险机构和健康管理机构联合开发健康管理保险产品，加强健康风险评估和干预 • 支持商业保险机构和医疗机构共同开发针对特需医疗、创新疗法、先进检查检验服务、利用高值医疗器械等的保险产品 • 加快发展医疗责任保险、医疗意外保险等多种形式的医疗执业保险 • 推动商业保险机构，以战略合作、收购、新建医疗机构等方式整合医疗服务产业链，探索健康管理组织等新型健康服务提供形式

第三节　中国卫生体制改革与健康保险规制的可能趋向

一、中国卫生体制改革的可能趋向

新一轮医疗卫生体制改革成果斐然：基本医疗保障制度不断完善；全民医保体系加快健全；公立医院改革不断深化；分级诊疗制度建设加快推进；药品改革多点发力。群众"看病难"和"看病贵"等重大社会和经济问题在一定程度上得到了缓解。

然而，医药卫生体制改革是一项系统性强、复杂度高的艰巨任务，需要社会各界持续奋力探索、推进，要巩固已有的改革成果，还要解决改革面临的新问题，以逐步实现改革的宏伟目标。新一轮的医药卫生体制改革坚持"人人享有基本医疗卫生服务""坚持公共医疗卫生的公益性质""强化政府责任和投入"等原则，旨在满足人民的医疗卫生需求、提高人民的健康水平，按照这样医改原则和目标，现阶段的医改可能会向着如下的趋向发展：

（一）逐步取消公立医院的事业编制制度

1978年，原国家卫生部颁布了《综合医院组织编制原则试行草案》，该文件规定这一组织编制原则适用于城市综合医院、医学院校的综合性附属医院和县级综合医院,这一政策延续至今,已有近40年的历史。事业编制内的医务人员的人事关系由其所在单位的上级行政管理部门直接管理,一般来讲,调动人事关系首先需要医务人员与其所在单位达成一致协议,再交由该单位的上级行政管理部门审批,批准后人事关系才能得以成功调整,如此繁琐、严格的人事制度,给医务人员带来了十分稳定的人事关系,即"铁饭碗",不利于医务人员的流动。事业编制还意味着好的福利待遇,在编制内的级别越高,福利待遇水平也会越高,这激励着医务人员向有编制的单位、向编制内的高级别靠拢,而高级别的医疗单位在编制的数量和级别上较基层医院有着较强的优势,自然地就产生了"虹吸效应",加剧了医疗资源分布不均。另外,就事业编制的薪酬收入而言,一定程度上存在"排资论辈""吃大锅饭"的问题,干多干少一样,干好干差一样,甚至干与不干一样,这样的制度安排致使医务人员的工作积极性不高,服务态度较差,工作效率低下。

"铁饭碗"问题、"虹吸效应"不利于分级诊疗制度的实施,"排资论辈""吃大锅饭"负向影响卫生经济的效率,这些问题根源于公立医院的事业编制这一人事制度,阻碍了新一轮医改前进的步伐,取消公立医院的事业编制制度势在必行。

(二) 有效提高基层医务人员的薪酬福利水平

《国务院关于印发"十三五"深化医药卫生体制改革规划的通知》提出要努力实现"小病在基层、大病到医院、康复回基层"的就医新格局,基层首诊、双向转诊、急慢分治、上下联动的就医新秩序。绘制这样的医改蓝图需要各级医务人员积极配合、形成合力。但各级医疗机构的医务人员收入水平差距较大是不争的事实,基层医疗机构的医务人员收入问题更为突出。例如,乡村医生的收入低、养老保障不到位等因素导致乡村医生"留不住",50岁以下的乡村医生中有离岗意愿的高达50%[1]。薪酬福利水平较低,基层医疗机构难以吸引人才、留住人才,医务人员不能到位,分级诊疗的制度就难以有效落地。因此,无论在机制上还是在制度上,着实提高基层医务人员的薪酬福利水平,不断激励医务人才流向基层、留在基层,是医改继续的关键。

(三) 卫生经费投入更多转向基层医疗机构发展

新一轮医改,坚持"强化政府责任和投入"。政府的卫生公共支出较大部分用于卫生部门和食药部门的行政费用、疾控中心和基层的公卫费用,以及补贴公立医院做基础建设、购买设备、给退休医生发放退休金等[2]。实际上,高级别医院(如三级医院)长期以来得到的补贴较多,已经得以快速、充分地发展,而基层医疗机构获得

---

[1] "新医改背景下乡村两级卫生人员薪酬机制研究"课题组:我国乡村医生薪酬现状及改革建议,《中国卫生人才》2016:16~19页。

[2] 朱恒鹏:《医改八年每天花23亿,财政投入去哪儿了》,2018年2月13日,财新网,http://opinion.caixin.com/2018-02-13/101211056.html。

资源长期有限，发展缓慢，甚至出现萎缩的现象。当下，政府大力推行分级诊疗制度，并提出医保支付按照病种付费、按总额预付等控费方式，这会促进更多的就医行为下沉到基层医疗机构，不合理诊疗行为也会逐渐减少。受此影响，高级别医疗机构的住院需求、不合理的检查服务需求等会有所下降，与此相关的卫生经费投入（如公立医院扩建住院大楼、增设检查设备等需要的卫生经费投入）理应减少，卫生经费就自然会更多地投入到基层医疗机构的发展中去。基层医疗机构基础建设水平的提高、先进医疗设备的配备、办医环境的优化又会进一步吸引、留住人才，促进医改的顺利进行。

（四）建立医生诊疗服务评价制度

长期以来，患者到医院看病，把医生当成上帝，送"红包"、"找关系"，"求"着医生认真对待自己病情、提供有效的诊疗方案。医生则掌管"生杀大权"，在医患信息不对称、诊疗技术专业性较强等背景下，服务态度不佳，道德风险丛生，"板着脸"服务，说话"口气不好"，对诊疗效果担责少，对诊疗费用不担责。然而，同属服务行业，银行系统却把顾客当作上帝，对工作人员的服务水平、服务态度等方面的管理却十分有效。

针对医疗行业服务出现的问题，医改也在从制度上、机制上不断加以解决，《国务院关于印发"十三五"深化医药卫生体制改革规划的通知》提出要健全医疗机构绩效考评制度，对医疗机构的基本标准、服务质量、技术水平、管理水平等进行综合评价；完善医疗保险对医疗服务的监控机制，将监管对象由医疗机构延伸至医务人员。可见，医改更多从医疗机构层面来促进解决医疗行业中存在的服务问题，趋势是加强对医生的监管，而建立医生诊疗服务评价制度应该是医改的一个重要趋向，这是因为围绕医生诊疗质量、控费水平、服务态度等建立医生诊疗服务评价体系，将评价结果与医生声誉、收入、人事关系等挂钩，能不断激励医生提高服务质量、改善服务态度，让患者享受到更加质优价低的医疗服务。另外，国家已经明确要求医疗机构应按照药品通用名开具处方，主动向患者提供处方，不得限制处方外流，这就为医生诊疗服务评价制度的建立与实施提供了环境与数据支撑。

（五）明确基本医疗保险的保障界限

中国已经建立了相对完善的基本医疗保障体系，包括城镇职工基本医疗保险、城镇居民医疗保险、新型农村合作医疗保险。另外，城乡居民大病保险、重特大疾病医疗救助、疾病应急救助也已经全面推开。基本医保参保率保持在95%以上，覆盖了13亿多人，基本实现了全民医保，大病保险覆盖了全部城乡居民参保人员，保障水平稳步提高，基本保险＋大病保险的政策报销水平已经超过80%[①]。这意味着，中国

---

① 《国务院新闻办上午举行发布会 医保报销总水平已超过80%》，北京晚报，2018年2月26日。

社会医疗保障体系无论在覆盖范围还是保障水平，都已经达到了较高的水平。为了不让医保给财政造成巨大压力，也为了给商业健康保险等业务发展留有一定的空间，明确基本医疗保险的保障界限应该是下一步医改的一项重要任务。

二、中国健康保险规制的可能趋向

新一轮的医疗卫生体制改革深刻地影响了健康保险的发展地位、发展方向、政策支持等，奠定了中国健康保险规制的发展基调，结合医改的可能趋向、健康保险规制的自身特点及存在的问题，中国健康保险规制可能会向着如下趋向发展：

（一）更加明确健康保险的发展边界

2009年，《关于深化医药卫生体制改革的意见》提出，积极发展商业健康保险，确定了商业健康保险作为医疗保障体系的补充地位。但是，补充地位的边界还未确定，在基本医疗保险保障水平不断提高、保障边界没有定论的背景下，健康保险的发展地位仍然比较模糊，与英国等其他国家的健康保险相比，中国健康保险业的发展空间不够清晰。因此，明确的发展边界亟待确定。

（二）更加要求健康保险专业化发展

健康保险有别于财产险等保险，十分复杂，将来在中国医疗保障体系中负有重要责任，为了更好地发挥医疗保障作用，健康保险专业化发展非常必要。目前，规制机构仅仅鼓励健康保险业专业化发展的措施，不能够满足市场对健康保险专业化发展的需求。德国《保险监督法》规定人寿保险、财产保险和健康保险必须分业经营。专业健康险公司在法律允许范围内经营健康保险。经营健康险的公司不得经营寿险和财产险业务，寿险公司和财产险公司也不得经营健康险业务。与德国相比，中国健康保险的专业化发展任重而道远。

（三）更加完善税收优惠政策

过去中国健康保险业的发展非常有限，仅仅确定健康保险业的发展地位、发展方向，规范健康保险业的经营，还不足以带动健康保险的大力发展，税收优惠等政策是拉动健康保险业务发展有效工具。《关于开展商业健康保险个人所得税政策试点工作的通知》是第一份有关商业健康保险税收优惠政策，但存在明显的问题，税收优惠的力度不够大，税收优惠不能惠及低收入人群[1]。该政策对健康保险业发展的带动力不足。更加完善健康保险税收优惠政策[2]、制定其他支持性政策，对拉动中国健康保

---

[1] 月收入低于3 500元人民币的中国民众。
[2] 例如，加大商业健康保险方面的税收优惠力度，制定团体商业健康保险税收优惠政策等。

险的发展十分必要。

另外，国家一直鼓励商业健康保险公司提供健康风险管理服务（例如疾病预防、健康体检、健康咨询、健康维护、慢性病管理、养生保健等服务等），《国务院办公厅关于支持社会力量提供多层次多样化医疗服务的意见》还提出推动商业保险机构以战略合作、收购、新建医疗机构等方式整合医疗服务产业链，探索健康管理组织等新型健康服务提供形式。实际上，商业保险机构也在健康风险管理业务方面做出了尝试，结果发现现阶段健康风险管理业务盈利较难，不少商业保险机构为此减少了该业务的开发投入，有的甚至砍掉了该项业务。在健康风险业务发展不景气的阶段，国家给予相应的税收政策支持十分有必要。

（四）更加加强商业保险机构的健康风险管理业务规制

商业保险机构发展健康风险管理业务还处于比较初级的探索阶段，尽管发展比较困难，但就国际经验来看，趋势向好。无规矩不成方圆，为了该项业务较好的发展，相关规制部门要提前研究和布局健康风险管理业务的规制工作，从健康风险管理业务的经营范围的界定、服务及产品的质量和价格的管理、业务风险的控制等方面不断推进和完善必要的规制工作。

（五）需要更加严格的专业规制[①]

健康保险在中国大力发展已经成为趋势，业务规模将不断扩大，业务种类将不断增多，业务纵向一体化的程度会进一步加强，在健康保障体系中承担的责任会更大。愈加复杂的健康保险发展态势，需要更严格专业化的规制，以保证健康保险的发展不背离新一轮医疗改革的要求，不损害广大民众的合法权益，主要原因如下：

1. 健康保险与一般的人身保险（典型的如人寿保险）相比，较为复杂，因此需要更加严格的专业监管

比如，在保单有效期内，健康保险的保险事故可能发生多次，而人寿保险的保险事故至多发生一次；发生保险事故时，健康保险的损害程度和情形可能多种多样，而人寿保险的损害情形只有死亡一种；健康保险需要更多的医学方面的技术定义和专业知识，而人寿保险通常只需要依赖对死亡结果的认定；健康保险涉及三方主体——保险人、被保险人和医疗服务提供者，而人寿保险通常只涉及两方，我们知道三方博弈比两方博弈要复杂得多。

2. 健康保险涉及敏感民生问题，需要更加严格的专业监管

我们知道，商业健康保险是国家医疗保障体系的一个重要组成部分，而医疗保障是当今社会最敏感的民生问题之一。商业健康保险不仅涉及医疗保障，而且涉及尊重

---

① 孙祁祥、郑伟、王国军等著："商业健康保险与中国医改——理论探讨、国际借鉴与战略构想"，经济科学出版社 2010 年版，12~13 页。

和拯救生命、社会正义等公众关切问题,因此需要严格的专业监管。

3. 如果监管不当,商业健康保险的逐利性可能损害公平,需要更加严格的专业监管

商业健康保险公司作为市场主体,属于商业机构,必然追求盈利。从国际经验看,如果我们对商业健康保险市场潜在的市场失灵缺乏足够的认识,如果我们没有建立清晰有效的商业健康保险监管框架,如果我们对商业健康保险机构的可能的"撇脂"行为没有充分的预期和准备,那么商业健康保险对国家整个医疗保障体系的贡献也许就要大打折扣。比如,有些发展中国家引入了发达国家的"管理式医疗",但通过积极预防和健康管理来获取利润的动机被更大的利润动机取代了,即采用"撇脂"的方法阻止低收入和健康状况不好的人参保。前面提到,"公私合作的医疗保险能够提供有效率且不损公平性的风险转移方案"是存在前提条件的,即制度设计得当、产品设计得当、监管安排得当,因此,对商业健康保险实施严格的专业监管是必要的。

4. 保险监管的定位应明确为保护消费者利益

保险监管不应强调对保险业利益的保护,保险监管机构不必担心"家丑被揭",而是应当鼓励"社会揭丑",甚至勇于"自揭家丑"。因为市场经济难免出现各种"丑事"和"丑闻","治丑"和"揭丑"本来就是监管机构的本职工作,这恰恰体现了监管的要义。不仅一般的保险监管如此,涉及敏感民生问题的商业健康保险更是如此,更需要严格的专业监管。

本章小结

本章主要介绍了中国的医药卫生体制改革历程,以及医疗卫生体制改革中的健康保险规制,尝试判断了中国医疗卫生体制改革和健康保险规制的可能趋向。中国医疗卫生体制改革经历了"推行市场化"和"回归公益性"两个阶段:第一阶段的改革带来了一定的成效,但也引致了"看病难"、"看病贵"等诸多经济和社会问题,忽视了健康保险的发展地位,第二阶段的改革正在进行中,"看病难"、"看病贵"等问题得到了一定的缓解,这一阶段的医改还明确了健康保险发展的发展地位、发展方向,制定了健康保险发展的税收优惠政策,不断鼓励、推动健康保险的发展。

结合新一轮医改的原则与目标以及医改现状,中国医药卫生体制改革的可能趋向为:逐步取消公立医院的事业编制制度、有效提高基层医务人员的薪酬福利水平、生经费投入更多转向基层医疗机构发展卫、建立医生诊疗服务评价制度、明确基本医疗保险的保障界限

结合新一轮医改的可能趋向以及健康保险规制的自身特点和存在的问题,中国健

康保险规制的可能趋向为：更加明确健康保险的发展边界、更加要求健康保险专业化发展、更加完善税收优惠政策、更加加强商业保险机构的健康风险管理业务规制、更加需要严格的专业规制。

思考题

1. 试论述中国医疗卫生体改革中健康保险规制的主要内容。
2. 试分析中国医疗卫生体制改革的可能趋向。
3. 试分析中国健康保险规制的可能趋向。

专业术语

1. 医疗救助（Medical Assistance）：国家和社会针对那些因为贫困而没有经济能力进行治病的公民实施专门的帮助和支持。
2. 边际成本（Marginal Cost）：每增加一单位产量所增加的成本。
3. 边际收益（Marginal Revenue）：增加一单位产品的销售所增加的收益。
4. 招标（Invitation to Tender）：是指采购人事先提出货物、工程或采购的条件和要求，邀请众多投标人参加投标并按照规定从中选择交易对象的一种市场交易行为。

第六章
健康保险规制的理想与未来

　　世界上至今尚未有一个理想的健康保险规制模式。曾以福利国家著称的一些西欧、北欧国家，因社会医疗福利制度过于强大，而长期抑制了商业健康保险的发展空间，待到社会福利难以为继而需要商业健康保险发挥更大作用的时候，却受限于政府一直以来对于商业健康保险过于严格的规制，放松规制的改革痛苦而缓慢。而作为世界第一经济强国的美国，无论是奥巴马艰难的医改，还是特朗普医改的回退，于政府对商业健康保险的规制而言，政府规制的反复特别是规制边界的重新划分，永远都是严峻的挑战。曾自豪于通过政府强力规制实现了"全民健保"的中国台湾，则处于基金耗尽的压力之中，需要进行新一轮的改革和规制政策的重新评估。同时，在亚洲，面对人口老龄化的压力和日益增长的医疗费用，不论日本还是韩国，规制与否，如何规制，力度如何……健康保险的规制都还没有明确的定论。

　　为什么商业健康保险的规制如此不易呢？其原因在于健康保险规制的三个基本矛盾。而理想的健康保险规制一定是在以克服了健康保险规制中的深层次矛盾，并化解了由其引致的基本问题为原则而设定的。

　　本章主要介绍了现实中健康保险规制存在的矛盾，描绘了理想的健康保险规制，提供了优化健康保险规制的思路，畅想了健康保险规制的未来。第一节介绍了健康保险规制中的深层矛盾，包括三个深层次矛盾和三个基本问题。第二节介绍了理想的健康保险规制，包括理想健康保险规制的目标、标准和基本特征。第三节介绍了健康保险规制的优化路径，包括持续推进健康保险业信息化建设，建立并完善健康保险评价体系，逐步优化健康保险规制规则。第四节从动态化、科技化、国际化三个方面描绘了健康保险规制的未来。

第一节 健康保险规制中的深层矛盾

保障消费者权益、维护市场秩序、促进健康保险业可持续发展离不开有效的健康保险规制。然而，从世界范围来看，健康保险规制中天然地存在三个深层次的矛盾，分别是利益相关者[①]的行为目标不同、利益相关者（Stakeholder）之间的信息不对称，以及规制中的不完全合约。这三个深层次矛盾直接影响了健康保险规制的规制效果，并常常使现实中的健康保险规制结果与人们理想中的健康保险规制效果大相径庭。同时，这三个深层次矛盾还进一步引致了健康保险规制所面对的道德风险、组织合谋、委托—代理等问题的产生，导致政府规制失灵现象普遍存在。

一、健康保险规制中的三个深层次矛盾

（一）利益相关者的行为目标不同

在健康保险规制中，至少包含政府部门、健康保险机构、消费者和医疗机构等四个行为主体，这些行为主体具有不同的行动目标。从理论上讲，作为社会大众的代理人和社会的中心权力机构，政府部门的目标是多元的，维护社会安全、提供公共物品、发展经济与保障民生等都是政府部门的目标，而具体到政府对健康保险的规制，其目标可以细化为保护健康保险消费者权益的同时，促进健康保险业的良好发展。

当然，不同政府部门的目标也根据其职能而有很大的差别。在健康保险规制中，保险监管部门的主要目标是维护消费者权益、维持健康保险市场的秩序，本质上是市场的"裁判员"；而政府的国有资产管理部门的目标则是维护国有资产的安全和收益；中央银行的目标是维持金融秩序、防范金融风险，自然也包括防范经营健康保险的保险公司资金运用和关联交易的风险；司法部门和监察部门的目标则是打击健康保险制度运行中可能出现的违法违规行为，保证市场在立法部门设定的法律框架下运行。

理论上，作为商业公司，经营商业健康保险的保险公司的目标应该只有一个——赚取利润，但健康保险与其他的保险又有一些不同，它具有更强的公益性，其道理与医疗卫生服务兼具公益性和商业性是一样，而且，有些健康保险公司还是国有控股公司，其经营有很强的政策性色彩，担负着一部分由政府赋予的责任，在很多的情形

[①] 本节提到的利益相关者包括但不限于健康保险规制中涉及的政府机构、保险人、被保险人、医疗机构等。

下，不能以获取利润为主要目标，更不能以利润的多寡对其进行评价。

消费者购买健康保险，目标是获得保障，提高效用，但具体而言，不同的消费者购买商业健康保险的具体目标也并不完全相同，有的消费者希望购买保险之后，在被保险人发生保险合同约定的疾病可以获得保险金，以缓解被保险人生病后对家庭财务造成的冲击；有的消费者期望购买健康保险后可以获得保险公司专业的风险管理服务，能够在保险公司科学的健康风险管理流程和科学的手段下少生病乃至不生病；有的消费者购买具有税收优惠的健康保险是希望在获得保险保障的同时能够合法避税；有的消费者是看中保险公司的投资收益，购买具有分红、投联或万能功能的健康保险之后可以获得比较高的投资回报；当然，最后还有极少数隐瞒病情带病投保的消费者，其目标是骗取保险公司的保险金。

医疗机构的目标最为复杂。医疗机构不是纯粹的商业组织，公立医疗机构担负着救死扶伤的社会功能，但医疗机构的大多数业务却又是商业行为，患者付费，医疗机构提供药品和医疗服务，并从中获得经济收入。从市场的角度，医疗卫生服务行业和医疗机构及其从业者与其他行业和商业机构的从业者并无明显的不同。

医疗机构与保险公司的合作可以带来患者，从而带来经济收益，但医疗机构因此要受到保险公司的监督和管理，尤其是医疗费用和医疗行为会受到保险公司的限制，医疗机构与患者之间的经济关系在一定程度上被保险公司的利益所隔断，双方关系变成了三方关系，利益关系变得更为错综复杂。而在医疗机构内部，医生、护士、医疗机构的管理者和所有者的目标也各不相同，有时候矛盾还非常突出。医院的管理被称为"管理白色迷宫"，在这个迷宫当中，保险公司参与进来，则使各方的目标更加扑朔迷离，难以明确。

利益相关者行为目标的不同会使健康保险规制在实施中发生不同程度的扭曲，失之毫厘，谬以千里，规制的理想和现实之间经常发生着难以预料的畸变。

（二）利益相关者之间信息不对称

如果健康保险规制中利益相关者的信息是对称的，那么即使其行为目标不一致，也可以通过激励相容的制度设计，使各方的利益得以协调，最终达成规制的最初目标。然而，现实的情况是各利益相关者的信息在多数情况下是不对称的。

政府规制的合理性是建立在政府对被规制者的信息能够充分获取的基础之上的，但是，在健康保险规制中，政府与消费者、消费者与健康保险机构、政府与保险机构之间存在严重的信息不对称问题[①]。消费者对自身的健康水平、病史、生活习惯等信息掌握得比较充分，然而政府和保险机构对此类信息的获取存在较大难度。保险机构在健康保险产品的条款信息、精算技术、资金运用等方面处于优势地位，而政府与消费者在获取或者理解这些信息方面处于弱势地位。医疗卫生服务机构则在药品与医疗

---

① 详见本书第二章。

服务的质与量、药品的价格、患者的健康状况、药品及服务与病患的匹配程度等方面占据着信息优势。总之，健康保险规制中的利益相关者各持有一定的信息优势，在行为目标不一致的影响下，会为了自身利益尽量隐藏信息或者隐藏行为，在信息不完全的情况下，政府很难获得理想中的规制效果，也难以判断规制对市场的最终影响，从而对已经走偏的规制和规则进行及时而必要的调整。

（三）规制中的不完全合约

正如本书第二章所述，健康保险规制永远都是不完全合约。基于人的有限理性和信息的不完全性，尤其是当人们被病痛与生死这样的生命体验所考验的时候，更无法对未来的事情、外在的事件做出完全合理的预期，因此，医疗卫生服务和健康保险市场的不完全合约普遍存在，而政府作为中心权力机构，对这样的服务和市场进行规制，规制合约也自然是不完全的。健康保险规制是一项非常复杂的工程，涉及多方利益相关者，需要海量的信息，不可能制定一份完全的规制合约，成为健康保险规制最现实的问题。现实中的规制总会存在漏洞，有规制不明确的地方，也有没有规制到的地方，特别是在我国医疗卫生体制改革还没有完全到位，医患关系扭曲，医院、医药和医保"三医联动"的问题大量存在的情况下，这些灰色地带和真空地带很可能导致规制结果的扭曲。

二、健康保险规制中的三个基本问题

目标不一致、信息不对称、合约不完全，健康保险规制中的三个深层次的矛盾导致规制过程中一系列的问题，而其中最重要的问题有以下三个。

（一）道德风险：过度激励

道德是人们共同生活及其行为的准则和规范，道德通过社会的或一定阶级的舆论对社会生活起约束作用。

在人类社会长期的生存斗争中，人们意识到在追求自己利益最大化的过程中，每个个体必然受到他人利益以及群体利益的约束。个人为得到长远利益，必须遵守一定的道德规范。而为保证这样的规范得到执行，人类不仅通过教育、惩戒和奖励等方式树立个体的道德感，而且还创造了国家、军队、警察、监狱、法律等工具。

无论一个群体的道德规范如何，群体中总会有人因为各种各样的原因违反群体的道德规范。道德之所以成为"风险"，是因为有人会为追求自己利益的最大化而违反既定的道德规范，并将成本转嫁给他人，造成他人的损失。

在保险业，由于存在着保险人、投保人、代理人和经纪人之间的信息不对称，道德风险是一个普遍存在的问题。然而，很长一段时间以来，人们一直将此问题的根源归结为当事人的伦理道德水平，并将消除道德风险的希望寄托于提高人们的道德水平上，而忽视了对道德风险的生成机理以及从制度层面防止道德风险的经济分析。

直到获得1972年度诺贝尔经济学奖的阿罗（Kenneth J. Arrow）在1963年将道德风险的概念引入经济学领域，他把改变当事人的道德水平作为矫正由道德风险导致的保险市场失灵的方法。1968年，保利（Mark V. Pauly）在《美国经济评论》杂志发表了著名的《道德风险的经济学》一文之后，提示人们道德风险在保险领域的普遍存在是非常自然的事情。道德风险，特别是由于当事人疏忽引起的道德风险背后有着"理性人"这样的经济学基础，经济学家也才开始把解决道德风险问题的重心放到改善合约、完善法律和政府干预层面。比如，斯彭斯和泽克豪森（Spence & Zeckhauser，1971）试图利用复杂的契约关系来解决保险公司利润约束和道德风险约束下的福利最大化问题。海尔普曼和拉丰（Helpman & Laffont）则证明了在一定情形下，政府的干预可以提高保险市场的效率等。

在健康保险规制形成的过程中，被保险人、保险人、医疗机构等均存在不同程度和不同形式的道德风险问题，影响健康保险规制作用的有效发挥。

健康保险规制中的道德风险是健康保险中的道德风险在规制领域的延伸，既体现了健康保险的道德风险的特点，又与政府规制中的道德风险相交织，具有复杂性和特殊性。

健康保险的道德风险在医疗保险上主要表现为投保人、被保险人和受益人一方隐瞒病史、病情等方面的骗保和骗赔，医患两方从本身经济利益出发侵犯保险人的利益，也表现为保险人产品设计、营销和理赔中暗藏陷阱不守信的情形。在健康保险中，投保人一方的道德风险是主要矛盾；在健康保险规制中，保险人的道德风险是主要矛盾。

健康保险系统由被保险方、保险方与医疗卫生服务提供方构成，三方在医疗保险中的特征加剧了医疗保险的基本矛盾，并决定了医疗保险的难度，同时也提供了解决问题的基本思路。

1. 患者——被保险人的一方的特征

（1）乏知性与被动性。首先，与消费者购买其他产品和服务不同，被保险人缺乏对医疗服务质量与数量进行事先判断的知识和能力。在求医时，病人难以准确判断自己的健康状况，对自己身患何疾、严重程度没有明确的了解而完全听从医生的处置，欠缺对所供给的卫生服务质与量是否符合自己病情的信息，很难控制卫生消费的种类与数量。其次，被保险人接受治疗时不能讨价还价，其偏好和选择同在市场上选购其他物质和服务商品不一样，对医疗卫生服务的选择完全处于一种被动状态。因此，在医疗卫生服务市场中占有很大比重的有效需求是由医生决定的，是在医生诱导下发生的诱发性需求。

（2）医疗卫生服务需求的不确定性及需求缺乏弹性。若以发病率的高低来反映医疗卫生服务需求的大小，可通过流行病学方法对团体及社区进行预测，但对个人来说预测发病却非易事。与其他商品需求不同，需方很难事先对自己的卫生服务需求有个准确的估计。很多疾病的特点是突发性和随机性。此外，医疗卫生服务的需求缺乏价格弹性。医疗卫生服务是必需品，需要就是需要，没有多少回旋余地，缺乏需求价格弹性。美国有关研究表明，医生服务的需求价格弹性为 -0.2 至 -0.1；医院服务的需求价格弹性为 -0.3 至 -0.1。所以，以价格为手段进行需方控制的效果很差。

（3）医疗卫生服务消费的外部性。政府提供的公共卫生服务如对地方病、传染病的预防与治疗显然是一种公共物品，个人对此类卫生保健的投入具有很高的外部效益，对个人来说是预防生病，而对其他人来说则是切断传染途径，对整个社会来说是防止大面积的疾病传播，维持居民的健康与劳动能力，从而维持社会的稳定与经济的增长。即使个人对不具传染性的疾病进行治疗和预防，也具有一定的外部效益，因为它可以使家庭及单位的工作保持正常运转，减轻社会的负担。

2. 医院和医生——医疗卫生服务提供者的特征

（1）专业性。医疗卫生服务供方要获得特定资格，医生要受过长期的医学教育才能从事卫生服务，因而医疗卫生服务供给受医学教育培养能力的限制，受行医许可证制等法规限制，医疗机构的成立与撤销必须服从于国家与地方的总体卫生规划及社会的需要。医疗卫生服务供方的专业性使其具有法律性垄断，供方具有医疗卫生服务供给的排异特权。医疗卫生活动是以人的生命与健康为对象的，未经医疗卫生主管部门许可，任何单位和个人都无权设立医疗卫生机构或私自从事医疗活动。在医疗市场中不允许外行替代提供医疗服务，因而，总体上医疗卫生市场是供方垄断性市场，是不完全竞争市场。

（2）公益性。医疗卫生服务本身是一种公益性服务，医疗卫生机构在中国经常被定为事业性机构，就是从其公益性考虑的。

3. 保险公司——保险产品和服务提供者的特征

（1）风险性。商业健康保险公司本身经营的就是风险，保险公司依据大数法则的原理把个人或少数的不确定风险集合起来形成具有某种概率分布的可确定风险，把个人的、随机的、难以承担的损失转化为可预测、可控制、具有某种概率的损失，把风险分散给所有购买保险的人群。显然，保险公司分散风险的前提是汇聚风险，因此保险公司经营的风险性是不言而喻的，而现实的情况是，经营健康保险的保险公司发生大额的长期性亏损在市场上并不少见。

（2）主导性中的被动性。保险公司是整个健康保险体系的中间链条。健康保险作为一种社会经济活动，是以保险费、准备金、保险投资与收益、医疗费和保险金等资金的流动过程为其主要内容的。保险公司既负责保费的筹集又负责费用的支付，因而处于资金流动的中心位置，对健康保险起控制作用。保险公司为保证保险资金和医疗卫生资源的有效合理利用，避免资金的渗漏，必然要担当起对被保险方和医疗卫生服务供给方费用控制的任务，即所谓健康保险中的供方和需方费用控制。然而，这种主导性却又受到医疗卫生服务供方专业性与垄断性的制约，缺乏与医疗卫生服务提供方相对称的信息，因而在监督控制供方行为时又是很被动的。

第六章
健康保险规制的理想与未来

医、患、保三方特点决定了在健康保险体系中医、患的供需行为（见图6.1）。

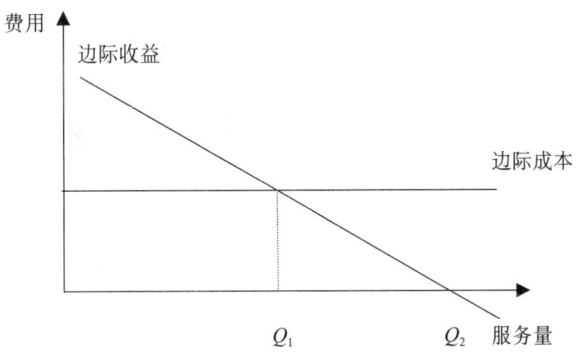

图6.1 医、患供给需求行为示意图

假设每增加一单位服务量的边际成本相等，随着服务量的增加，每增加一单位服务量所带来的边际收益下降。对于未参加保险的病人而言，最优服务量是 Q_1，在这一点上边际成本等于边际收益。鉴于医疗服务供方的特征，判别最优服务量的技术属于医生，病人自己并不知道自己的边际收益，这时一个医德良好的医生就将告诉病人，多少是他最合适的医疗消费（包括检查次数、住院天数、用药数量及质量等）。如果病人也同意按此消费，那么，这时社会边际收益等于社会边际成本，资源达到最有效利用。

假定医生的收入和病人的卫生服务消费量高度相关，而且还假定医生会轻微地违反职业道德（也许仅是不站在病人的经济上的角度着想），那么，他可能会建议病人的卫生服务消费量达到 Q_2，这时从技术角度考虑最优值，但对病人来说是不经济的，此时对他的身体并没有损害，他失去的是一些金钱，得到的仍是健康。但如果医生是一个唯利是图、损人利己的人，这时，他会建议甚至欺骗病人使用超出 Q_2 的服务量，这时就会对病人的健康造成损害，产生源性损害，使病人的经济和身体受到双重损失，严重的可能会危及病人的生命。

但是，如果病人购买了医疗类的健康保险，而且假定健康保险的免赔额为0，这时，病人接受医疗服务的边际成本始终为零（与横轴重合），病人希望自己的消费量是 Q_2，一个尽责的医生也会建议病人消费 Q_2 这么多的医疗服务，因为这一点应该是技术最优值，医疗服务的效果最好。但在这一点上，显然已经不是社会最优值，医疗卫生资源因为有了第三方付费的保险机制而出现了浪费现象。

同样，如果医生的收入和病人的卫生服务消费量高度相关，一个不负责任的医生则更有可能促使病人卫生服务的消费量达到 Q_2，因为保险机构的第三方付费将减轻医生的负罪感。因而，问题的关键在于，保险公司与患者和医院之间的信息是严重不对称的，保险公司在医疗保险系统中的特点决定了它控制能力的有限性。

健康保险中的过度激励还表现为，被保险人投保后放松或者放弃原本可以通过预防措施来避免风险的有益活动,最终造成风险事故的发生。例如,投保后体育锻炼的懈怠、饮食的不节制、休息的不规律、药物的滥用等。

在这样的医患关系中,作为中心权力机构的政府,对健康保险的规制就显得特别重要。政府可以利用多种规制工具,设定清晰明确的规则,沟通多方信息,利用现代科技手段,打通各个系统间的信息壁垒;调整医疗卫生服务供给方、保险公司和被保险人之间的关系,平衡各方的利益,帮助各方实现利益均衡。

(二) 委托—代理:组织合谋

委托—代理问题在健康保险规制中表现得比较突出,主要表现在政府与监管机构之间的委托—代理问题以及监管机构与被规制保险企业之间的委托—代理问题。政府为了实现对健康保险的规制,委托监管机构对保险机构实施监督等工作,作为代理人的监管机构与政府之间存在行为目标的差异以及信息上的不对称等问题,在政府激励不足时可能会导致监管机构弱化监管,乃至出现监督官员在收到保险机构的贿赂后为了维护贿赂者的利益,在监管工作上采取相机行事的态度。

商业保险公司经营的商业健康保险是典型的商业行为,医疗卫生机构虽有公益性,但商业性质也还是非常明显的,保险监管机构是保险市场的裁判员,按照政府既定的监管目标并遵从政府设定的基本监管规则,奖优罚劣,维护保险市场的公平与效率。健康保险规制中的组织合谋问题主要表现在保险人之间的合谋以及监管者与被监管者的合谋。

保险公司比政府机构掌握了更多的关于保险行业、保险技术、保险条款等方面的信息,与政府规制在目标上存在一定的矛盾,为了维护自身利益,行业内的保险公司会组织起来,采取隐藏信息等行为影响政府机构做出切合实际的规制政策,减小因政府规制对保险公司造成不利影响的程度。这一点在政府规制保险公司的保险产品费率上表现得比较明显,保险公司会组织起来或者彼此默契,通过夸大风险发生的概率等方式要求提高费率,以保证较高的利润水平或者至少要降低亏损。

比较明显的例证是,在 2016 年以前,保险公司销售的健康保险产品的费率都是非常高的,其中,医疗保险的费率尤其高,高到大大地抑制了人们对健康保险的需求,乃至健康保险产品经常要被设计成实质性的养老保险或者高投资回报的投资型险种才会有一定的销量,直到有互联网保险公司推出一年保费几百元但保险金额可以达到 100 万元的医疗保险,此个别公司的举措一下子打破了市场的默契,将医疗保险的费率拉到一个非常低的水平,经过一段时期的重新洗牌,各家公司纷纷推出价格低廉的百万元医疗险,并引发了重疾险价格的大幅下调,一番博弈下来,连中国香港地区在内地销售火爆的健康保险地下保单都完全失去了优势,只能以仍具有一定投资优势的年金险来吸引内地消费者。

健康保险规制中另一种组织合谋的表现形式为保险公司与监管部门的合谋。政府作为社会大众的代理人,也作为健康保险规制工作的委托人,委托保险监管机构作为代理人负责对保险人等进行监管，这样就形成了多层次的委托—代理链条，涉及复杂的政商关系。现实中，监管机构的工作人员作为健康保险规制工作的直接执行者，与保险公司的股东或者管理者等直接建立监管与被监管的关系，逐渐会形成部门利益。同时，过于严格的监管，容易引发监管者与被监管者之间的冲突，给监管者带来不必要的麻烦，而宽松的监管则可以避免冲突，容易得到被监管者的拥护，甚至会形成个别人员间的合谋，从中获取机构和个人的不当利益。而被监管者为了获取安稳的经营环境和一定商业利益，也会采取措施主动讨好监管者，努力建立并维持与监管者的融洽的关系。监管者与被监管者各取所需，合作起来就可以扭曲政府规制的目标，降低乃至彻底破坏政府规制的有效性。

总之，监管机构会在严格的执行政府的规制任务与安稳的工作之间寻求平衡，结果是监管机构可能不会严格按照政府的目标全力执行监管任务，导致规制效果不良，市场扭曲。

此外，按照委托—代理理论，监管机构和保险公司也可以看作是一层委托—代理关系，监管机构按照政府制定的法律制度等对保险公司提出监管要求，监管机构委托保险公司按照政府制定的法律制度等开展经营，作为代理人的保险公司与作为委托人的监管机构存在目标差异、信息不对称、规制契约不完全等问题。作为商业性的保险公司则会在基本符合监管机构要求的情况下最大限度地保全自身利益，结果是对于有明确标准的要求仅做到达标，对没有标准的、难以量化的要求则付诸较少的努力，对于契约没有提到的要求的部分，坚持"法不禁则是"的态度，按照利益标准行事。此类委托—代理问题在保险市场上也很常见。

（三）规制边界：过犹不及

如上所述，与任何政府规制一样，如果政府对健康保险规制过于宽松，就会导致组织合谋、效率低下的问题；反过来，如果政府对健康保险的规制过于严苛，其所导致的问题会更为严重。比如，保险监管部门对保险公司的事项管得太宽、太严，从保险市场的准入退出，到保险公司的业务范围、公司治理、公司战略、财务管理、产品设计、市场营销、佣金水平、核保核赔、基金投资等都严加限制，而且完全不顾长期形成的市场交易规则就设定了各种市场内任何一个保险公司都难以达到的标准，导致选择性执法成为一种普遍现象，那么就会引致保险公司在经营中主要是向监管部门负责，应付频繁的检查，而不是向消费者负责、向市场负责、向股东负责。如果保险公司的精力主要是应对政府规制，而不是创新产品、技术和制度以满足市场，甚至整个市场就像一个以保险监管部门为总部的保险公司，那么这样的保险规制实际上超出了政府监管的边际，规制的效果是过犹不及的。

保险是一种带有比较明显延期交易特征的金融制度，投保人缴纳保险费后，保险人要在相隔一段时间，当约定的保险事故发生后才支付保险金。这期间会存在诸多的不确定性，这些不确定性对交易过程形成根本性的阻碍：投保人担心保险事故发生后,保险人不会真正地履行承诺,因此要求保险合同是一个可以强制履行的合同,以此作为保险人履约的诱因;而保险人也希望通过保险合同的强制履行性来诱导投保人做出投保的决定。那么,谁能够承担强制履行保险合同的职责呢,自然是具有强制权力的政府部门,保险监管部门就是政府下设的专业的强制保险合同得到履行的机构,而立法、司法和执法等部门则是监管权力的延伸机构。保险规制最根本的作用之一是保证保险合同的可强制履行性。

给定较低的交易成本,则有理性的人们就会使保险合同趋近于完备。一份完备的合同没有可供法庭填补的缺口,或可供各种规章纠正的无效率之处。如果合同接近于完备,监管部门的唯一作用是保证合同的履行。然而,签订合同的交易成本总是存在的,而且合同越是完备,交易成本就越高,反之,签订合同的交易成本越高,合同就越难以完备。这样,规制的作用就体现在两个方面:在合同完备时,保证合同的可强制履行性;在合同不完备时,填补不完备合同留下的空白。无论是偿付能力监管,还是市场行为监管,或者风险值监管,手段尽管不同,但监管的根本目标一致。

市场规制也是有成本的。图 6.2 说明了如何在合同不能有效履行导致的市场失灵的成本和规制成本之间寻求平衡。图 6.2 中,横轴表示市场失灵程度的降低,原点处是没有合同得到履行,到 100% 处,市场失灵则完全得以避免①。纵轴是以货币量表示的社会成本。由于规制的严厉程度是层层加码的,MSC_D 曲线向上倾斜。矫正市场失灵的规制成本会越来越高。MSB 曲线衡量的是达到各种程度的政府规制的边际社会收益,其边际效益是递减的。当通过政府规制降低市场失灵的边际成本等于边际社会收益时,就实现了社会最优规制水平 D^*。从 D^* 往右是进一步通过政府规制降低市场失灵程度,边际社会成本会大于边际收益。

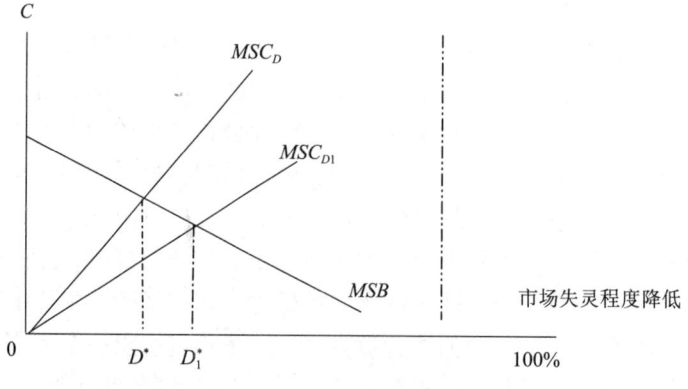

图 6.2 有效的规制水平

注意到 MSC_D 和 MSB 的变化可以改变最优的规制水平。比如,标准重疾险保单的采用,或健康保险业信息化水平的提高都会降低保险市场的信息不对称程度,从而

---

① 为便于讨论,此处假设政府监管可以 100% 地矫正市场失灵。

降低规制成本,而规制的收益保持不变,此时,MSC_D 将降为 MSC_{D_1},最优的规制水平将提高到 D_1^*。

只要有规制成本的存在,规制就不是越严格越好,更不是管得越多越好,何况政府规制本身也会造成政府失灵。

接下来的问题是规制的最优方式应如何选择,比如是更多的市场行为监管,还是更多的偿付能力监管。两种监管方式的规制倾向有所差别,前者倾向于在严厉与否之上进行选择,而后者则倾向于在确定与否之上进行选择。通俗地说,偿付能力监管主要是在规制的确定性上做文章,保险监管部门关注的是保险公司的偿付能力,只要达不到事先确定的指标,将被保险监管部门整顿,甚至清算。而市场行为监管主要是在规制的严厉程度上做文章,关注的是保险公司在市场上是否有违法和违规行为,并依据法律法规对违犯者进行相应的处罚。

在图 6.3 的 D 点上,规制的严厉程度和确定性上形成了最有效的组合(x^*,y^*),以最低的规制成本取得了最大的规制效果。

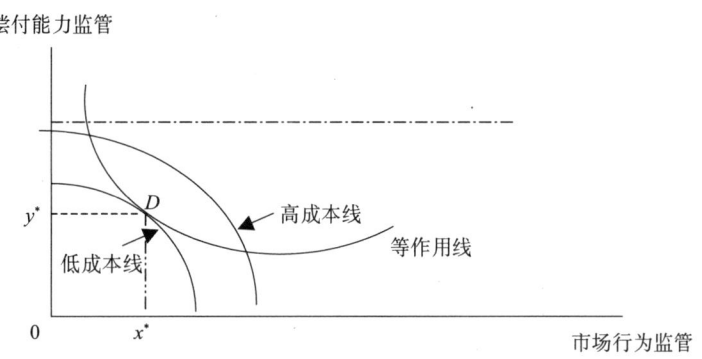

图 6.3 监管方式的权衡

在现实中,不同的监管方式的规制成本是不一样的,因此,有限的监管资源需要在成本不同的监管方式上进行有效配置,才能够达到最佳的规制效果。当规制确定性的成本相对低于规制严厉程度的成本时,监管资源配置应该倾向于使规制的确定性更强,比如,事先设定严格的偿付能力指标,一旦有公司达不到设定的条件,就采取相应的监管措施,使之改进。至于保险公司的市场行为则主要交由市场竞争来矫正,行为不端的保险公司得不到市场的认可,自然而然地会失去市场份额,直至偿付能力不足,被监管部门接管,或改进和兼并。相反,如果规制确定性的成本相对高于规制严厉程度的成本,监管资源的配置则应向提高规制的严厉程度方面倾斜,市场行为监管成为主要的监管方式,监管部门需要进行更频繁的检查以增加保险公司违规行为被发现的概率,对违规施以重罚。

图 6.4 简单地描述了成本不同的监管方式下监管资源的配置。最优点(x^*, y^*)随着成本的不同而有所差别。

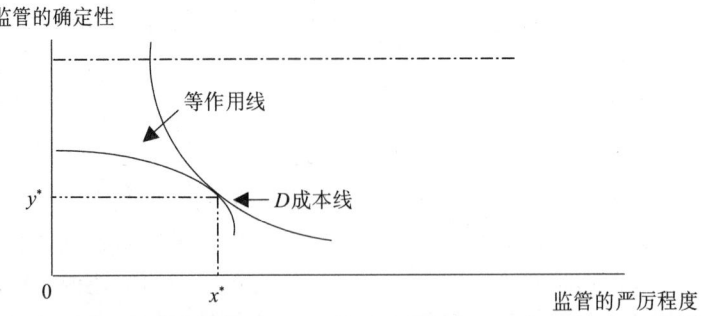

图 6.4　监管确定性的成本相对高于监管严厉程度的成本时的监管资源配置

由此看来，对一个国家或地区来说，采用哪种监管方式，是需要进行经济成本和收益分析的。当偿付能力监管的客观条件达到了（比如保险公司会计和财务制度的统一、信息披露制度的完善、政府和社会审计制度的有效等），偿付能力监管的成本较低，效果就会好。相反，如果偿付能力监管的基本条件尚不具备，就必须在一定程度上依赖市场行为监管。

由此可见，健康保险规制最现实的问题是如何把握规制的边界和力度以及各种规制手段如何取舍与配合，过犹不及，这样的难题是每一个规制主体所必须面对的。

第二节　理想的健康保险规制

既然现实中尚未有一个商业健康保险规制的理想模式，那么所谓"理想的健康保险规制"就只是一定的理论意义，是一个完美的设想。然而，现实最终总是被理想之光所照亮，那么对"理想的健康保险规制"的探讨就有着重要的意义。

一、理想健康保险规制的目标

理想的健康保险规制是能够以最清晰、最简洁、最少量的政府规制最大限度地激发市场活力，充分撬动市场的力量，把社会医疗保险控制在一定的范围和水平之内，给商业健康保险预留足够的发展空间。在商业健康保险领域，实现政府有形之手借助市场无形之手配置健康保障资源，激励所有市场上的商业保险机构以公平的市场竞争、充足的偿付能力、规范的公司治理，为社会大众提供物美价廉的保险产品、科学而全面的健康风险管理服务，在解决健康保障问题的基础上，还能够为医院管理体制改革和药品流通体制改革提供一定的条件和动力。

二、理想健康保险规制的标准[①]

对公共政策评估,不同的学者有着各自的标准,但其中总有一些共通的要素,比如鲍斯特提出的七项标准:效能、效率、充分性、适当性、公平性、反应度和执行能力[②];斯图亚特·那格尔提出的"3Ps"标准:公众参与度(Participation)、可预见性(Predictive)、程序公正性(Procedural Fairness)[③];威廉·邓恩提出的六项标准:效果、效率、充足性、公平性、回应性、适宜性[④];卡尔·帕顿、大卫·萨维奇提出的四项标准:技术可行性、政治可行性、经济和财政的可能性、行政可操作性[⑤]。

国内学者张金马提出的四项标准:有效性、效率、公平性、可行性(政治可接受性、经济可承受性、社会可接受性、管理可行性)[⑥];陈振明提出的五项标准:生产力标准、效益标准、效率标准、公平标准、政策回应[⑦];宁骚提出的七项标准:政策效率、政策效益、政策影响、回应性、社会生产力的发展、社会公正、社会可持续发展[⑧];郑功成对社会保障制度变迁及其绩效从价值取向与建制理念、制度的适应性、制度的有效性、制度的可持续性等四个维度提出了评估标准[⑨]。

从这些不同的评估标准来看,制度运行的效率、制度自身运行的可持续性(或者可行性)以及制度运行效果与制度运行目标的吻合(或者运行效果)是评估一项制度(或政策)的重要内容。考虑到健康保险的属性,公平标准也应该被纳入制度评估中。

鉴于此,理想的健康保险规制的基本标准也应当包括四方面,即公平、效率、效果、可行性[⑩]。

(一)公平

理想的健康保险规制中的公平,至少包括:在这样的政府规制下,经营健康保险的保险公司能够在市场上公平、公正、公开透明地开展竞争,保险公司能够自主地开

[①] 孙祁祥、郑伟、王国军等著:"商业健康保险与中国医改——理论探讨、国际借鉴与战略构想",经济科学出版社2010年版。
[②] T. H. Polster. Public Program Analysis: Applied Methods Baltimore, University Park Press. 1978.
[③] 斯图亚特·S. 那格尔:《政策研究:整合与评估》,吉林人民出版社1994年版。
[④] 威廉·N. 邓恩:《公共政策分析导论》,中国人民大学出版社2002年版。
[⑤] 卡尔·帕顿、大卫·萨维奇:《政策分析和规划的初步方法》,华夏出版社2002年版。
[⑥] 张金马:《公共政策分析:概念·过程·方法》,人民出版社2004年版。
[⑦] 陈振明:《政策科学——公共政策分析导论》,中国人民大学出版社2003年版。
[⑧] 宁骚:《公共政策学》,高等教育出版社2003年版。
[⑨] 郑功成等:《中国社会保障制度变迁与评估》,中国人民大学出版社2002年版。
[⑩] 孙祁祥、郑伟、王国军等著:《商业健康保险与中国医改——理论探讨、国际借鉴与战略构想》,经济科学出版社2010年版。

发设计适合市场需要的保险产品，提供本公司独特的风险管理服务；所有的保险公司都遵从同样的规制规则，保险公司向消费者负责、向股东负责，没有保险公司因为设租和寻租问题而被差别对待，没有选择性执法；健康保险规制规则是无偏的，无论是保险人一方的利益，还是被保险人一方的利益，抑或是医疗卫生服务提供方的利益，都被均衡地对待，没有保险公司之间与政府部门之间的组织合谋，也没有医患合谋，市场上没有利益失衡。

（二）效率

理想的有效率的健康保险规制应该能够保证用尽量少的社会资源，最大化被保障人群的健康利益。在规制规则的激励和约束下，过度用药、过度检查、过度治疗等过度激励现象可以被消除。健康保险市场的各种要素及相关的医疗卫生服务的各种要素能够被充分调动，保险人和投保人之间的交易是低成本、高效率的。

（三）效果

理想的健康保险规制可以达成政府最初设定的规制目标，不走偏，不变形，能够自动协调，纠错纠偏，能够与时俱进不断优化更新。一个运行效果良好的健康保险规制体系，必然能够得到社会各阶层大多数人的认可和赞誉，并能兼顾当前政策效果和远期政策效果的连续和统一。

（四）可行性

理想的健康保险规制应该完全符合相关法律规定，尊重文化习惯，符合公序良俗，能够得到市场主体和消费者支持的规制规则，具有社会可行性、经济可行性与技术上的可行性。

三、理想健康保险规制的基本特征

理想的健康保险规制至少应该有以下几个基本特征，即通畅而透明的信息渠道、清晰而严格的规制规则、公正而可信的评价机制。这三个基本特征既是通向理想健康保险规制的保证，也是理想健康保险规制所必须具备的条件。

（一）清晰而严格的规制规则

理想的规制规则应该是清晰而严格的。有规可依，有规必依，执规必严，违规必究，令行禁止，奖罚分明。保险公司在经营中能够做什么，不能做什么，都应该有明确的规定，而且对应违规的行为，都有相应的罚则。比如，在市场准入和退出方面，经营健康保险的条件应该是清晰的，只要达到规定的条件，任何公司都可以经营相应的健康保险产品，对健康保险公司的偿付能力，也都有明确的规定，达不到最低要求的偿付能力，就要受到相应的处罚，甚至被逐出市场。比如，在信息披露方面，保险公司和相关的医疗卫生部门需要向社会公众披露信息，被保险人能够查询的信息的类别、内容、期间、披露的媒体、地点和时间等，都有严格而明确的规定，违反规定就会受到相应的处罚。

（二）通畅而透明的信息渠道

"阳光是最好的杀虫剂。"公开透明是政府规制能够达到最初的预定目标，随时获得社会反馈，并实现系统纠偏纠错的最佳保障。在当今互联网化的信息社会，健康保险体系的信息化是化解商业健康保险市场上最难应对的道德风险、逆向选择、过度激励等问题，优化政商关系，降低交易成本，提高市场效率的最有力武器。

理想的健康保险规制应该是完全公开透明的。在信息社会，实现健康保险规制的公开透明，并不存在太大的技术障碍。在理想的状态下，保险监管部门、社会保障部门、医疗卫生部门之间的信息系统是无障碍对接的，而且公众和消费者可以轻松地查询到自己需要的信息。

（三）公正而可信的评价机制

健康保险公司经营的结果，必须要有一个评价机制，而在理想的健康保险规制中，这个评价机制应该是堪称完美的，此评价机制既是政府评价商业机构市场表现从而确定奖惩的依据，也是公众了解保险公司并做出交易决策的依据。评价的内容既包括对健康保险公司社会效益的评价，比如保险公司参与城镇职工社会基本医疗保险、参与城乡居民基本医疗保险、举办大病保险，在社会保障制度建设和医疗卫生事业的发展中所产生的社会效益，也包括对保险公司、保险中介公司经济效益的评价。前者的价值在于从社会经济发展全局的角度，以更广阔的前瞻性视角，正确评价健康保险的发展对整个社会健康保障和健康促进的价值，明确健康保险的发展路径和主要发展方向；后者的价值在于通过科学的评价体系，奖优罚劣，形成健康保险行业市场化的奖优和淘汰机制。

社会效益和经济效益的评价都应该是定量化的，且都应站在社会发展和社会文明进步的高度。前者评价的主要指标包括健康保险在国民健康保障中的贡献度、健康保险与医药行业及其他产业的关联度、健康保险业风险管理的总体绩效、健康保险业对社会就业和促进医疗卫生体制改革的贡献度等；对保险公司和中介公司评价的主要指标包括偿付能力、风险管理服务能力、资产利润率、承保利润率、投资利润率、客户评价与社会评价、创新能力等。

需要特别强调的是，在理想的健康保险规制中，对健康风险管理的评价应该是最重要的，保险公司风险管理服务能力的权重会逐渐加大。因为大量的研究显示，资金用于预防疾病比治疗疾病产生的综合效益更高，所以重视预防比重视治疗更为有效，重视健康风险管理的评价机制发挥着"指挥棒"的作用，将逐渐引导经营健康保险业务的保险公司更加重视对客户的健康风险管理，在健康风险方面配置丰富的资源，培养最优秀的健康风险管理团队，以最先进的技术预防疾病的发生，减轻人们的病痛，减少有限医疗卫生资源的浪费，维护人民的健康。

实际上，在健康保险中，保险公司对被保险人的健康风险进行全面管理的重要性再如何强调都不为过，特别是在中国医疗卫生体制存在诸多弊端，医院和医生的收入与其提供给患者的药品和卫生服务的数量高度正相关的情况下，使更多的被保险人能够通过预防远离疾病，普及卫生知识和保险知识显得尤为重要。

通过预防将疾病控制于未发状态是医疗卫生活动的最高境界，也是健康保险经营的最高境界，更是健康保险规制的最高境界[①]。

第三节 健康保险规制的优化路径

无论是以美国为代表的发达国家，还是以中国为代表的新兴市场经济国家，医疗改革都是21世纪前半叶许多国家社会政治和经济生活中一个宏大、系统、艰巨而意义非凡的主题。商业健康保险作为国家卫生体制中健康保障制度的一个重要组成部分，也将在改革的浪潮中发展壮大。一个不断优化的健康保险规制体系可以充分发挥其利用市场之手配置资源的效率优势，为国家的医疗卫生体制改革贡献力量，并最终奠定商业健康保险在我国医疗卫生体制和健康保障体系中应有的地位。

几十年来，我国的商业健康保险已然汇聚了巨量的人力、物力、技术和信息资源。2002年以来，商业健康保险年均增速达37%。中国保险市场上有170多家保险

---

① "预防为主"是我国卫生工作的基本方针。新中国成立后，卫生防疫、妇幼保健、地方病控制、群众性的爱国卫生运动、国境卫生检验检疫制度被建立起来，我国人口的健康状况在成本较低的基础上得到了根本性的改善，死亡率大幅下降，人均寿命迅速延长，国民身体素质不断提高。特别是以"预防为主、治疗为辅"的三级农村医疗网络使中国在医疗卫生方面的成就一度成为世界的典范，连血吸虫病这样的烈性传染病都曾一度被完全消灭或基本消灭。国务院发展研究中心课题组2006年的报告《对中国医疗卫生体制改革的评价与建议》就明确指出，自20世纪80年代末以来，医疗卫生体制商业化市场化的改革，导致了医疗卫生机构轻预防、重治疗，轻常见病、多发病，重大病，轻适宜技术、重高新技术的倾向。更为严重的是，一些医疗卫生服务机构基于牟利动机提供大量的过度服务，甚至不惜损害患者的健康。中国改革开放以来，医疗服务价格以及全社会卫生总投入迅速攀升，但全民综合健康指标却没有得到相应的改善，其原因大概就是这个。对绝大多数疾病而言，疾病预防的成本仅是治疗成本的百分之几甚至万分之几。预防比治疗有更重要的价值。而在健康保险领域，风险管理的重要性无论如何强调都不过分。保险公司通过对被保险人健康的风险管理，达到预防疾病降低赔付的目的。在目前我国保险业的经营中，重保费轻利润、重市场份额轻市场形象，特别是重承保理赔、轻风险管理的情况非常普遍，健康保险也是如此。好在在中国的健康险领域，保险公司对风险管理的重视程度略高一些，而中国健康风险的管理得到重视是从几家专业的健康保险公司开始的。受限于健康保险的经营环境，健康风险管理从起步到发展，再到一个比较成熟的阶段不可能是一蹴而就的，需要环境的变化而层层推进。

公司开展了健康保险业务，2017年健康险业务原保险保费收入达到4 389.46亿元。商业保险公司在市场上提供几千种健康保险产品，涵盖医疗保险、疾病保险、护理保险和失能收入损失险四个大类。但比较遗憾的是，这些资源并没有在有效的健康保险规制下形成合力，而是各个保险公司各自为战，呈现一盘散沙的态势，保险公司在信息极端不对称的条件下恶性竞争，对商业健康保险的发展极为不利。

基于这样的现状，按照理想的健康保险规制的四个标准和三个基本特征，我国健康保险规制的优化路径设计应至少包括以下几个方面。

一、持续推进健康保险业信息化建设

保证政令畅通，令行禁止，保证规制规则科学公正和纠偏机制，通畅的信息传递是关键。借助现代通信技术个实现健康保险体系高度的信息化是充分发挥健康保险规制作用，并促使健康保险规制体系自身得以优化的必由之路。

在当前的主流信息技术背景下，信息化的关键是信息平台建设。商业健康保险信息平台建设，尚需要两个阶段的逐级推进。第一个阶段是实现健康保障领域政府部门间的信息化整合。

首先是商业健康保险管理部门与社会保障管理部门及医疗卫生管理部门之间信息平台的建设。

保险业与社保部门和卫生部门的信息平台应涵盖中央和地方两个层面。在健康保险发展的初级阶段，在商业健康的优势和作用还没有得到社保和卫生部门充分认可的情况下，商业健康的管理部门和经营健康保险的商业保险公司应采取积极主动的策略，寻求与中央社保和卫生部门的合作，初步建立与社保和卫生部门共享的健康保障信息平台。

在从"自上而下"的策略遇到障碍的情况下，鼓励商业保险公司尝试"自下而上"的策略。通过城市补充医疗保险和农村新型合作医疗，一些商业健康保险公司已经和地方的社保及卫生部门建立了比较紧密的业务联系。而且，在一些地方，商业保险公司依托与政府的关系已经建立起来技术力量相当强的信息网络[1]。比如，当年人保健康在承办了安徽省南陵县城镇居民基本医疗保险项目后，就逐渐从根本上改变了政府采取的手工操作方式，为城镇居民基本医疗保险开发了专门的信息技术平台，实现了系统化、网络化的运行管理。

从各地的实践来看，商业健康保险与社会医疗保险系统之间通过信息系统实现数据交流和共享，可以提高健康保障系统和医疗卫生服务系统的效率。比如，通过与医

---

[1] 比如在"厦门模式"中，原来一直承担厦门市补充医疗保险第三方服务工作的太平洋保险厦门分公司与当地社会部门建立的信息网络就非常强大，社保与商业保险公司的信息比较透明，交易成本很低，也使医保患者在很短的时间内获得赔付。其后的江阴模式、太仓模式等都在当地政府的推动下，充分利用了先进的信息技术，起到了事半功倍的效果。

疗卫生机构的信息交流，商业健康保险公司能够得到卫生部门在医疗数据方面的支持，采用卫生系统的疾病、诊疗、药品等专业编码，采集医疗卫生数据，这样既可以实现共同加强对医疗机构的管理目标，还可以促进社会基本医疗保险与商业健康保险的衔接，破解医疗卫生领域的一些道德难题，这显然是多赢的选择。

其次是经营商业健康保险的保险公司之间信息平台的建设。目前，经营健康保险的商业保险公司的合作与交流很少，更多的是在地方社会保障部门和医疗卫生机构层面的恶性竞争。这种状况不但不利于商业健康保险的发展，也严重影响了保险公司与社保部门及医疗卫生服务机构合作的主动性和稳定性，抑制了商业健康保险在国家卫生体制改革中作用的发挥。

对保险业来说，解决这一问题可以说是迫在眉睫。除了健康保险规制上的优化之外，鼓励商业保险公司之间的合作，特别是建立起保险公司之间健康保险业务的信息平台是非常重要的一步。

最后是商业保险公司客户服务信息平台的建设。优质的客户服务是商业保险公司在与社保部门及医疗卫生机构的合作中占有主动地位的力量源泉，而客户服务信息平台的建设则是现代社会优质客户服务的必要条件，一些保险公司在这方面已经取得了很好的经验，值得借鉴，值得鼓励和推广[①]。在政府规制的推动下，借鉴北京等城市车险信息平台建设的先进经验，经营商业健康保险的保险公司可以通过信息平台交流产品、客户，特别是医疗卫生服务机构的信息，形成一个资源共享、协作共赢的商业健康保险信息平台，共同为国家的医疗卫生体制改革服务，并谋求商业健康保险的共同发展。

经过第一阶段的信息化建设，将可以谋求"多维一体化"的健康保险信息化整合。

随着城市社会保障制度统筹层次的提高和城乡社会保障制度一体化的发展，对社会健康保险信息化的要求会迅速提高，商业健康保险必须迅速适应这种变化，及时为这种变化做好准备。

健康保险的信息化整合在发达国家的重视程度是令人吃惊的。比如，在作为美国奥巴马政府新一轮医疗改革蓝本的《奥巴马—拜登计划》中，奥巴马提出的三项主张中的第一项就是采取先进的医疗信息技术系统。美国将建立一个全美医疗保险交换系统（National Health Insurance Exchange），帮助美国个人和企业购买商业医疗保险，而这个系统中的信息平台预计是要将所有经营商业健康保险的机构，包括公立医疗保险保障组织的信息集中在一起的。

---

① 人保健康官网与专业医疗资讯网站合作，推出了"就医指南"频道。该频道由"PICC 帮您找医院""PICC 帮您找科室""PICC 帮您查疾病"三个服务板块组成，为客户提供覆盖全国各地的医院就诊信息。客户只需访问公司网站，即可享受到全方位、多维度的医疗健康资讯查询服务。查询内容包括全国 31 个省市的 3 145 家重点医院、75 927 个医院科室、236 869 位医生的详细情况介绍，并为客户提供覆盖内科、外科、儿科、妇产科等方面的 2 000 余类疾病信息。其中，针对客户最关心的热点医院查询，人保健康网站能够做到当日 20 点前发布次日的停诊预报，最大限度地满足了客户的就医就诊需求。

借鉴美国的模式，中国保险信息技术有限公司在健康保障系统信息化整合中可以发挥巨大的作用，社会保障部门、医疗卫生部门、商业保险部门的健康保障信息有机地整合到一个透明高效的信息平台上，这并非难事。

二、建立并完善健康保险评价体系

梯若尔的新规制经济理论认为，传统的规制因为信息不对称而出现规制失灵现象，引入激励理论后新规制经济理论在一定程度上解决了规制失灵问题。从这一思想出发，鼓励充分的竞争以激励健康保险机构在降低成本等方面的努力，从而不断提高健康保险的健康保障水平。

（一）健康保险评价体系

近些年，中国保监会消费者保护局在建立保险业评价机制方面的工作卓有成效，而建立一套专门针对健康保险的评价体系则应该是这一工作的细化。健康保险评价体系除了对健康保险的社会效益评价系统之外，对商业保险经济绩效的评价至少应包含偿付能力水平、费率水平、投诉率等关键指标的评价体系，以评价保险机构在偿付保障能力、服务水平、产品价格等方面的综合水平。对每一项指标设立得分标准，对于低于标准的情况制定惩罚措施。另外，对健康保险机构的综合得分进行排名，划分档次，制定恰当的奖惩办法①，并将排名、奖惩信息公之于众。这种措施可以激励企业采取措施降低成本、优化服务，消费者的买单行为会进一步加强这种刺激效应。另外，为了自身利益，保险机构会主动弱化与其他企业的合谋行为。

（二）健康保险规制效果评价体系

政府规制健康保险，既是为了保障被保险人的合法权益，又是为了促进健康保险产业健康稳定的发展，从经济学的角度来讲是为了不断提高健康保险业的社会福利水平。政府制定相应法律与制度，交由保险监管机构实施规制。相关法律与制度的正确性、有效性等需要检验，监管机构规制工作的力度、进度等也需要检验，健康保险业社会福利水平则可以很好地解释这些问题。

围绕着资源配置效率水平以及社会福利水平，科学地开发一套评价健康保险业规制效果评价体系非常有必要。一方面，这套评价体系对于检验规制政策、制度等的科学有效性很有必要。另一方面，这套评价体系，能够有效地评价监管机构的规制工作水平，例如通过纵向比较每年的指数得分，可以清楚监管机构的规制工作的效果，能够有效地防止监管机构因组织合谋、激励不足等问题引致的规制不力行为。

---

① 例如可以通过税收政策进行奖惩，奖励表现优异的健康保险机构，惩罚表现较差的健康保险机构。

(三) 设立健康保险特别仲裁机构

由拉丰的新产业组织理论可知，分权可以缓解监管机构与被规制企业的合谋问题。由拉丰的新产业组织理论可知，分权可以缓解监管机构与被规制企业的合谋问题[①]。另外，奥利弗·哈特的不完全合约理论提出，人们难以制定一份完全的契约，在事前确定剩余权利归谁所有很有必要，将剩余控制权配置给投资决策相对重要的一方，是有效率的。

从这两个理论出发，设立健康保险特别仲裁机构，依法赋予其健康保险规制契约的剩余权利，负责解释或裁定在健康保险规制的灰色地带和真空地带产生的纠纷。这样，能够分得保险监管机构的一部分权力，弱化组织合谋问题，还能更公正地解决因健康保险规制契约不完全带来的诸多问题。

对健康保险风险管理绩效的评价依然是重中之重。需要设定标准，根据保险赔付与灾害造成的经济损失占比的变化，评价整个保险业的风险管理绩效。至于对保险公司和保险中介公司的评价与排名，则可以考虑从保险公司的组织架构、人员配备、风险管理服务程序、信息化程度、企业对保险公司风险管理服务的评价指标、社会大众对保险公司风险管理服务的评价指标、风险的实际绩效指标等多个方面进行评价，然后得出各家保险公司风险管理的服务能力分值，由保险监管部门或行业协会发布，为保险市场交易，特别是为保险招标等市场行为提供权威数据。

三、逐步优化健康保险规制规则

完全化解健康保险规制中存在的深层矛盾，一劳永逸地解决健康保险发展中的所有问题，是不切实际的，但逐步优化健康保险规制规则，提高其系统性、公平性和透明性，提升规制效率，最大限度地撬动社会资源，推动健康保险市场健康、稳定地可持续发展却是一个需要坚持不懈、持之以恒的过程。

逐步优化健康保险规制规则是一个基础性、关键性、系统性的工作，可谓千头万绪，但从以下几个具有全局性的着力点入手，却不失为一个明智选择。

首先是以明晰的规制促进健康保险业纵向一体化（Vertical Integration）发展。健康保险业纵向一体化发展，指的是推进健康保险业通过整合健康管理、医疗服务、药品、医疗器材等产品和服务，内化多方健康产业利益相关者，打造健康产业全链条。这对解决现有健康保险规制中医疗费用支出过高、医疗资源浪费、降低保险费率等问题是十分有效的。保险公司融入健康管理环节，对被保险人的健康进行管理，能够避免诸多疾病的发生，还能及时发现疾病，提前治疗，降低了治病产生的费用。内化医

[①] Laffont, J-J, M, Meleu. Separation of Powers and Development [J]. Journal of Development Economics. 2001: 129-145.

第六章
健康保险规制的理想与未来

疗服务，能够有效解决医疗机构对患者进行过度医疗带来的过高医疗费用的道德风险问题，进一步降低了健康保险机构的赔付金额。全产业链经营范式，能够提高资源配置的效率，从总体上解决由于经营环节过多而使利润加成过高的问题。

虽然健康保险业的纵向一体化并没明显的政策障碍，但实践操作中的玻璃天花板却无所不在。比如保险公司投资医疗卫生机构的各种障碍，使保险公司拥有一家医疗机构的努力常常化为泡影，再比如健康保险业务和健康风险业务管理之间税收上的巨大差距，其实并不鼓励保险公司开展健康风险管理服务。

其次是以明晰的规制规则激励健康保险业在健康风险管理方面全面突破。由卡尼曼和特沃斯基的行为经济学理论可知，人们通常喜欢收益，厌恶损失，并且收益与损失不是绝对不变的，两者可以随着参照系相互转化。被保险人之所以存在事前和事后道德风险，是因为他们认为一旦风险发生他们会得到比所交纳的保费大很多的赔偿金额。尽管这些赔偿的货币会随着医疗费用的支出而被消耗，被保险人仍然会感觉到效用的增加。

既然保险人的收益与损失是可以转化的，不妨尝试采取措施改变被保险人的参照系，将他们的"收益"转化为"损失"，进而因为厌恶损失，被保险人会采取行动避免风险发生以及减少不必要医疗费用的支出，最终到达优化规制的效果。

以此为基础，健康保险规制应设定明确的规则，在政策、税收、绩效评价等各个方面激励健康保险从经济补偿向健康风险管理的方向转变。在这种激励下，当保险公司提供的科学、全面、中西医相结合的健康风险管理服务，能够让被保险人生病的概率大幅下降，投保人购买健康保险不是为了生病后获得保险金的补偿，而是希望通过保险公司科学的健康风险管理少得病乃至不得病，保持健康状态，那么健康保险中的道德风险、逆向选择、过度激励、组织合谋等矛盾和问题才能真正得以化解。

最后是以明晰的规制规则激励保险公司在健康保险经营中的创新探索。"百万医疗"等健康保险的产品创新，在科学的理论基础上的产品设计、承保理赔过程中的创新[1]，通过互联网销售健康保险产品的渠道创新，健康保险公司通过互联网聚合上万家医疗机构的经营模式创新等，是健康保险在信息化时代获得突破的方向。健康保险规制应能保证保险公司在健康保险创新中积极性，而不能以各种理由捆住保险公司创新的手脚，打压保险公司创新的积极性。

---

[1] 比如，由佃农理论可知，分成租佃是有效率的。因此，制定某一风险发生情况下保险人赔付的标准额度，在该额度之内的费用，保险人全额赔偿。假如被保险人费用超过保险人设定的最低额度，则将超过标准额度的部分按照超额程度划分超额等级，对不同等级的超额费用设置相应分成规则，由保险人与被保险人共同承担。如此，超额部分的费用就会在一定程度上转化为保险人的损失，为了防止损失的发生，被保险人的道德风险就会受到限制。例如，某一风险发生，保险人规定最高全额赔付的标准额度为60元，保险人对被保险人发生在1~60元内的费用，100%赔付；对于超过标准额度20%部分的费用由被保险人自行承担20%，保险人承担80%；超过标准额度20%~80%部分的费用，由被保险人自行承担80%，保险公司承担20%；超过标准额度80%以上的费用由被保险人自行承担。

第四节 健康保险规制的未来

社会越是文明进步,人们利用市场机制解决健康保障问题,寻求科学的健康风险管理服务的需求就越迫切,政府的健康保险规制也将随之逐渐向健康保险规制的理解模式前进。

随着科技的发展,未来的健康保险规制将至少呈现动态化、科技化、国际化三个趋势。

一、动态化

在和平时代,无论发达国家还是发展中国家,随着人们对生命、对健康的重视,健康产业也包括健康保险产业的发展获得了强大的动力,尤其是在我国全面小康社会建成的过程中,健康保险的发展更是日新月异,创新不断。

与时俱进是社会对健康保险规制的基本要求,健康保险规制要跟得上时代发展的步伐。健康保险正在向着专业化、纵向一体化、信息化等方向发展,新的产业结构、竞争格局、业务模式、经营行为、销售渠道、风险管理技术、投资方式等会不断呈现出来。及时化解影响健康保险业资源配置效率和最大化社会福利水平的矛盾,满足人民对美好生活的需要,就要求健康保险规制不断做出适应性的调整。法律制度、监管机制、组织机构、人员素质等也都处于动态调整之中,调整的频率、强度受着健康保险产业发展速度、程度、方向的影响。

二、科技化

新一轮的科技革命正在悄然兴起,人们深处其中,时时感受着科技的力量在各个领域改变着我们的生活。互联网、物联网(Internet of Things)、万户互联、大数据、云计算、人工智能、区块链等科学技术及理念已经成为实务界和理论界热衷的话题。战胜人类的"阿尔法狗"、高效率的德勤财务机器人、能够在血管中畅行无阻的无创智能手术机器人、数字化货币等展现了信息技术革命的力量,没有一个领域会感受不到科技进步的影响,保险业更不例外。

新的科学技术,在获取信息、处理信息、决策判断等方面具有非常大的优势。恰当地引入新科技,能够降低健康保险规制中信息不对称的程度,还能实现智能化规制、动态化监管,及时获取信息,提前做出风险判断,采取各种措施预防系统性风险的发生。科学技术将会成为健康保险规制的有力助手,甚至会带来规制领域的新革命，健康保险规制的科技化已成趋势。

三、国际化

无论经历什么样的曲折和反复，经济全球化、一体化的潮流是历史的发展方向。"构建人类命运共同体"，中国可能将在很长的时间内引领全球的国际化进程。

受医疗保障制度等多重因素的影响，英国、德国等诸多国家的健康保险业务的发展空间十分有限，跨国寻找空间、发展健康保险业务已成为健康保险机构的必然选择；同时，中国的保险业也在一步步走向国际，这也是一种必然选择。2017年9月，中国再一次加大了对外开放的步伐。

关于保险业加大对外开放力度的时间表是：3年后将单个或多个外国投资者投资设立经营人身保险业务的保险公司的投资比例放宽至51%，5年后投资比例将不受限制。中国保监会表示，将坚定不移地扩大保险业对外开放，对于已进入中国市场的外资保险公司，将进一步优化监管环境，鼓励其进入健康、养老、巨灾保险等专业业务领域；对于尚未进入中国市场的外国保险机构，将进一步优化准入政策。

截至2017年末，共有来自16个国家和地区的境外保险公司在中国大陆设立了57家外资保险公司，下设各级分支机构1 800多家，世界500强中的外国保险公司均进入了中国市场，完善了我国保险市场主体结构，形成了中外资保险公司优势互补、公平竞争、和谐发展的局面，外资保险机构市场份额从加入世贸组织之初不足1%逐步扩大到5.19%，外资保险公司总资产从加入世贸组织之初的30亿元增长到10 022.50亿元，中外资保险公司同台竞争的格局已经形成。

在中国的对外开放中，与"引进来"相对应的"走出去"，也是历史的必然。截至2017年末，中国在海外已经设立了37家保险营业机构。2016年，中国对全球保险市场的增长贡献率达59%，2家保险公司进入全球前十位。

不难预料，拥有中华医学几千年来养生传统的健康风险管理理念和技术，在中国发展起来的健康保险可能比其他的险种在国际上更有竞争潜力。

经济全球化、一体化，要求健康保险的规制也要与国际趋同，我国未来的健康保险规制一定是具有鲜明国际化特征的健康保险规制。由于各个国家的社会、文化、体制等存在较多不同，国际化经营给健康规制带来了新的挑战，会逐步催生出国际化的健康保险规制。这里的国际化包含两层含义：一层是指保险规制机构了解国外规制规则，借鉴国外规制经验，优化自身规制工作；另一层是指规制本土企业在国外的健康保险业务活动，以及国外企业在本国的健康保险业务活动，以期达到较好的规制效果。

健康保险规制的理想状态是政府能够通过政府公平、公开与公正的规制，充分调动市场的力量，实现健康保险的可持续发展，促进保险机构为公民的健康提供最佳的风险管理和保险保障服务。尽管世界上还没有一个理想的健康保险规制模式，但人们对理想的健康保险规制的向往从未改变。可以预见，在这种向往和随之的努力下，未来的健康保险规制将逐渐向理想的健康保险规制状态前进，在健康保险市场上，通过政府规制对市场的引导和规范，实现社会大众所期望的公平与效率兼顾的目标。

本章小结

本章主要分析了健康保险规制中存在的深层矛盾，描述了理想的健康保险规制的标准和特征，明确了优化健康保险规制的路径，展望了健康保险规制的未来。健康保险体系中利益相关者不同的行为目标、不对称的信息，以及规制中的不完全合约这三个深层次矛盾直接影响了健康保险规制的规制效果，并经常造成健康保险规制结果的扭曲，引致健康保险规制所面临的道德风险、组织合谋、过度激励等问题，导致政府规制失灵现象的普遍存在。通过持续推进健康保险业信息化建设，建立并完善健康保险评价体系，逐步优化健康保险规制规则，是改善健康保险规制效果的必由之路。另外，受健康保险产业发展、科学技术进步等因素的影响，未来健康规制工作将会呈现动态化、科技化、国际化的趋势。

思考题

1. 试论述健康保险规制中存在的基本矛盾与深层问题。
2. 简述理想的健康保险规制的特征与标准。
3. 试分析优化健康保险规制的路径。
4. 简述健康保险规制的发展趋势。

专业术语

1. 利益相关者（Stakeholder）：管理学意义上的利益相关者是组织外部环境中受组织决策和行动影响的任何相关者。
2. 公众参与度（Participation）：公众参与度是指在社区治理中包括个人或社会组织等非政府主体，通过一系列途径参与到公共决策的制定和执行中，来满足社会和个人物质、文化生活等方面的需要的参与或投入程度。

3. 可预见性（Predictive）：预先意识或知道的能力。

4. 程序公正性（Procedural Fairness）：对于决策制定者使用政策、程序、准则以达成某一争议或协商结果的公平知觉。

5. 纵向一体化（Vertical Integration）：与企业产品的用户或原料的供应单位联合或自行向这些经营领域扩展，就是指企业在现有业务的基础上，向现有业务的上游或下游发展，形成供产、产销或供产销一体化，以扩大现有业务范围的企业经营行为。

6. 物联网（Internet of Things）：就是物物相连的互联网，有两层意思，其一，物联网的核心和基础仍然是互联网，是在互联网基础上的延伸和扩展的网络；其二，其用户端延伸和扩展到了任何物品与物品之间，进行信息交换和通信，也就是物物相息。

参考文献

中文部分：

[1] Colin Scot、石肖雪："作为规制与治理工具的行政许可"，《法学研究》，2014：35~45页。

[2] 保监会考察团："美国加拿大保险监管和相关情况的考察与思考"，《保险研究》，2003（01）：36~39页。

[3] 迟福林：《2006中国改革评估报告》，中国经济出版社2006年版。

[4] 陈文玲等：《药品现代流通研究报告》，中国经济出版社2010年版。

[5] 陈振明：《政策科学——公共政策分析导论》，中国人民大学出版社2003年版。

[6] 段昆："美国保险业的监管制度及其借鉴"，《中国软科学》，2003（03）：40~44页。

[7] 丁玉龙："深圳巨灾保险试点四年探索"，《中国保险报》，2017年10月27日（004）。

[8] 丹尼尔·F. 史普博：《管制与市场》（中译本），上海三联书店1999年版。

[9] 陈富良：《我国经济转轨时期的政府规制》，中国财政经济出版社2000年版。

[10] 冯鹏程、刘青："谈谈德国商业健康保险"，《中国保险报》，2015年6月10日（008）。

[11] 龚贻生："中国商业健康保险发展战略研究"，南开大学，2012年。

[12] 何佳馨："健康保险法研究"，复旦大学，2011年。

[13] 侯宗忠、冯鹏程："美国商业健康保险市场的发展及启示"，《保险职业学院学报》，2009：69~72页。

[14] 江庆勇："行为经济学视角下的全球政府监管改革"，《经济学家》，2014：73~81页。

[15] （美）考特（Cooter, R.）、（美）尤伦（Ulen, T.）著，史晋川等译：《法

和经济学》，格致出版社 2012 年版。

[16] 卡尔·博尔奇著，庹国柱、王国军译：《保险经济学》，商务印书馆 1999 年版。

[17] 卡尔·帕顿、大卫·萨维奇：《政策分析和规划的初步方法》，华夏出版社 2002 年版。

[18] 柯武刚、史漫飞著，韩朝华译：《制度经济学：社会秩序与公共政策》，商务印书馆 2000 年版。

[19] 李晓颖、张凤林："专用性人力资本投资与工资合约——引入不对称信息的敲竹杠模型"，《经济评论》，2010：5~12 页。

[20] 李称心、李嘉浩、王国军："个人税优健康险走向全国"，《中国卫生》，2017：46~47 页。

[21] 李天怀、王平川：《金融职业道德概论》，中国物价出版社 2003 年版。

[22] 李虹："美国健康保险反欺诈概况及启示"，《保险研究》，2008：102~106 页。

[23] 李奇著：《道德与社会生活》，上海人民出版社 1984 年版。

[24] 李晓："日本保险业偿付能力标准及其对我国的借鉴意义"，《保险职业学院学报》，2013：70~73 页。

[25] 黎宗剑、王治超、朱铭来：《台湾地区全民健康保险制度研究与借鉴》，中国金融出版社 2007 年版。

[26]（美）理查德·泰勒（Richard Thaler），（美）卡斯·桑斯坦（Cass Sunstein）著，刘宁译：《助推》，中信出版社 2009 年版。

[27] 蔺鹏、孟娜娜、马丽斌："监管科技的数据逻辑、技术应用及发展路径"，《南方金融》，2017：59~65 页。

[28] 刘连生："美国保险监管的特点及对我国的启示"，《现代财经——天津财经学院学报》，2004：22~25 页。

[29] 刘权："作为规制工具的成本收益分析——以美国的理论与实践为例"，《行政法学研究》，2015：135~144 页。

[30] 罗维、宗文红、田国栋："部分国家商业健康保险发展的特点及对我国的启示"，《中国卫生政策研究》，2012：46~50 页。

[31] 马云泽：《规制经济学》，经济管理出版社 2008 年版。

[32] 宁骚：《公共政策学》，高等教育出版社 2003 年版。

[33] 潘杰、徐菲、刘国恩、臧文斌："台湾地区全民健康保险制度建立对内地医改的启示"，《中国卫生经济》，2011：43 页。

[34] 潘露："人保健康公司健康风险管理研究报告"，2016 年。

[35] 裴光、王柱、刘杨、陈婕妤："台湾地区保险反欺诈经验及启示"，《保险研究》，2009：122~127 页。

[36] 曲振涛、杨恺钧：《规制经济学》，复旦大学出版社 2006 年版。

[37] 任泽华："论商业健康保险的专业化监管"，《保险职业学院学报》，2007：57 页。

[38] 让—雅克·拉丰与让·梯若尔著，石磊与王永钦译：《政府采购与规制中的激励理论》，格致出版社 2014 年版。

[39] 让·梯若尔著：《产业组织理论》，中国人民大学出版社 2015 年版。

[40] 史梦秋："我国商业健康保险监管及规范发展研究"，西南财经大学，2009 年。

[41] 宋福兴：《供给侧改革下的健康保险盈利模式研究》，中国金融出版社 2016 年版。

[42] 苏启林、申明浩："不完全契约理论与应用研究最新进展"，《外国经济与管理》，2005：16～23 页。

[43] 斯图亚特·S. 那格尔：《政策研究：整合与评估》，吉林人民出版社 1994 年版。

[44] 孙东雅："美国健康保险发展启示"，《中国金融》，2015：60～62 页。

[45] 孙祁祥、郑伟、王国军等著：《商业健康保险与中国医改——理论探讨、国际借鉴与战略构想》，经济科学出版社 2010 年版。

[46] 孙祁祥等著：《中国保险业：矛盾、挑战与对策》，中国金融出版社 2001 年版。

[47] 孙晓芳："浅析美国保险公司偿付能力监管体系"，《黑龙江对外经贸》，2008（6）：113～114 页。

[48] 上海保监局："国外保险公司信息公开披露的监管规则"，《中国保险报》，2011 年 3 月 25 日（002）。

[49] 陶建国、张展展、谢何芳："日本生命保险协会的纠纷解决制度"，《上海保险》，2011：57～60 页。

[50] 庹国柱主编：《保险学》，首都经济贸易大学出版社 2003 年版。

[51] （英）沃克：《牛津法律大辞典》，光明日报出版社 1988 年版。

[52] 王艳玲："中国保险业规制改革研究"，辽宁大学，2009 年。

[53] 王向楠、王锦霞："英国保险监管和消费者权益保护的启示"，《保险职业学院学报》，2015：70～74 页。

[54] 王柱国："论行政规制的正当程序控制"，《法商研究》，2014：23～31 页。

[55] 王俊豪：《政府管制经济学导论：基本理论及其在政府管制实践中的应用》，商务印书馆 2001 年版。

[56] 王姝："主要发达国家保险监管制度比较研究"，吉林大学 2013 年。

[57] 王政、姜凌：《税收学概论》，对外经济贸易大学出版社 2009 年版。

[58] 王东虓：《法律与道德》，郑州大学出版社 2003 年版。

[59] 王虹俫："美国商业保险监管研究"，吉林大学，2004年。

[60] 王国军："医疗保险、费用控制与医疗卫生体制改革"，《中国卫生经济》，2000：5~6页。

[61] 王国军编著：《保险经济学》，北京大学出版社2006年版。

[62] 汪孝德等著：《税收调控论》，西南财经大学出版社1997年版。

[63] 魏华林、林宝清：《保险学（第二版）》，高等教育出版社2006年版。

[64] 魏巍："首批税优健康险产品对比分析"，和讯保险，http：//insurance.hexun.com/2016-04-05/183130128.html。

[65] 威廉·N.邓恩：《公共政策分析导论》，中国人民大学出版社2002年版。

[66] 《新帕尔格雷福经济学大词典（第四卷）》，中译本，经济科学出版社1996年版。

[67] （美）小贾尔斯·伯吉斯：《管制和反垄断经济学》，上海财经大学出版社2003年版。

[68] 徐雄勇："我国社会医疗保险委托经办管理研究"，西南财经大学，2013年。

[69] 徐晓慧、王云霞：《规制经济学》，知识产权出版社2009年版。

[70] 肖兴志：《现代规制经济学分析》，中国社会科学出版社2011年版。

[71] 席涛："美国的成本—收益分析管制体制及对中国的启示"，《经济理论与经济管理》，2004：60~63页。

[72] 徐剑锋："英国保险经纪人监管制度简介"，《中国保险管理干部学院学报》，2011：53~54页。

[73] 于立、肖兴志：《产业经济学的学科定位与理论应用》，东北财经大学出版社2002年版。

[74] 余晖：《政府与企业：从宏观管理到微观管制》，福建人民出版社1997年版。

[75] 杨瑞龙、聂辉华："不完全契约理论：一个综述"，《经济研究》，2006（02）：104~115页。

[76] 植草益：《微观规制经济学》，中国发展出版社1992年版。

[77] 张润晖、朱华琳："日本的医疗保险制度"，《中国保险报》，2003年11月20日（004）。

[78] 张维迎著：《博弈论与信息经济学》，上海三联书店、上海人民出版社1996年版。

[79] 张维迎著：《经济学原理》，西北大学出版社2015年版。

[80] 张五常著，易宪容译，朱泱校：《佃农理论》，商务印书馆2002年版。

[81] 朱俊生："商业健康保险在医疗保障体系中的角色探讨"，《保险研究》，2010：35~41页。

[82] 张颖："商业健康保险与社会医疗保险制度的对接机制研究"，武汉大学，2012年。

[83] 陈振明:《政策科学——公共政策分析导论》,中国人民大学出版社 2003 年版。

[84] 祝杰:"我国保险资金运用法律规则的审视与优化",《当代法学》,2013:86~93 页。

[85] 邹茵:"海峡两岸保险中介市场比较研究",《长春工程学院学报(社会科学版)》,2011:30~33 页。

[86] 朱凤梅:"1985~2015 年我国医疗卫生体制改革逻辑评述",《中国卫生经济》,2016:5~9 页。

[87] 郑功成等:《中国社会保障制度变迁与评估》,中国人民大学出版社 2002 年版。

[88] 曾理斌、安然、张旭升:"对湛江市城乡一体化医疗保障模式的思考",《中国卫生经济》,2013:11~12 页。

[89] 朱恒鹏:"供方市场化改革是医改突破口",《中国医疗保险》,2016:26~27 页。

[90] 朱恒鹏:"鼓励医疗服务模式创新 引领医疗体制改革",财经智库,2016:35~48 页、139~140 页。

[91] 中国保险行业协会:《商业健康保险国别研究报告》,中国金融出版社 2015 年版。

[92] 中国保险报社、加拿大永明人寿保险公司联合编印:《英汉保险词典》,商务印书馆 1999 年版。

[93] 中国保险报社:"反欺诈:与贪婪斗争到底",《中国保险报》,2012 年 8 月 27 日(02)。

外文部分:

[1] Bailey, E. E., Economic Theory of Regulation Constraint. Lexington, Mass.: Lexington books. 1973.

[2] Dictionary of Insurance Terms 4th ed. Barron's Educational Series, Inc. 2000.

[3] Ekelund, Jr. R. B. The foundations of regulatory economics. Vol. I.

[4] Edward Elgar Publishing Limited, Cheltenham, UK – Northampton, MA, USA. 1998.

[5] Grossman S., Hart O. The costs and benefits of ownership: A theory of vertical and lateral integration. Journal of Political Economy, 1986: 691–719.

[6] Guasch, J. L., and R. W. Hahn, The Costs and Benefits of Regulation: Implications for Developing Countries, The World Bank Research Observer, 1999: 137–158.

[7] Hart O, Moore J. Property rights and nature of the firm. Journal of Political E-

conomy, 1990: 1119 – 1158.

[8] J – J Laffont, Jean Tirole. Using Cost Observation to Regulate Firms. Journal of Political Economy, 1986: 614 – 641.

[9] J – J Laffont, Jean Tirole. The Dynamics of Incentives Contracts. Economics, 1988: 1153 – 1175.

[10] J – J Laffont, Jean Tirole. The regulation of multiproduct firms. Journal of Public Economics, 1990: 1 – 66.

[11] J – J Laffont. "The New Economics of Regulation: Ten Years After." Econometrica, 1994: 507 – 537.

[12] J – J Laffont and Martimort. Mechanism design with collusion and correlation. Econometrica, 2000: 309 – 342.

[13] J – J Laffont and M. Meleu. Seperation of powers and development. Journal of Development Economic, 2001: 129 – 145.

[14] Kahn, A. E., The Economics of Regulation: Principles and Institutions. New York: Wiley, 1970.

[15] Kahneman D, Tversky A. Prospect Theory: An Analysis of Decision under Risk [J]. Econometrica, 1979: 263 – 291.

[16] Richard D. Phillips, Risk and Insurance Economics, Journal of Economic Theory, 26, 1996: 101 – 124.

[17] Stigler, G. J. The theory of economics regulation [J]. Journal of Economics and Management Science, 1971: 3 – 4.

[18] Sendihil Mullainathan. RiSchard H. Thaler "Behavioral Economics" Working paper 7948. 2000.

[19] Skipper H D. International risk and insurance: an environmental – managerial approach [M]. Irwin/McGraw – Hill, 1998.

[20] Tversky A, Kahneman D. Judgment under Uncertainty: Heuristics and Biases [J]. Science, 1974: 1124 – 1131.

[21] Tversky A, Kahneman D. The framing of decisions and the psychology of choice. [J]. Science, 1981: 453 – 458.

[22] Thaler R. Toward a positive theory of consumer choice [J]. Journal of Economic Behavior & Organization, 1980: 39 – 60.

[23] Thaler, Richard H. Mental Accounting and Consumer Choice [J]. Marketing Science, 1985: 199 – 214.

[24] Thaler R H. Mental accounting matters [J]. Journal of Behavioral Decision Making, 1999: 183 – 206.

[25] Thaler R H, Sunstein C R. Libertarian Paternalism [J]. American Economic

Review, 2003: 175 – 179.

[26] T. H. Polster. Public Program Analysis: Applied Methods Baltimore, University Park Press. 1978.

[27] United Nations Population Division, World Population Prospects: The 2010 Revision [R]. New York: UN Population Division, 2011.

[28] W. K. Viscusi, J. N. Vernon, J. E. Harrington Jr.. Economics of Regulation and Antitrust. The MIT Press, 1995: 295.

后　　记

纲举目张。可以说，在我们当前的健康保险市场上，政府规制是"纲"，其他都是"目"。我对健康保险规制的研究兴趣由来已久，相关的研究和教学工作时常引发我对健康保险规制问题的思考，但遗憾的是，限于时间和精力，一直未能对健康保险规制展开系统的研究。

现有幸承担了中国人民健康保险股份有限公司"健康保险系列丛书"中《健康保险制度与规制》教材的编写，使得我终于有了机会对健康保险规制问题开展一些系统性的研究。

时光荏苒，当初会同人保健康公司领导定题的场景犹如就在昨日，而今书稿即将出版，内心充满喜悦与期待。过去研究的岁月已被定格，作为该项研究付出过努力的所有人员的心血和智慧的结晶，本书的出版使我们倍感欣慰。然而，不得不说，该书只是对健康保险规制这一难题的一次尝试性剖析，相关研究工作远未结束，我们期待参与后续更加深入的探讨与研究，为健康保险的规制研究再尽绵薄之力。

本书的出版，得到了中国人民健康保险股份有限公司和对外经济贸易大学的大力支持，在此真诚地感谢中国人民健康保险股份有限公司党委书记、总裁宋福兴，副总裁董清秀、首席健康管理运营官陈龙清、教育培训部总经理蔡皖伶；感谢中央财经大学原党委书记李保仁教授；感谢人保健康教育培训部处长范娟娟博士及其助手们，特别感谢他们为我们的调研等工作提供了诸多热情帮助；感谢中国财政经济出版社的编辑的辛勤工作；感谢协助调研的李称心硕士、王江雪硕士和王种博硕士。

王国军　高立飞
2018年3月于北京

跋

"完善国民健康政策，为人民群众提供全方位全周期健康服务"，这是中国共产党十九大对全国人民作出的深入民心的伟大承诺，是进一步实施健康中国、惠及万民的伟大战略。

中国共产党已经将保障人民健康当作了党和国家的一项重要工作，把为人民健康服务提升到了一个前所未有的高度。健康保险作为国家健康服务产业中的关键一环，在提升国民整体健康水平与健康保障方面，都面临着前所未有的发展机遇与空间，无论是现在还是将来，都会发挥着越来越重要的作用。

人食五谷，焉得无病？人的一生，总是在健康与不健康状态之间徘徊，但福寿安康是人们亘古通今的幸福期许。随着我国迈进上中等收入国家行列，人们对健康生活愈加渴望，对健康保障和健康服务的需求愈加多样，也自然会进一步提高对商业健康保险服务的要求。

已经成立十余年的我国首家专业健康保险公司——中国人民健康保险股份有限公司，以"让每一位中国人的健康更有保障、生活更加美好、生命更有尊严"为其崇高的使命，以"人民保险，服务人民"为其矢志不渝的追求，在"健康中国"建设的征程中，肩负着服务"国家治理体系和治理能力现代化"这一历史角色的重担，在建设"政府信任、人民满意的中国健康保险第一品牌"的道路上走出了成效。在近五年来，人保健康构建了清晰的发展模式；实现了多元化销售渠道建设和业务转型；达到了服务能力的明显提升；成为了国家医疗保障体制改革的积极参与者和重要推动力量。在实现两个一百年奋斗目标和中华民族伟大复兴中国梦的文化大背景下，人保健康将继续把握战略机遇，牢记时代赋予健康保险的重要使命，致力于打造成服务"健康中国"建设的领军企业，成为国际一流的健康保险供应商。

党的十九大报告提出要"加强应用基础研究"，要"建立以企业为主体、市场为导向、产学研深度融合的技术创新体系"。人保健康理应责无旁贷地承担起健康保险综合研究这一具有里程碑意义的开创性工作，因此，公司决定协调和组织一批知名专家学者，立足国内实际，借鉴国际经验，编著一套具有中国特色的《健康保险系列丛书》，系统梳理健康保险的基础理论和经营实践，初步构建相对系统、科学、完整的健康保险理论体系，为培养健康保险行业高水平人才奠定坚实的基础。

《健康保险系列丛书》项目由人保健康党委书记、总裁宋福兴同志亲自挂帅，组建了以公司高管为成员的高规格编委会，邀请保险、财税、公共管理、社会保障、医疗卫生领域近40位著名专家，共同编著。

为确保专业性和权威性，丛书编委会多次召开由多位专家学者参加的专题研讨会。整体来看，丛书既考虑了健康保险的既往经验、现实状况和未来发展趋势，体系上比较完善；同时又对健康保险的相关领域作了探索研究，拓宽了研究范围。从功能定位看，丛书体现了理论与实践并重的编写特色：既要有理论高度，具有一定的前瞻性，达到高等教育教材的编写水平；同时要有实效性，能满足专业健康保险公司经营发展中的现实需求。专家们认为，丛书对把握健康保险经营规律以及行业的可持续发展具有重大意义，充分体现了中国人保一贯以社会责任为己任的优良传统，利于当代、功在千秋。

在丛书的编著工作中，专家学者们都全情投入，科学严谨地为编著工作贡献着智慧。马海涛教授、王欢教授、王国军教授、王绪瑾教授、王稳教授、朱铭来教授、孙祁祥教授、李晓林教授、杨燕绥教授、张晓教授、卓志教授、赵尚梅教授、郝演苏教授、辛丹博士等专家学者负责各分册编著工作，李保仁教授、魏华林教授、庹国柱教授、李玲教授、孙洁教授、郑伟教授、于保荣教授、余晖教授、朱恒鹏教授、朱俊生教授、董朝晖博士等专家学者给予丛书编写许多指导和帮助，在此一并表示最衷心的感谢！

本丛书是对健康保险经营实践经验的阶段性总结和思考。但由于编写时间紧，难免有疏漏之处。而且随着健康保险专业化经营不断深化，还会有很多需要改进的地方。我们希望本丛书能构建起健康保险行业的理论体系与研究架构，对引领健康保险规范、良性和可持续发展起到积极作用。我们也希望借助本丛书，能培养出一批高素质的干部员工队伍，为"健康中国"的建设添砖加瓦，为实现两个一百年奋斗目标和中华民族伟大复兴中国梦贡献力量。